AS TRAÇAS

Cassandra Rios

AS TRAÇAS

editora brasiliense

Copyright © herdeiros de Cassandra Rios, 2005

Nenhuma parte desta publicação pode ser gravada, armazenada em sistemas eletrônicos, fotocopiada, reproduzida por meios mecânicos ou outros quaisquer sem autorização prévia da editora.

ISBN: 978-85-11-00086-3
Primeira edição: 2005
Primeira reimpressão: 2022

Preparação de originais: *Beatriz de Cássia Mendes*
Revisão: *Heliomar Andrade Ferreira*
Capa: *Maria Teresa B. de Lima*

Dados Internacionais de Catalogação na Publicação (CIP)
(Câmara Brasileira do Livro, SP, Brasil)

Rios, Cassandra, 1932-2002.

As traças / Cassandra Rios ; (organização Rick J. Santos). – São Paulo : Brasiliense, 2005.

ISBN: 978-85-11-00086-3

1. Romance brasileiro I. Santos, Rick J.. II. Título.

05-3201   CDD-869.93

Índices para catálogo sistemático:
1. Romances : Literatura brasileira 869.93

editora brasiliense
Rua Antonio de Barros, 1586 - São Paulo
www.editorabrasiliense.com.br

Não havia mães, nem irmãs, nem heroínas. Tínhamos de encarar tudo sozinhas. Como nossas irmãs Amazonas, aquelas cavalgadoras das fronteiras remotas do reino de Dahomey. Ainda jovens ... tínhamos de remendar nossos corações partidos sem ter companheiras de escola ou trabalho com quem pudéssemos dividir nossos segredos na hora do almoço. Da mesma forma como não havia alianças que tornassem concreto o motivo de nossos sorrisos secretos, também não havia nome ou explicação a dar pelas lágrimas que borravam as provas ou cartões da biblioteca.

Audre Lorde, *Zami: A New Spelling of my Name*

Somos duas traças ... tentando passar despercebidas entre os outros. Sinto-me como uma traça que se esconde entre as costuras dos livros para no fim morrer esmagada entre as páginas.

Cassandra Rios, *As Traças*

SUMÁRIO

APRESENTAÇÃO CRÍTICA 9
CAPÍTULO 1 11
CAPÍTULO 2 21
CAPÍTULO 3 27
CAPÍTULO 4 37
CAPÍTULO 5 43
CAPÍTULO 6 49
CAPÍTULO 7 55
CAPÍTULO 8 61
CAPÍTULO 9 69
CAPÍTULO 10 75
CAPÍTULO 11 83
CAPÍTULO 12 91
CAPÍTULO 13 101
CAPÍTULO 14 113
CAPÍTULO 15 119
CAPÍTULO 16 129
CAPÍTULO 17 133
CAPÍTULO 18 141
CAPÍTULO 19 155

CAPÍTULO 20 159
CAPÍTULO 21 167
CAPÍTULO 22 183
CAPÍTULO 23 193
CAPÍTULO 24 199
CAPÍTULO 25 205
CAPÍTULO 26 211
CAPÍTULO 27 223
CAPÍTULO 28 233
CAPÍTULO 29 243
CAPÍTULO 30 253
CAPÍTULO 31 257
CAPÍTULO 32 271
CAPÍTULO 33 277
CAPÍTULO 34 281
CAPÍTULO 35 289
SOBRE O ORGANIZADOR 299
SOBRE A AUTORA 301

APRESENTAÇÃO CRÍTICA

Neste romance, publicado pela primeira vez há mais de vinte anos, Cassandra Rios aborda um tema "de sempre", mas que só recentemente tem sido relatado mais abertamente na TV e na mídia brasileira: o amor entre duas mulheres.

Num outro contexto, argumentei que o "apagamento" do sujeito homossexual da vida cotidiana consiste em um significante aspecto de sua opressão. "Roubados" de modelos positivos, jovens gays e lésbicas são lesados de memória coletiva e de um senso amplo de possibilidades. A situação da lésbica, duplamente marginalizada, é ainda exacerbada num mundo homofóbico e machista. Historicamente, desde os contos narrados na *Bíblia* até os campos de concentração de Hitler, o lesbianismo é sistematicamente apagado e ignorado. Por um lado, como apontou a filósofa norte-americana Sarrah Hoagland, essa invisibilidade pode apresentar alguns pontos positivos – como na era nazista, por exemplo, quando o lesbianismo não era considerado crime, uma vez que os comandantes não acreditavam que duas mulheres pudessem fazer sexo sem a presença de um homem. Contudo, a longo prazo esse "apagamento" social isola as mulheres-que-amam-mulheres, forçando-as a "esconderem-se como traças" e privando-as de um senso de comunidade e história.

Nesse contexto, a obra de Cassandra Rios foi muito importante para criar a literatura lésbica no Brasil, dando visibilidade e sociabilidade ao amor entre mulheres desde a década de 1940.

Numa época em que não se podia falar publicamente sobre lesbianismo e outras formas alternativas de amar, o presente romance pôde ser concebido como um verdadeiro "manual" – um catecismo amoroso, com dicas de locais e advertências contra certos perigos à comunidade. O público, assim como a personagem central, Andréa, é iniciado numa jornada interior de autodescobrimento e afirmação.

Andréa, como a maioria dos homossexuais naquela época, não tinha nenhuma imagem lésbica positiva para se espelhar.

A Berenice, competente professora de história, num mundo machista onde o lesbianismo supostamente não existia nem tinha história, caberia a tarefa de guiar Andréa, numa aprendizagem, a livros proibidos de prazeres cujo nome não ousam dizer...

As Traças narra o desabrochar de uma paixão avassaladora e proibida entre uma jovem de classe média paulistana e uma encantadora mulher mais velha.

Apesar de muitas coisas terem mudado desde a publicação original deste romance, os conflitos e a euforia vividos por Andréa continuam atualíssimos, pois são próprios da paixão. *As Traças* é uma história de amor entre mulheres que optaram por falar, gritar e lutar para não morrerem silenciadas e esmagadas entre as páginas da história.

Rick J. Santos
Professor de Literatura e Estudos da Mulher
Nassau Community College – State University of New York

CAPÍTULO 1

Os propósitos de Andréa eram idealistas e honestos. Estava ali por um princípio moral e construtivo, de cultura, de aprimoramento intelectual.

O pai a matriculara naquele instituto de ensino para que ela concluísse o ciclo colegial, que havia sido interrompido.

Andréa tinha ideais e pretendia firmar-se numa profissão definida e segura. Entretanto, não conseguia decidir que carreira iria abraçar. As sugestões dos pais quase nunca coincidiam com os seus interesses. Ela mais perdia tempo fazendo poesias do que a sonhar com títulos de doutora em odontologia, medicina, direito, que ilustrariam seu nome.

Na primeira manhã em que estivera no instituto de ensino, logo que a mandaram entrar no gabinete, onde o pai conversava com o diretor a respeito do seu ingresso, pudera observar uma mulher que, por trás de uma escrivaninha, conferia fichários. Pudera observar porque a outra, do lugar onde se encontrava, não notara a presença dela.

Andréa fizera-se absorta, olhar vagando disfarçadamente pela sala para recair sobre a figura que lhe despertara a atenção. Deveria ser da secretaria ou fazer parte da diretoria do colégio.

Não precisava analisar a razão por que olhava para ela, pois tudo se resumia no fato de que estava vendo uma mulher muito bonita.

Em dado momento, ela apanhara uma porção de pastas e deixara a sala. Andréa a seguira com o olhar.

A voz do diretor e a mão que pousou em seu ombro tiraram-na da abstração, percebendo que a entrevista fora encerrada com a advertência que o diretor fizera:

— Então, não se esqueça de trazer as fotografias. As aulas começam segunda-feira, dia 2 de março.

***

Passaram sexta-feira, sábado e domingo. Chegou o primeiro dia de aula.

A sineta repercutiu por toda a área com insistência, exigindo silêncio. Os alunos agruparam-se em filas paralelas no pátio.

Do alto de um palanque, numa pose imponente, própria de egocêntrico, o diretor observava todos.

Andréa ouviu alguém reclamar atrás de si, enquanto os outros acompanhavam com risadinhas abafadas:

— Que absurdo! Só aqui essa palhaçada de fazer fila ainda continua! Pensei que a coisa, pelo menos este ano, fosse mudar!

— Que nada! — comentou outro, em surdina.

— Isto aqui não evolui na base da comunicação! Que merda! Já falei pro meu velho que no ano que vem não volto aqui nem amarrado. Fila! Onde já se viu? Uniforme! Até parecemos manada na pastura! Nos outros colégios, dá sinal e todos se dirigem, calmos, pros seus devidos lugares, sem precisar obedecer a regulamento algum. Que merda, mesmo! Isto aqui nunca vai passar de grupinho, dirigido por retrógrados! É complexo de superioridade; veja lá o velho, parece Hitler, deliciando-se com a multidão! Esperando que ergamos os braços para saudá-lo. Se der chance, vai ver como ele muda o modo de cumprimentar! Parece mesmo um urubu no toco! Agora ele faz um gesto e os cordeirinhos começam a andar. Sem esquecer de mover a cabeça feito burrinho de presépio quando passar por ele.

Exatamente como nos comentários que ouviu, o diretor fez um gesto e as filas moveram-se. Um por um, os alunos inclinavam a cabeça diante dele, cumprimentando-o. Nessa formalidade e no comportamento dos estudantes, Andréa pôde observar o rigor da disciplina daquele colégio. Silenciosamente, seguiram para as salas de aula, conforme as séries.

A preleção do professor de inglês foi interrompida várias vezes pela aparição da mulher que ela vira na secretaria, quando se matriculara. Primeiro, para advertir a respeito do prazo para comparecerem de uniforme. Dessa data estipulada em diante, o aluno que não estivesse uniformizado não assistiria à aula; caso houvesse qualquer contratempo, deveriam trazer justificação assinada pelos pais. Andréa indignou-se com as exigências, mas os avisos, as comunicações, que pareciam inúteis e desnecessárias, a bem da verdade eram indispensáveis para se ter noção do esquema didático e do regime escolar daquele estabelecimento. O problema do uniforme é que não soava bem. Uma jovem, ao manifestar-se num comentário de evidente contrariedade, provou que ninguém concordava com aquele regulamento.

— A senhora não disse que este ano ia dar um jeito de implantar uma reforma a respeito dos uniformes, pelo menos? Puxa! É bom, é prático – às vezes a gente fica quebrando a cabeça, pensando que roupa vai vestir –, mas, quando é obrigatório, é fogo!

Antes que a *secretária* respondesse, um aluno adiantou-se:

— Você está sonhando, Cecília. A indústria que confecciona os uniformes é do irmão do diretor! Quer que ele vá à falência? Essa exigência é justamente pra que você compre duas saias, duas blusas, três blusões, pra ter o que trocar quando suja, né?

A classe toda riu. A secretária riu também e pôs o dedo nos lábios, pedindo silêncio, enquanto o professor de inglês mantinha-se calado, como se demonstrasse estar solidário à revolta dos alunos, que faziam comentários e programavam greve para acabar com a obrigatoriedade do uso de uniforme.

— Se todo mundo viesse sempre sem uniforme, queria ver se não deixavam a gente entrar!

— É, mas acontece que só meia dúzia topa, o resto é... bem... sem comentário.

A gargalhada redobrou, todos subentendendo a maliciosa insinuação do rapaz de que a maioria era puxa-saco.

— Bem, vocês já se divertiram bastante e tiveram a oportunidade de exteriorizar opiniões e fazer reclamações. Tudo isso já foi estudado, agora só resta a vocês obedecerem ao regulamento. Qualquer insistência, o diretor está à disposição para ouvir pessoalmente.

As indignações e o deboche foram encobertos pela voz dela exigindo silêncio, numa mudança repentina, impondo autoridade. O olhar firme varreu a sala, passando por sobre todas as cabeças, e mais nenhum comentário se ouviu. Ela retirou-se, e o pensamento de Andréa seguiu-a, impressionada pela força que irradiava. Era mesmo uma mulher de extrema simpatia, e o seu sorriso tinha mais expressão do que qualquer palavra empregada para definir o que ela sentia e pensava.

Andréa percebeu a germinação da semente no chão virgem dos seus sonhos ainda não realizados. Uma semente oculta na profundeza do ser e que até então nenhum raio de sol atingira para atiçar a vida, para fazê-la estender raízes, e agora o sorriso daquela mulher a aquecia para que se retorcesse na vibração pujante, para se abrir e brotar! Era um fiozinho de arrepio que a percorria toda, num reconhecimento do solo onde se plantara!

Há muito tempo pressentia que alguma coisa assim estava oculta dentro dela e que iria manifestar-se de modo que não pudesse mais negar o que sabia de si para si mesma. Não queria avaliar o fato, nem se interessar, nem entender o que estava percebendo. Fazia-lhe mal, era o medo do inevitável que teria de aceitar.

Tentou concentrar-se no que o professor dizia, porém ela continuava interrompendo a aula com mais avisos e comunicações, encarregada de organizar o grêmio sobre o qual, durante as duas primeiras aulas, falara, tomando nota do nome dos novos associados, fazendo coleta do dinheiro para as carteirinhas e a matrícula.

Quando se dirigiu a ela, quase no final da aula, Andréa recusou participar do grêmio e da seleção dos jogos, alegando que viajava todo fim de semana, portanto não convinha comprometer-se e depois não comparecer às reuniões e treinos.

Teve a impressão de que ela se retraíra quando lhe dirigira a palavra, como se o modo de olhá-la a tivesse incomodado. Depois disso, nos quinze minutos que restavam de aula, a secretária não apareceu mais.

Após dez minutos de intervalo, ao término da aula de inglês, ela entrou na sala. Estava de avental branco. Andréa sentiu-se abafada e percebeu que ela tomou fôlego. Ficou sabendo, então, quem ela era. Não era simplesmente a encarregada do grêmio. Era a professora de história. De história geral.

O respeito com que os alunos a receberam definia bem sua posição de mestra.

Silêncio e atenção, enquanto ela, sem proferir palavra, escrevia na lousa. Vendo que os outros copiavam, Andréa abriu o caderno e tomou nota.

– Estes são os pontos que nós vamos estudar.

A voz da professora teceu no ouvido de Andréa uma carícia nova. De vez em quando, o olhar dela caía sobre Andréa, que desviava os olhos, intimidada.

A pergunta insistente exigia resposta de alguém. Ninguém respondia. Tornou a perguntar, numa inflexão indignada por nenhum aluno manifestar-se.

– O que é história? Quem sabe? Ninguém vai responder?

Andréa decidiu-se, vencida a inibição e a timidez:

– É o relato dos principais acontecimentos ocorridos com a humanidade. Sua finalidade é investigar, compreender o passado para explicar o presente.

Berenice virou-se para ela, demonstrando surpresa.

– Onde leu isso?

– Foi o que aprendi na aula de história antiga.

– Ah! Tem boa memória.

E continuou fazendo um apanhado geral do programa a seguir:

– Cultura é tudo, os conhecimentos, os usos, os costumes. Ciência humana e social é o estudo do homem em relação ao meio, à sociedade. Fato é o objetivo da história. O fato e todas as suas implicações estruturais. O fato é feito de evolução e revolução. Evolução é um fato após outro. Evolução muito rápida torna-se revolução. É revolução quando muda a política. É a transformação das conjunturas: econômica, política e social. A Revolução Francesa mudou todo o panorama, mudou o sistema, toda a estrutura. Evolução com o aparecimento das máquinas é uma revolução industrial. Revolução Comercial é uma transformação. A cultura divide os estágios da humanidade. A teoria mais aceita é a de Darwin: evolução da espécie do macaco ao homem. Os homens primitivos eram nômades. Não sabiam plantar. Não havia agricultura, por isso eram nômades, para fugirem dos animais selvagens em busca de melhores meios de vida. Bem, vocês já estudaram, em história antiga,

Idade da Pedra ou Paleolítica, Pedra Lascada e a Neolítica, isto é, a da Pedra Polida. Pré-histórico ou Selvageria é uma data arbitrária, 50 ou 500 anos a.C. Com o aparecimento da escrita até 476 d.C. A queda do Império Romano do Oriente. Constantinopla. Império Bizantino. Fim da Guerra dos Cem Anos, guerra entre os franceses e ingleses. A Idade Moderna começa a contar, então, do ano 1453. Revolução Francesa. Contemporânea, de 1789 até hoje. Começaremos, então, com as transformações dos séculos XV e XVI.

Recapitulando, como a fazer lembretes, ela começara a dar a sua primeira aula. Escrevera o ponto na lousa, fizera uma preleção e indicou o livro que deveriam adquirir.

Acostumados ao método de ela lecionar, como que fizeram breve pausa para perguntas e para cumprimentá-la, satisfeitos por terem-na ainda mais este ano como professora. A acolhida era calorosa. Todos gostavam da professora.

Passeando de um lado para outro, lá na frente, sempre com um giz na mão, respondia a perguntas feitas sobre as férias, onde as havia passado, como estava e, quando retomou sua função, o silêncio se fez simultaneamente:

— Vamos recordar um pouco. Não devemos esquecer lições anteriores porque sempre serão básicas. Espero que tenham conservado os pontos do ano passado; isso é muito importante, vocês não estão aqui para decorar, mas para saber, para entender, certo?

— Certo! — responderam uníssonos.

— Os que passaram com notas não muito boas precisarão esforçar-se um pouquinho mais, por isso gosto de fazer recapitulação.

Aproximou-se de Andréa e perguntou:

— Em que colégio estudou?

Tomada de surpresa, Andréa apenas respondeu:

— Em Campinas.

— Sim, mas em que colégio?

Como a se furtar por aparente antipatia:

— Do Governo.

A mestra insistiu e prosseguiu para chegar ao que lhe interessava:

— Com que nota passou?

— Nove e meio.

— Foi a segunda?

— A primeira. O professor não dava dez!

— É gênio! — ironizou um aluno, enquanto, no sussurro, ela percebeu que a estavam censurando. A professora continuou:

— Quem foi seu professor de história?

— Arnaldo Martins.

— Qual é o seu sobrenome, mesmo?

— Laclete.

— Ah! É verdade! Você é a filha de Laclete! Seu pai também foi professor de biologia.

— E de história também, preciso esforçar-me muito para não decepcioná-lo.

— Por quê? Não gosta de estudar ou se julga incapaz? Pela nota, posso fazer bom conceito.

— É indiferente, apenas tenho preferências, mas estudo bastante.

— Muito bem, será um prazer lecionar para a filha de um ex-professor. Se continuar assim, aplicada, não o decepcionará.

Andréa enrubesceu. O olhar dela a aquecia. Os gestos, a voz perturbavam-na, arrebatavam-na do caminho de onde vinha. Agora estava ali, forçada a enveredar por outra estrada, abrindo as portas de um mundo novo onde ela imperava, soberana, olhando do alto de majestosa personalidade, fazendo-a sentir-se apenas uma cabeça a mais, insignificante, entre outras cabeças, atenta, tentando captar ensinamentos e registrá-los para a formação da cultura. E nada ficando na mente, em conflito pelo que descobria de si própria como fato, suspeita positivada. Estava irritada, numa prevenção complexa, como se doesse tê-la conhecido, porque chegara ao entendimento de que a gente conhece pessoas e, outras, a gente recebe. Recebera-a dentro de si. Aquela mulher invadira-a, como o mundo absorvendo a luz do sol.

Era como se tomasse consciência dos seus sentimentos inconscientes para *ab-reagi-los*.

E a mestra falava, e o tempo todo só percebia o som delicioso da voz clara. De vez em quando, aproximava-se da carteira de Andréa.

Dirigia-se a todos com respeito e carinho. As palavras soavam calmas e sérias, com muita segurança.

Voltando à programação da matéria a ser dada, com algumas explicações lembrou os períodos cretáceo, jurássico e triássico, quando se desenvolveram os répteis e apareceram os primeiros homeotermos. Fez uma recapitulação geral desde a história antiga, história do Brasil, até a parte que seguiria desenvolvendo por pontos durante o ano.

– O que vocês copiaram da lousa, sabem bem, que é o número de aulas que terão, de acordo com os pontos que vou dar. Assim poderão acompanhar melhor, segundo a programação. Quero que façam perguntas, quantas sejam necessárias para que gravem e entendam, principalmente. Não quero entupir a cabeça de vocês com datas, porém muitas são importantíssimas e não poderão ser esquecidas.

Andréa a seguia com olhar fascinado. A voz de uma aluna, fazendo pergunta, trouxe-lhe, em resposta ao pensamento simultâneo à curiosidade que apontou, o nome da professora que, até esse momento, não ouvira ou realmente ninguém o pronunciara ainda:

– Dona Berenice, o que é homeotermo? Esqueci!

– Vejamos. É o calor próprio da espécie, no sentido de que a temperatura interna é sempre constante, por natureza, independentemente da temperatura ambiente.

Berenice! O nome ficou lindo, porque era o nome dela! O nome da mulher que estava admirando por uma predisposição de natureza afetiva dirigida ao mesmo sexo.

Andréa deparou-se com o olhar dela pousado em si e tratou de disfarçar, passando a copiar o ponto que ela escreveu no quadro-negro, principiando a matéria pelos séculos XV e XVI.

Ela passeava pela sala por entre as alas das carteiras, observando um por um. Parava, corrigia uma palavra errada, comentava a posição relaxada de um aluno, balançava a cabeça em sinal de aprovação, admirando a letra de outros.

Andréa estava nervosa. Sua aguda sensibilidade sofria influência da presença dela, tão segura, dona de si, o protótipo da pessoa firmada num ideal, exercendo com objetividade a profissão escolhida.

Intimidada, Andréa temia que a professora percebesse o que lhe quebrava a alma naquele olhar que a perseguia. A aproximação dela a punha inquieta. Não conseguia ouvi-la com naturalidade.

A inflexão da voz, quente, rouca, precisa e espontânea, acirrava-lhe os nervos. O lápis corria preso entre os dedos, trêmulo, rabiscando garranchos. A letra, horrível. Nem parecia a dela, sempre firme e legível. Tivera boas notas em caligrafia, nos primeiros anos de escola, e eis que, sem mais nem menos, inesperadamente, pusera-se a traçar rabiscos inseguros como uma criança no jardim de infância ou no primário.

E ela, a cada fileira que passava, acercando-se mais. Andréa não queria que lhe inspecionasse o caderno, queria escondê-lo. Era como se, através da letra deformada, fosse perceber a própria deformação do seu espírito revelando-se na caligrafia. Poderia passar despercebida, mas alguma coisa a prevenia, deixando-a medrosa pela certeza de que bastaria olhá-la nos olhos para compreender o que se passava consigo. Sofria a força predominante da personalidade de Berenice.

Os passos da mestra, já próximos, lá na frente, atravessavam a ala entre as carteiras, numa das quais estava. Não chegou ao fim da página do caderno, virou-a antes que ela pudesse ver a letra, quando parou ao lado.

CAPÍTULO 2

Berenice estava à espera de que ela escrevesse. Andréa não conseguia continuar. A mão trêmula apertava o lápis, e calcou-o com tanta força contra o papel que a ponta da grafite quebrou, rolando pelo tampo da carteira.

Berenice estendeu a mão, tirou o lápis de entre os dedos dela e perguntou:

— Tem caneta?

Andréa acenou que não. Ela tirou do bolso do avental uma esferográfica e ofereceu-a:

— Sabe onde parou? Volte a página do caderno para continuar.

— Eu me lembro. Obrigada.

Andréa remexeu-se no banco e olhou para a lousa. As letras pareciam embaralhar-se, formando borrões indecifráveis. Não conseguia decifrar nenhuma palavra. Não podia, não tinha força para mover a caneta.

Berenice continuava em pé, observando-a, querendo, por certo, apreciar a letra dela.

Súbito, Andréa pousou a mão sobre o caderno, fechou-o, ergueu a cabeça e, decidida, num impulso instintivo olhou-a muito séria, pedindo:

— Por favor, não consigo escrever. Fico nervosa quando alguém para atrás de mim.

— Ah! Sim? É que eu gosto de observar meus alunos quando escrevem, evito que cometam erros.

— Eu não erro, professora. Sei bem o que escrevo. Sempre tive boas notas em português.

Na voz de Andréa, o formalismo de quem se apresenta para que ela fizesse uma avaliação exata da sua capacidade.

— Referia-me ao que copia, não à gramática — explicou prontamente e, como se não tivesse percebido hostilidade alguma na voz de Andréa, prosseguiu, como se nenhuma acintosidade por parte de uma simples aluna a abalasse: — Seria bom se tivesse estudado aqui no ano passado, para acompanhar melhor. Há sempre uma diferença no método de cada professor, embora a matéria possa ser a mesma. Às vezes, omite-se alguma coisa que é importante.

— Não acredito que meu antigo professor tenha cometido uma falha dessas.

— Não é falha nem descuido, apenas questão de programação, de sequência conforme o livro adotado. Como já disse, embora não haja alteração, depende dos pontos que foram dados. Interessa-me saber até que parte estudou.

Andréa ficou vermelha. A mestra não perdia a calma. Era até um tanto quanto fria e dura. Voltou-se para os outros, pedindo:

— Se alguém tiver pontos do ano passado, por favor empreste para ela.

Em seguida, foi lá para a frente, encostou-se à parede, perto do quadro-negro, e ficou em silêncio, aguardando que os alunos terminassem a tarefa.

Andréa censurou-se intimamente por não controlar impulsos e desvirtuar-se numa repentina falta de educação e delicadeza. Nunca se manifestara daquele jeito grosseiro. Era-lhe difícil entender por que razão reagia de tal modo por sentir-se atraída por ela. Era como se estivesse se colocando em guarda contra julgamentos precipitados e dúvidas que poderia levantar, pela sua sensibilidade, que extravasava sem que pudesse conter. Olhou para os lados e pôde notar a antipatia que inspirara nas moças; ao mesmo tempo, por parte dos rapazes, um interesse cheio de admiração, mas reconheceu o vulgar do olhar pela beleza e talvez pela coragem e modo como se dirigia à professora. Com certeza, pela primeira vez alguém tratava dona Berenice com animosidade. Arrependeu-se e simultaneamente regozijou-se por se sentir única naquela atitude, por pior que transparecesse.

Uma das moças, para surpresa de Andréa, acercou-se com um caderno, oferecendo-o:

— Aqui estão os pontos, conforme dona Berenice deu no ano passado. Se der uma repassada, poderá lhe ser útil.

Andréa agradeceu, pegou-o, prometeu devolvê-lo o mais rápido possível e enfiou o caderno entre os livros, debaixo da carteira. Inclinou a cabeça e continuou escrevendo.

O silêncio era mesmo uma dessas coisas inesperadas.

Ao perceber que os alunos haviam terminado de copiar, dona Berenice começou a explicar e desenvolver o assunto:

— Vocês já estudaram história antiga e medieval. Sabem que as Guerras Púnicas aconteceram na Idade Antiga e a Guerra dos Cem Anos, na Idade Média. Quem pode me dizer o significado de Guerras Púnicas?

Uma aluna levantou-se ligeira.

— Tem esse nome devido à longa rivalidade entre Roma e Cartago. Foram três grandes guerras. A primeira teve lugar na Sicília, conquistada pelos cartagineses e cobiçada pelos romanos, a segunda...

— Está muito bem, Cecília, é o suficiente. Agora, quem pode me dizer algo sobre a Guerra dos Cem Anos?

Andréa viu quantos levantaram a mão, entretanto a professora deliberadamente dirigiu-se a ela, apontando-a, talvez para pôr à prova seus conhecimentos:

— Sabe?

Seguindo a formalidade, tal como Cecília fizera, Andréa levantou para responder. Falou feito um papagaio, mostrando que decorava com facilidade e que tinha boa memória:

— Teve início entre a França e a Inglaterra, de 1337 a 1453, devido à rivalidade entre Filipe de Valois, proclamado rei da França, e Eduardo III da Inglaterra, que se julgava com plenos direitos à coroa por sua mãe.

— Pode sentar — foi reticente como se achasse natural que ela tivesse a resposta na ponta da língua. Não fez comentário.

E prosseguiu, andando de um lado para outro enquanto falava:

— Sabemos todos que por meio da História estudamos as transformações na forma de vida do homem. O desenvolvimento progressivo da sociedade, da cultura, da economia etc. Como se desenrolou essa evolução, o progresso do homem, primitivamente nômade, sem habitação fixa, caçando à cata de alimentos, para a vida sedentária, coletiva, inventando a escrita, a religião, as artes, aperfeiçoando sua forma de comunicação. Desde os primórdios, em que o homem passou a organizar sua vida, até os dias de hoje transcorreram de 6 a 7 mil anos. As transformações ocorridas, esse conjunto de transformações, nós chamamos de civilização, e o seu estudo é a história da civilização. Ela se divide em quatro períodos, que são o Antigo, o Medieval, o Moderno e o Contemporâneo.

Nenhum sussurro. Todos atentos. Sem fastio ou ansiedade para que a aula terminasse. Ao contrário, quando a sineta soou, demonstraram, com comentários e exclamações, bastante desagrado.

Teriam cinco minutos de intervalo até a próxima aula. Os alunos levantaram-se e dirigiram-se para a mesa por detrás da qual dona Berenice estava atendendo-os.

De longe, Andréa ficou a observar. Pediam para ela que programasse novos torneios, pois, pelo entusiasmo da disputa, mesmo quando não conseguiam guardar muito bem a matéria dada, acabavam decorando ou aprendendo com os competidores, durante o concurso; assim, muitos haviam fechado a média, nos exames, por se lembrarem das respostas dadas no dia da disputa.

Dona Berenice gostava dos alunos. Era amável, discreta e correta. Eles percebiam seu interesse. Aparentemente severa, entretanto punha-os todos à vontade, sendo muito comunicativa. A força psicológica da sua autoridade era natural, e ela se impunha por si mesma. Não era sofisticada. Sabia manter os alunos com ânimo para estudar. Encorajava-os. Seu método era eficiente, processava-se de maneira agradável, sempre de humor constante, pela sua disponibilidade afetiva positiva. Conduzia-os esportivamente, com disposição competitiva.

Andréa entendeu, ao ouvir os alunos tratando com ela, que a classe se dividia em grupos que selecionariam perguntas e respostas para a competição, sem que levantassem o espírito da rivalidade ou da preferência. Havia um interesse útil para todos.

O estudo, que, para Andréa, às vezes se tornava cansativo, despertou nela uma nova curiosidade, vendo o entusiasmo dos companheiros de classe. Não poderia ficar para trás. Um orgulho próprio manifestou-se. Era preciso reler alguns pontos e preparar-se para não passar vexame. Enquanto no outro colégio estudara sem se preocupar com que tirassem notas mais altas do que as suas, ali encontrava motivação para se esforçar mais.

Levou a caneta até a boca e só então lembrou que pertencia à professora. Tirou-a da boca depressa e olhou para o corpo negro e fino no qual seus dentes deixaram duas marcas. Esfregou-a na gola da jaqueta, como se assim fosse possível removê-las, mas foi inútil, porque as duas marcas não saíram, dois pequenos sulcos. Fechou a caneta com a tampa e foi devolvê-la. Estava sem graça pelo que fizera, mas achou que seria melhor não se desculpar, fingir que não percebera e devolver a caneta sem mencionar o fato. Ficou parada a alguns passos da mesa dela.

Dona Berenice viu-a e mandou-a aproximar-se. Andréa foi até a mesa e depositou a caneta em cima do livro de chamada, que estava aberto, dizendo um "muito obrigada" quase sumido por entre os lábios que mal se descerraram, e se afastou. A professora chamou-a de volta. Andréa virou e viu-a com a mão estendida, segurando a caneta:

— Pode usá-la durante as outras aulas. Esta caneta esferográfica é para os alunos, leve-a.

— Não, muito obrigada. Eu me arranjarei. Pode ser que um outro venha a precisar durante a aula da senhora.

— Nada disso, venha buscá-la. Tenho uma reserva de canetas justamente para esse fim. Geralmente, os alunos são distraídos com essas pequenas coisas, esquecem material em casa.

A caneta era para os alunos! Uma gentileza premeditada, estudada, calculista! Sem nada de especial, não era privilégio de ninguém, porque não era caneta de uso próprio! Andréa sentiu uma pontadinha de raiva por reconhecer que exagerara considerações em fatos insignificantes. Pegou a caneta, tornou a agradecer e voltou para a carteira. Não saiu para o pátio. Ficou, disfarçadamente, tomando nota dos movimentos dela, das atenções que dispensava aos alunos que a rodeavam, matraqueando feito uns *puxas*...

Cabelos negros. Sobrancelhas bem-feitas, dois riscos fortes sobre uns olhos perfurantes, de expressividade franca. Nariz reto, traços proporcionais, formando um rosto bonito e exótico. Boca rasgada, num corte firme de lábios acentuados, queixo ligeiramente quadrado. O porte elegante num perfeito alinhamento do pescoço com os ombros e os braços bem torneados. Seios firmes, notou que não usava sutiã, sem exibicionismo, mas por conforto. Tinha beleza pela proporção. Pôde reparar nas coxas, marcando-se sob o avental entreaberto, elemento estético da sua figura altiva, envolvida por uma sombra estranha que a fazia diferente de todas as outras mulheres. O tom da voz, o modo de olhar, tudo natural.

Pela clareza da exposição da matéria, quando dava aula, por consequências naturais da sua simpatia, os alunos prestavam atenção voluntariamente, numa disciplina refletida porque era suficiente a presença dela.

Andréa vagava longe, sem tirar os olhos da figura cativante da professora, conferindo-lhe um caráter, que partia da sua observação captativa, de que ela ocultava em si tendências homossexuais inconscientes.

A sineta tornou a ressoar com insistência, avisando que o intervalo terminara. Os alunos voltaram aos lugares. A professora recolheu alguns livros que havia guardado dentro da gaveta da mesa e dirigiu-se à porta. Parou e chamou Cecília, que a atendeu prontamente.

Andréa viu quando as duas saíram juntas, conversando como se, além de professora e aluna, fossem velhas amigas. Então havia amizade entre elas! Não gostou. E sabia por que não estava gostando. Porque sentiu ciúme.

CAPÍTULO 3

A mesma moça que lhe havia emprestado o caderno aproximou-se e se ofereceu, caso fosse necessário, para explicar o esquema dos pontos e, se não entendesse a letra, que não se acanhasse em perguntar o que estava escrito.

Andréa reparou nos cabelos curtos, cortados bem rentes, a voz pausada e insinuante, o olhar revelador. Magra, alta, desportista, traços finos. O tipo. O protótipo. Igual a muitas que haviam despertado sua curiosidade ao cruzar com elas na rua, num cinema, num teatro, enfim, numa identificação inegável da índole oculta.

Ativa. Sem medo. Estabelecida no que era, para viver e fazer o que bem entendesse, sem se importar com as indignações dos menos dotados de solidariedade humana. Por isso estava se dirigindo a ela cordialmente, numa tentativa capciosa de estreitar relações, com propósitos que, no olhar, ela transmitia, querendo uma resposta.

Andréa inclinou a cabeça e agradeceu a gentileza, prometendo que, se não entendesse a letra dela, iria procurá-la para decifrar.

A moça esboçou um sorriso sem graça, ficou sem assunto e, como Andréa não colaborasse, voltou para o seu lugar. Evidente que estava emocionada por ter vencido a primeira etapa, ao falar com ela. Isso Andréa percebeu sem precisar olhar para a moça, cujo nome leu no caderno, num instintivo gesto de curiosidade. Ela se chamava Rosana Leoni.

Outro professor entrou na sala, e Andréa, ansiosa, olhava para a porta, à espera de que Cecília voltasse. Não demorou muito, ela apareceu. O professor, vendo-a chegar, perguntou.

— Por que chegou atrasada?

— Porque cheguei atrasada. O senhor marcou falta? — perguntou, em tom insolente.

O professor pigarreou:

— Não. Ainda não chamei. Vá se sentar, e advirto-a que este ano não será como o que passou.

— Não?! Evolução ou revolução? Como será? — escarneceu uma voz sarcástica que se seguiu de estardalhantes risadas. Andréa virou para trás, querendo identificar quem fora tão maldoso e sem respeito. Seria difícil, entre todos aqueles rostos gozadores, saber qual se manifestara, irritando o professor. Este levantou, falando ao mesmo tempo que os alunos riam numa algazarra absurda. A voz dele abafava-se nuns engasgos e pigarros, sem que o ouvissem ou lhe dessem atenção.

O pobre homem, num acesso de raiva, desferiu um murro sobre a mesa que nada mais ocasionou do que ferir a própria mão, provocando mais gargalhadas e pilhérias.

— Exijo silêncio, entenderam? Seus selvagens! Saiam todos! Vou torcer o pescoço de um por um!

E, unindo a palavra a um gesto, entrelaçava os dedos das duas mãos como se os estivesse esganando de verdade.

Batiam com os lápis nas carteiras, num batuque compassado, viravam folhas dos cadernos e livros com violência, fazendo barulho, arrastavam os pés no chão, tossiam, pigarreavam, imitavam-no enquanto ele se esgoelava, chamando-os pelos nomes.

Trocistas, os alunos provocavam-no:

— Estou aqui. Não faltei. Como vai o vovô?

Andréa mal podia acreditar serem aqueles moços rebeldes os mesmos das aulas anteriores.

— Por favor, parem com isso. Deixem-me dar aula!

— Chora, professor! Vamos cantar uma cantiga de ninar para ele, pessoal?

— Animais!

As ameaças dele provocavam mais gozações.

— Chega! — gritou Andréa, num impulso incontido, revoltada com aquela maldade e falta de respeito, penalizada, quase não podendo acreditar que fosse real o que estava acontecendo.

O velhote só faltava mesmo chorar. A expressão do seu rosto comovia. Eram uns animais. Não tinham sentimento. Não tinham noção do que estavam fazendo.

Tornou a gritar, embora, ao ouvi-la, havia-se feito um silêncio repentino, de surpresa. Os que se haviam levantado e riscavam baboseiras na lousa largaram o giz e voltaram-se para olhá-la, expectantes.

O professor aproximou-se dela e, extenuado, exclamou:

— Você é nova! Logo participará dessa corja! Ou será que me engano?

— Pode ter certeza disso. Tenho educação.

Voltou-se para a classe, abrangendo-a toda num olhar de lástima.

— Diminua pontos nas notas. Leve o fato ao conhecimento do diretor. Imponha-se. Reprove-os.

— Epa!...

Alguém tentou combatê-la, e uma voz suplantou, forte, exigindo:

— Cale a boca. Deixe-a falar! Isso mesmo. Chega. Agora vamos fazer silêncio. A farra acabou. Não acabou?

Andréa encarou o rapaz que intercedera a seu favor para certificar-se de que ele não estava pilheriando. Para confirmar, em tom ameaçador ele ainda disse:

— Pode continuar a aula, professor. Ficaremos em silêncio. Ficaremos em silêncio, não é?

Em resposta uníssona, concordaram.

Andréa olhou para o rapaz com uma expressão de agradecimento. O professor voltara para detrás da mesa e reiniciara a chamada. Quando ela sorriu para o jovem que tomara o seu partido, conseguindo que os demais obedecessem, viu que ele ficou sem graça, desviou o olhar, voltou para o lugar, sentou-se e ficou em silêncio. Andréa também se sentou e começou a preocupar-se com o sucedido. Talvez, desse momento em diante, teria a antipatia de muitos colegas.

De relance, pousou o olhar em Rosana, que estava com os olhos fixos nela. O interesse da moça perturbou-a. O professor tossia, nervoso, olhava para ela, talvez mentalmente agradecesse, ao mesmo tempo que desconfiava, não acreditando que aquilo durasse muito tempo, que logo ela tomaria parte nas malcriações. Andréa continuou séria, compreendendo, penalizada, sentindo mesmo imensa pena do professor.

Ele abriu o livro de gramática, pôs os óculos e começou a citar alguns coletivos. Fechou o livro. Passou a mão pelo rosto. Passeou o olhar pela sala, estudando o rosto de cada aluno. Suspirou fundo. Nem sabia por onde começar. O silêncio afogava-o, habituado a dar aula entre gritos, pondo alunos para fora da sala, chamando o diretor, que vinha fazer advertências. Parecia até que não estava gostando do silêncio e da atenção dos alunos. Eles o perturbavam de todo modo. Estava perdido. Folheou o livro e finalmente decidiu-se. Aos poucos, foi recuperando-se e, com voz mais calma e clara, sem tossir, sem engasgos, num entusiasmo que Andréa não pôde deixar de perceber ser completamente novo, começou a falar sobre simbolismo, parnasianismo etc. Falou sobre a matéria a ser desenvolvida e sobre o que tinham estudado no ano anterior.

O silêncio perdurou até o fim da aula.

***

Depois da aula de português saíram todos para o pátio. Teriam quinze minutos de recreio.

Andréa atendeu ao chamado do professor e parou diante dele. O pobre homem tinha na fisionomia o cansaço estereotipado. Estava esgotado. Andréa quase não se conteve e aconselhou-o a se aposentar. Teria os seus cinquenta e poucos anos, provavelmente. Se continuasse a lecionar para turmas iguais àquela, que não respeitavam sua aparência humilde e triste, acabaria tendo um enfarte.

Ele se desfez em conselhos para que Andréa nunca se deixasse influenciar por aqueles elementos, que não se deixasse envolver pela maldade deles. Muitos compareciam ao colégio porque temiam os pais, não tinham interesse pelos estudos, cabulavam – quando não, só sabiam fazer algazarra. Estava velho, cansado, mas precisava trabalhar para viver. Lecionar era um ideal que não tinha coragem de abandonar. Adorava o magistério.

— Por que não se queixa à diretoria para que tomem uma medida que tenha resultado?

Ele meneou a cabeça e contestou, e Andréa pôde ver a sinceridade daquela alma boa, mas sem autoridade:

— São jovens. Quando eu estudava, também era rebelde, molestava os professores com gracejos fora de hora. Não entendia como era duro para eles o ofício. Estou pagando, embora cedo tivesse entendido o que estava fazendo, o tempo que estava desperdiçando, e tivesse me tornado um estudante excelente. Sei que não adiantam reclamações, ameaças, conselhos; a gente, em certa idade, quando tem de ser assim, não tem remédio, tem de mudar por iniciativa própria. Tento fazê-los compreender, já falei que fui como eles são, mas não adianta. Eu também, naquela época, ouvia confissões idênticas de professores e pouco ligava. Mais tarde, quando comecei a lecionar, eu me impunha, com autoridade, e os alunos obedeciam, respeitavam, tinham medo. Depois comecei a declinar, a perder a força, a não ser mais respeitado. Mas gosto dessa cambada. Brigo com eles e, no fim, nem sei como aprendem, acabam vindo conversar comigo, tiram as notas que merecem. Mas vá para o recreio, senhorita, e não se esqueça do que falei. Tenho certeza de que tirará proveito das aulas e terá um futuro digno. É muito educada. Seu nome é?

— Andréa.

— Andréa de quê?

— Andréa Guimarães Laclete.

— Filha do meu amigo, querido e especial amigo, doutor Américo Laclete?

— Sim, senhor!

O velhote levantou com uma expressão de agradável surpresa, aumentando seu sorriso, e abraçou-a com entusiasmo, concluindo:

— Ora, ora! Quem diria que a filha do Américo, que a filha de Laclete viesse a ser minha aluna e intercedesse por mim, fazendo esses palhacinhos calarem a boca! Essa é mesmo uma coisa maravilhosa! E como está ele? Quando vieram para São Paulo? O que está fazendo? Diga-lhe que venha me visitar.

E os abraços sucediam-se sem que ela conseguisse lhe dar uma única resposta.

Um servente apontou na porta e chamou o professor:

— Professor Duílio, chamam-no na secretaria.

Sempre fazendo comentários elogiosos a respeito do amigo, o professor, com o braço passado pelos ombros de Andréa, saiu da sala e despediu-se dela, tomando o rumo da secretaria, enquanto ela foi para o pátio.

Logo percebeu a ironia no rosto das moças, a antipatia revelando-se por certo ciúme, pois percebera que despertara o interesse de todos os rapazes, que a olhavam com ares de conquista.

Andréa não era vaidosa ao extremo, apenas sabia se distinguir dentre as outras, reconhecer quando era a mais bonita, quando a cobiçavam e invejavam. Tinha noção de que impressão causava. Já fizera análise do próprio tipo e estava satisfeita com as qualidades com que a natureza a dotara. Sabia que podia se impor, se quisesse; que um dos atributos, que ajudava noventa e nove por cento, era sua beleza física. Não uma beleza apenas estética, mas bem dosada de simpatia e graça, de sensualidade e atração, de simplicidade e um certo quê de mistério, de comunicabilidade e, ao mesmo tempo, de caráter excêntrico e fechado. Andréa realmente tinha nos traços a perfeição das proporções e do colorido, do som e da força do seu intelecto.

Olhos grandes, cílios duros, espetados, castanhos bem claros, sobrancelhas arqueadas, boca quase imoral no seu formato, inspirando insinuações de beijos e carícias macias. Pele morena clara, lisa, filha do sol, mesmo. Corpo bonito, pernas, braços, coxas, tudo bem feito, com aquele toque abstrato que acrescenta na mulher uma espécie de atração animal, de sexo, de coisas lúbricas.

Sentindo-se observada, atravessou o pátio e foi se sentar num banco, sob as árvores, afastando-se o mais que pôde.

Cecília chegou e sentou-se perto dela, puxando conversa:

— Nós não somos sempre assim, não. Gostamos de brincar com o professor Duílio. Ele fica tão engraçado quando fica bravo. Depois a gente presta atenção e deixa ele dar aula. Isso é só no começo, quando está longe dos exames. Todos gostam dele. É que é engraçado. Depois, estudar português é maçante, você não acha? Tantas regras. Não sei para que tanta coisa. Parece uma instituição, um código, cheio de regras e coisas que, se a gente ficar querendo escrever com perfeição, se torna pedante, esnobe e até gozado. Outro dia eu escrevi uma poesia, misturei pronomes, quis consertar e ficou uma porcaria, sem rima e deselegante. Perdeu todo o ritmo. Metrificar, então, é uma dificuldade, sempre sobra uma sílaba. Eu, que sou romântica, acabo desistindo de fazer poesia porque, quando emprego palavras difíceis, perguntam o que quer dizer e me chamam de cabotina, dizem que faço coisas sem sentido para enganar. Se faço coisa simples e falo de amor, da lua, das estrelas, do sol, de beijos e de sentimentos puros, sou piegas, ultrapassada, Maria chorona. É mesmo de fundir a cuca. Nada tem valor. Acho que é melhor logo fazer um bestialógico, guardar numa gaveta, deixar numa carta, como último desejo, que seja publicado, e então sim, depois que a gente morre a coisa é respeitada. Você gosta de poesia?

— Gosto.

— Você já fez alguma?

— Não sei. Acontece o mesmo comigo. Não dou nome ao que escrevo. Não sei se é poesia. Uma rima ou outra. Um jogo de palavras que fazem ritmo e cujo sentido só eu mesma posso interpretar. Escrevo para mim.

— É a melhor coisa. Se mostrar para os outros, são capazes de elogiar, mas, por trás...

Ficaram em silêncio. Andréa olhou para as copas das árvores. Era bacana o fundo do pátio, com árvores e bancos ao redor. Jabuticabeiras cansadas de dar frutos. Os troncos todos cheios de tenros brotos, mas que provavelmente dariam jabuticabas não muito boas.

— Você ficou mesmo nervosa com o barulho, não? Mas fez bem. Até eu já estava ficando com dor de cabeça. Aquele cara é um sarro!

— Não sei o que me deu. Fiquei com pena dele. Parecia um bicho assustado. Tão velhinho. Que judiação! Não sei, não. Depois achei que estava acostumado. Vocês sempre fizeram assim com ele?

— Desde o primeiro ano. Todas as turmas. É o colégio inteiro. É o motivo das piadas. Todos gostam das aulas dele, não é só por causa da algazarra, não, é porque ele é legal. No fim do ano, a gente espera ele na rua e fala os pontos que precisa; ele resmunga, briga, diz que é bem-feito, que, se a gente não souber, vai repetir, mas acaba dando nota, fecha a média. É até surpresa quando alguém repete. Precisa ser muito burro mesmo.

— Mas, assim, o que é que se aprende?

— Tudo! A gente estuda, sim! Pensa que ele não faz a gente entender que, depois, quando se fizer exame para ingressar na faculdade, não tem apelação? A gente estuda, sim. Se não faz as lições, se não acerta ao menos algumas notas nas sabatinas, é fogo. Na verdade, ele é quem mais dá sabatinas, provinhas. Então é que a gente entra bem.

Cecília era bem feminina. Olhos verdes. Pele clara. Cabelos castanhos cortados à Chanel. Mãos finas e bem manicuradas. Sapatos reluzentes de verniz, meias três quartos. Um pouco mais alta que Andréa, um metro e sessenta e oito, mais ou menos.

— Você sabe meu nome, Andréa? Eu logo prestei atenção para saber o seu.

— Você se chama Cecília – respondeu e, não perdendo a oportunidade, concluiu intencionalmente, à espera de uma resposta que satisfizesse a sua curiosidade: – ouvi quando a professora de história a chamou.

— Ah!, sim. Foi para que eu marcasse na lousa a lista dos nomes dos alunos, os horários das reuniões do grêmio. Os competidores já se inscreveram. Já escrevi no quadro o nome deles, só para confirmar, como ela mandou. Você reparou?

Andréa teve uma contração, imperceptível aos olhos de Cecília, mas bastante sensível, quase tendo dificuldade em perguntar, pressupondo a que ela se referia.

— Se reparei no quê?

— No modo como Rosana olha para você? Ela... você entende? Será que posso falar? Não vai me achar bisbilhoteira? Eu não gosto de fofoca, sabe; aliás, todo mundo sabe que ela... bem... você notou?

Andréa detestava gente que se fazia de desentendida em assuntos, que teme suscitar dúvidas morais; portanto, não negou, mas também não foi muito clara na resposta:

— Mais ou menos.

Cecília, por sua vez, insistiu, querendo ter certeza de que ela entendera a insinuação:

— Como? Sabe? O modo como ela olha para você é diferente. Entende o que quero dizer? Não é antipatia, é como se fosse um rapaz.

— Eu entendi perfeitamente o que você quis dizer, Cecília. Acho que ela, entretanto, está apenas curiosa a meu respeito. Sou novata.

— Logo foi levar-lhe o caderno. Não perdeu a oportunidade.

Será melhor você...

— Não vejo razão para destratá-la ou ser indelicada. É gente igualzinha a nós. Foi gentil e eu agradeci. E aceitei o caderno dela como aceitaria o de qualquer outra pessoa.

Cecília ficou meio sem jeito com a resposta, embora a voz de Andréa não revelasse nenhuma ironia ou censura. Falara displicentemente, dando mostras de caráter firme e decidido.

— Bem, não quis dar conselhos. Apenas achei que você poderia ser ingênua a respeito de ser mal-interpretada. Aliás... aqui a gente desconfia também até de...

Não adivinhou nem sentiu profundamente; não era intuição, tinha certeza de que Cecília queria referir-se à professora Berenice, mas deteve-se a tempo, com receio de cometer uma imprudência. Andréa contentou-se com a interpretação que deu àquelas palavras. Cecília, num espírito de empenhada necessidade de falar, acabou confirmando:

— Bárbara é louca por ela. Não por Rosana.

— Por quem? — perguntou, embora soubesse a resposta.

— Por dona Berenice.

Andréa ficou em silêncio. Pensativa. Alongou o olhar pelo pátio como à procura da rival. Cecília meio que percebeu sua preocupação.

— Bárbara senta bem atrás de você, na carteira imediata. Está vendo? É aquela ruiva que está conversando com Rosana agora. Acaba de vir para o pátio. Ela sempre fica rondando a secretaria ou as salas de aula, onde quer que dona Berenice esteja. Quando se cansa, vai atrás de Rosana. Rosana já esteve caidinha por ela uma ocasião, mas desistiu. Também! É só aparência. A coisa é vazia, boçal, convencida, metida a bacana e tem miolo de galinha. Se não é o besta do Francisco assoprar tudo para ela, tira zero, não escreve nada. O coitado sabe que é lésbica, mas gosta dela mesmo assim. É um trouxa.

Andréa percebeu que estava tendo informações gerais da escola. Talvez não faltasse mais nada para saber. Justamente a esse pensamento, Cecília apontou para um grupinho de rapazes, gesto que Andréa criticou interiormente.

— O Lau está gamado por você.

— Quem é esse? — perguntou Andréa, indignada.

— Lauro, aquele que ficou do seu lado. Que fez a turma calar a boca. Veja, está até roendo as unhas. Ele é o líder da nossa turma, campeão três vezes. Em natação, vôlei e em corridas com obstáculos. É também o sabe-tudo. Legal às pampas. Amigo pra xuxu. Passa cola pra todo mundo. Não se importa nem se o professor percebe e pensa que ele está colando. Uma vez, o professor de matemática tirou a prova dele e o mandou pra fora da sala, dando zero. Ele ia ser reprovado. O pessoal se reuniu e falou a verdade. Foi um bororó dos diabos, mas acabaram o isolando na sala para fazer exame de novo. Foi a única vez que surgiu problema. É um cara bacana à beça. Todos gostam dele. Por isso é o líder, não é metido nem desmancha prazer, a gente sempre pode contar com ele, pra bagunça ou pra pôr as coisas em ordem. Mas nenhuma garota conseguiu fisgá-lo, ainda. Só nisso é o tal. Escolhe muito. A gente acha que ele pensa que nenhuma serve, que se julga muito, sei lá. Só sei que as meninas vão ficar fulas. Ele tá mesmo de olho em você.

— Isso é uma tolice, uma bobagem. Só me viu hoje!

— E não basta um só olhar pra gente se arrasar? É olhar, ver e gostar. Isso aconteceu com ele.

Andréa ficou calada, pensando que Cecília tinha razão. Não acontecera o mesmo com ela em relação a dona Berenice?

CAPÍTULO 4

Sem querer, Andréa olhou para Lau, que, interpretando ser correspondido, deu alguns passos, dirigindo-se para onde ela estava. Imediatamente, Andréa levantou-se para evitar que ele se aproximasse, pedindo a Cecília que a seguisse.

— Mas justo agora, que ele vinha falar com você? Por que faz isso?
— Porque não me interessa.

Seguida por Cecília, voltou para a sala de aula.

Os outros viram a reação dela e começaram a gozar o rapaz. Quanto mais Lau ficava com raiva e rebatia o que estavam fazendo, pedindo-lhes que parassem com as palhaçadas, mais os outros riam e tiravam sarro.

— Porra! Falei pra parar com isso! Não quero mais gozação comigo, seus merdas, não sou o professor Duílio, não, eu desço o braço, seus putos!

— Epa! Sem ofensa pesada, seu... — alardeou um mais enfezado.

— Então bosta pra você. Um saco dessa altura!

E Lau ergueu o braço acima da cabeça.

— Coma você! "Tá" descadeirado porque a bacana não deu bola?

— Eu já disse pra parar com isso! Seu cu! — esbravejou, enrouquecendo, cerrando os punhos, avançando uns passos em direção ao outro metido a valentão.

— É mais fácil a Rosana ganhar a parada!

Caíram todos na gargalhada e puseram-se a chamar por Rosana, que fingiu não ouvir.

Lau pulou feito um gato em cima dele. Os palavrões continuaram cada vez mais feios. Engalfinhados, rolaram no chão enquanto os outros se aglomeravam em volta, a gritar animados, como se estivessem assistindo a uma luta num ringue. A algazarra tomou tal proporção que acorreram os serventes para separar os dois.

Nesse meio tempo, Andréa acompanhara Cecília até o banheiro, a fim de que esta pudesse fumar, pois era proibido fumar no colégio.

Ao saírem do banheiro, cruzaram com os dois, em companhia de um secretário e de um professor que os encaminhavam para a diretoria.

Pelo aspecto de ambos, viram que a briga havia sido feia. Cecília puxou Lau pela manga da camisa, mas este se desvencilhou com grosseria. Ela, então, dirigiu-se ao secretário:

— O que foi que eles fizeram, Zé?

— Brigaram feito dois arruaceiros.

Cecília ainda foi atrás deles uns dois passos, para ver a cara suja de sangue, nariz escorrendo, lábios cortados, camisa respingada, sujos, os dois se entreolhando cabreiros, achando melhor fazer como em outras desavenças, dar o caso por encerrado e calarem a boca na diretoria, como se tudo não passasse de um *mal-entendido*.

— Por que vocês brigaram? — perguntou ao que fora causador da rixa.

O rapaz sacudiu os ombros sem responder e olhou para Andréa, que ficara parada, olhando-os sem muito interesse.

O grupo entrou na diretoria, onde provavelmente doutor Rico os aguardava para a "acolhedora palestra e cumprimentos pelo que haviam feito".

Cecília voltou-se para ela, rindo com prazer:

— Viu só? Brigaram por sua causa! Pode ter certeza de que você vai passar Munique para trás!

— Quem é Munique, e como passá-la para trás, em quê?

— Munique é a última que você notaria na sala de aula, nos primeiros dias, se eu não chamasse sua atenção. É quieta. Nunca se manifesta. Sabe que é apreciada pelos outros e é a rainha do grêmio, a mais bonita do colégio. É uma loira que senta na terceira fila, perto de Lau. Gosta dele. Por isso, é sempre a vencedora nos concursos. A dona Berenice é quem resolve, naturalmente; isso também porque ela é muito aplicada. Uma das primeiras. Nunca tira menos do que oito, nove e dez.

— Muito bem. Acontece que eu não pretendo ser a rainha de coisa alguma, nem sequer pertenço ao grêmio, não entrei.

— Isso não importa. Em verdade, o necessário é ser aluna do colégio. Uma vez, antes de aparecer Munique, eu já fui rainha.

— Tiveram gosto.

— Obrigada.

Andréa estava sendo sincera. Não falara para agradá-la. Ficou curiosa por conhecer Munique. Assim que chegaram ao pátio, onde os alunos já se preparavam para regressar à sala de aula, Cecília mostrou-a. Era, de fato, um tipo charmoso, bonita, vistosa. Olhos muito azuis e bem grandes, longas pestanas. Eram postiças. Sombra sobre as pálpebras, lábios com leve batom, combinando com a tonalidade da pele, um pouco menos morena do que Andréa. Cabelos longos, loiros, muito bem cuidados, anelados, caindo sobre os ombros. E, além da covinha no queixo e da expressão alheada, notou uma tristeza destacando-se de sua figura quase etérea. Andréa não antipatizou com a moça; ao contrário, sem saber por que, sentiu pena dela.

No palanque, apareceu o diretor e, atrás dele, os dois rapazes que haviam brigado.

Um silêncio expectante se fez. Respirando fundo, o diretor, como se para tomar fôlego, ainda olhou por uns instantes para os estudantes, antes de falar:

— O ano começou brilhantemente! Desaforos para o professor Duílio, brigas e reclamações! Muito bem! Veremos se vai melhorar! Não quero suspender ninguém no primeiro dia de aula nem mandar cartinhas para o pai de ninguém, mas tenho já uma lista dos que estão aqui dependendo de comportamento. Não vacilarei em expulsar esses rebeldes! Vou fazer uma reunião de pais e mestres para que estejam cientes dos problemas que seus filhos estão trazendo. Amanhã, não serei benevolente como estou sendo hoje, portanto observem bem como devem se comportar!

Falou mais alguns instantes, com voz ardida, fina e esgoelada.

Todos ouviam em silêncio, atenção e respeito forçados. Com um gesto, o diretor mandou que as filas começassem a se mover. Ouviu uma voz sarcástica cochichar para alguém no fim da fila:

— Bicha!

Um risinho abafado, em seguida silêncio. Seguiram para as salas de aula.

De soslaio, Andréa olhou para Lau. Era um tipo de se apreciar, realmente. Magro, posudo, ares de senhor com naturalidade – próprios dele, talvez devido à estatura –, rosto fino, maxilares largos, dando-lhe um ar mais acentuado de masculinidade. Cabelos bastante negros e ligeiramente ondulados, costeletas cheias, nariz relativamente grande, mas também forçando o tipo a parecer mais rústico, um tanto bruto.

Viu o modo como Munique olhava para ele e entendeu a razão de sua tristeza. Estava mesmo apaixonada. Seria bom se ele se interessasse por ela. Se pudesse contribuir de algum modo! E, com essa preocupação, pensou o que ela estaria sentindo a seu respeito, sabendo que Lau brigara por sua causa. Era preciso certificá-la de que não se interessaria jamais por ele. Não queria criar inimizade por esse motivo. Olhou para ela com insistência e esperou que Munique a notasse para sorrir, tentando transmitir, no sorriso que lhe enviou, a segurança, a confiança de que ela precisava para entender que não estava diante de uma rival. Com satisfação, teve a certeza de que ela a entendeu, pois retribuiu de maneira bastante cordial.

Uma voz tirou-a das preocupações, acompanhando o pensamento que fora exteriorizado em tom de gozação:

– Puxa! Imagine se, pela demora, não se trata de uma professora! E que professora! Mataram a charada? Aposto que sei quem é!

– Adivinhão! – responderam.

Concomitantemente, empertigaram-se ouvindo um ruído de saltinhos de sapato que se aproximavam. E logo ela entrou na sala. Todos se puseram em pé, cumprimentando-a.

Ouviu-se um assobio de admiração e suspiros seguidos de cochichos. A rapaziada empolgava-se olhando para a professora.

Andréa não via razão para tanto entusiasmo. Ao contrário, achou-a antipática, fria, glacial, distante e altiva. Orgulhosa e como que desinteressada. Nada de pessoal nos seus atrativos. Uma beleza comum, sem comunicação. Talvez porque se concentrasse em si mesma, preocupada com problemas particulares.

Seu sorriso de agradecimento aos elogios dos alunos era vago e sem vida, nada expressivo. Um alçar de lábios que punham à mostra uma fileira de dentes simétricos, limpos e bem-feitos. Percebeu quando o olhar dela encontrou-a num breve conhecimento de sua presença. Sentiu que a antipatia foi mútua, recíproca, como gostaria que tivesse sido o sentimento de dona Berenice.

Do mesmo modo como os outros que a precederam, fez a chamada.

Bárbara inclinou-se por trás de Andréa e cochichou-lhe:

– Não acha que é pedante, antipática e boçal?

Andréa não teve tempo de refletir sobre as perguntas que inesperadamente Bárbara lhe fazia, pois a professora adiantou-se, erguendo o olhar para ela, e, com voz impertinente, perguntou:

– Você. Qual é o seu nome?

– Andréa.

– Não gosto de cochichos durante a aula.

– Sim, senhora.

– Espero que preste atenção e que não venha perturbar com outras conversinhas.

– Sim, senhora.

– Quando eu me dirigir a você, levante-se.

Andréa levantou-se e encarou-a. Havia tanta indiferença na calma com que a enfrentou que a professora sentiu-se ridícula e mandou-a sentar-se. Afastou-se em seguida, foi até a lousa, pegou um giz e começou a dar aula de matemática.

De súbito, a voz de Bárbara interrompeu-a:

– Com licença, dona Cristina, preciso confessar que quem estava cochichando era eu, e não Andréa. Não ficaria com a consciência tranquila, se não falasse.

Ao contrário do que Andréa julgou que a professora fosse ter como reação, esta apenas se limitou a dirigir-lhe um olhar enviesado e prosseguiu como se não tivesse sido interrompida. Bárbara tornou a debruçar-se, aproximando o rosto do ouvido de Andréa, por trás.

– Essa besta pensa que vai ficar com Berenice pro resto da vida!

O coração de Andréa pulsou forte. Analisou ou deduziu: antipatia intuitiva. Por isso não fora com a cara dela. Talvez pelo mesmo motivo dona Cristina a hostilizara. Mas como, se ela própria, havia pouco tempo, sequer imaginava que iria ficar tão interessada na professora de história geral?

— Elas têm caso!

A afirmação de Bárbara pôs Andréa em choque, como sua cúmplice no que ficou sabendo. Não proferia palavra, ficava a ouvir. Bárbara continuou desavergonhadamente seus cochichos, sem que dona Cristina sequer se voltasse para lhe chamar a atenção. Percebendo que Andréa estava intrigada, Bárbara explicou:

— Comigo ela não se mete. Morre de medo que eu dê com a língua nos dentes. Sabe que eu sei. Um dia eu conto.

Andréa não se conteve mais e perguntou baixinho o suficiente para que fosse ouvida somente por Bárbara:

— E o que é que você sabe?

— Tudo. A gente vê. Tá na cara! Não adianta esconder. E não pense que falo assim com todo mundo, não. Só com quem acho que posso. Não adianta esconder, quando a mulher é *entendida,* logo se percebe. Há um processo de identificação que não se pode evitar. "Tá" como que no ar. Logo vi que você também é. Não adianta fingir, dissimular, arranjar namorado nem casar. Isso é tudo besteira. Um dia a pessoa cai.

— Será que você sabe mesmo o que está falando?

— Claro. Eu olho e sei quando estou diante de uma lésbica. Percebo logo quando duas mulheres têm caso, mesmo que tentem disfarçar. É uma coisa natural. Eu vi o modo como você olhava para dona Berenice.

Andréa continuou calada. Não era uma acusação. Era simplesmente o que ela dissera, *identificação*. Não teve coragem para negar nem para fazer qualquer comentário. Estava perplexa com a franqueza de Bárbara, e pressentiu que teria um revide que a deixaria envergonhada, se negasse ou tentasse disfarçar. Por isso continuou em silêncio, como se confirmasse.

CAPÍTULO 5

Andréa atravessou a rua. Ia pensando no que Bárbara falara a respeito de Berenice, em como fora franca, sem medo, sem restrições. Identificara-a e não admitira que negasse, pois soubera bem escolher o momento propício para se manifestar e, indiretamente, preveni-la.

Subentendera, ou melhor, ouvira perfeitamente Bárbara declarar que qualquer insinuação no intuito de conquistar Berenice seria tempo perdido, pois ela já lhe pertencia, embora a professora de matemática fosse *caso firme* dela.

Com que naturalidade e convencimento falara. Suspeitas ferviam na cabeça de Andréa. Bárbara não falaria de tal modo e com tanta segurança se não pudesse argumentar, se já não houvesse ocorrido alguma coisa *íntima* entre ela e a professora de história. Então ela não poupava as alunas! Nem por moral, respeito, por escrúpulos, no local de seu trabalho!

Andréa censurou-a acerbamente, pois havia julgado que jamais teria um olhar dela sem outro interesse que aquele que normalmente uma professora dispensa a um aluno qualquer. Não porque se considerasse incapaz de alcançá-la com seus objetivos, mas por que, acima de tudo, julgava-a respeitável, digna, a pessoa cuja maturidade psicológica já estava livre das tentações emocionais, estabelecida dentro das suas obrigações e da integridade profissional.

Falsa análise para a inteligência que pensava ter bem razoável.

Ela vivia! Simplesmente. De acordo com seus gostos e vontades, e sua personalidade era só aparência. Não haveria luta nem sofrimento, se quisesse tê-la. Ela viria com a mesma facilidade com que fora para Bárbara. Só assim poderia explicar o fato e o modo como Bárbara tocara no assunto.

Imbuída de desprezo e decepção, achou que um dia de aula, apenas algumas horas, havia sido suficiente para desmascarar a índole pervertida de dona Berenice.

Não seria mais uma. Ela não! Estava mesmo encantada, não sabia bem discernir o que lhe enchia o pensamento da presença dela. Não podia aquilatar o significado da emoção de ouvi-la falar, de vê-la e ter pensado que a veria mais vezes, muitas outras vezes, num incentivo que a arrastaria aos estudos com disposição nova e interesseira.

Seria a motivação, mas dona Berenice não merecia. Era vulgar. Andara com Bárbara, a qual analisou como uma boçal, sem graça, pegajosa.

Não era ciúme ou uma frustração pela descoberta de que jamais seria a única, se conseguisse entrar na vida de Berenice, mas um desencanto.

Ainda bem que sua reação fora quase masoquista, agressiva, de quem antipatizara, pois lastimaria figadalmente se lhe tivesse dado um sorriso, uma única demonstração do que sentia.

Um ônibus passou chocalhando-se, cansado, estourando de fazer força. O tapete negro e largo do asfalto reluzia umedecido pelo sol escaldante. Não soprava sequer uma aragem. Os coletivos passavam apinhados de gente, parecia que se iam desconjuntar.

Andréa estava parada na calçada, olhando para a esquina por onde o carro dirigido pelo pai deveria surgir.

O horário dos dois coincidia, portanto haviam marcado encontro ali, do outro lado da rua, em frente ao colégio, para que ele não precisasse fazer balão na pracinha.

Pouco depois, um SP2 passou, e ela reconheceu no volante a professora de história. Disfarçadamente acompanhou com o olhar o carro, que se distanciou pela avenida metendo-se entre outros veículos.

Vira-a por casualidade e ficou olhando para o SP2, parado na esquina, esperando que mudasse o sinal. O semáforo passou de vermelho para amarelo, depois verde, e o SP2 de Berenice sumiu de vez, ultrapassando um ônibus.

O sol ardia a vista, e ela se voltou para se deparar com o pai, que, impaciente com a sua distração, buzinava e chamava-a para que se apressasse.

Andréa correu e entrou no Dodge, beijando o pai carinhosamente no rosto.

— Então? Como foi o primeiro dia? Fez algumas amizades?
— Tudo igual.
— Que pouco entusiasmo!
— Não é falta de entusiasmo, papai. As coisas que acontecem numa sala de aula são quase sempre as mesmas. Um professor mais querido do que outro, uma matéria que a gente gosta mais, silêncio, barulho, reclamações, o clima comum. O professor cumprindo sua obrigação profissional, e o aluno, o seu dever; parece tudo forçado, um ensinando para ganhar a vida e o outro aprendendo para vencer na vida.
— Que filosofia! Você me surpreende! Pensei que tivesse algum ideal. Conversamos tantas vezes, e seus objetivos sempre me envaideceram.
— Sim, papai. Tenho objetivos, é lógico, não quero ser uma cabeça vazia, mas é tudo tão imperioso!
— Nada é imperioso quando a gente tem um ideal. Talvez você não tenha delineado bem o seu objetivo, o que quer alcançar.
— Eu precisaria ser astronauta.
— Por quê?

Andréa apenas sorriu e desviou o pensamento, que trouxera Berenice na figura de uma estrela que estava muito distante.

— Nada não, papai, hoje é só o primeiro dia. Alguns professores perguntaram pelo senhor e mandaram cumprimentos. O professor Duílio, coitado, fiquei com pena dele, tão idoso! Quase armei uma confusão por causa dele.

Andréa contou o que se passara. O doutor Américo, comovido, inclinou-se para ela e beijou-a na testa. Prosseguiu fazendo perguntas, querendo saber as impressões que ela tivera do colégio onde ele lecionara biologia.

Andréa falou de todos. Omitiu Berenice. Não conseguia mencioná-la. O nome dela como que se tornava uma brasa queimando-lhe a língua. Pensou que engasgaria e ficaria vermelha se falasse nela, mas, ao mesmo tempo que estremecia, sentiu satisfação quando ele perguntou:

— Quem é a professora de história geral? Berenice? Falei com ela outro dia, quando fomos fazer sua matrícula. Estava na diretoria; quando pretendi apresentá-la a você, ela já havia saído.

— Um pouco antes do senhor me pegar, ela passou num SP2.

— Ficou pensando no carro que me pediu! Já entendi! O SP2. Isso é um problema. Sempre as insinuações pelo bendito carro!

— Não fiz insinuação. Só disse que ela estava num SP2. É uma coincidência a preferência, o fato de ter dito que eu queria um SP2. O senhor prometeu. No meu aniversário. Não é?

— Nós ainda vamos discutir isso, com mais calma. Sua mãe, em parte, tem razão; com esse trânsito horroroso, preocupa-se. É perigoso.

— Ah!, papai! Que perigoso que nada! Tantas amigas minhas têm carro! Lá no colégio, quase todas saíram no seu fuscão e T.L. Só eu fico assim, esperando sua "carona".

— Vou pensar.

— Não pense, papai, compre. O senhor compra?

— Vai ser o diabo enfrentar a velha!

Andréa passou o braço à volta do pescoço dele, subentendendo a promessa. Doutor Américo riu, atrapalhado pelos beijos que ela salpicava em seu rosto, e perguntou:

— Que tal a aula de Berenice? Ela é enérgica, não é?

— Uma velha boba!

— Credo, Andréa, o que é isso? Ela é jovem!

— Tem cabelos grisalhos no alto da testa, mais do que o senhor.

— Isso não é nada! Berenice deve estar com seus 37 anos.

— E não é velha? — murmurou Andréa, arregalando os olhos e estirando os lábios como se tivesse sofrido uma decepção.

— Então o que pensa de mim, que tenho 56? Sou uma múmia saída de um sarcófago? Um trapo? Que cara tenho? — e inclinou-se para ver o rosto no espelhinho.

— O senhor é homem. Está bem. Conservado. Mulher é diferente.

— Acho que você não gostou dela — comentou intrigado.

— Ela é antipática.

Estava mentindo. Sentia necessidade de falar mal dela, de destruir qualquer boa imagem que o pai fizesse de Berenice.

— Estranho você falar assim, todos sempre a estimavam. Perguntou por mim?

— Não. Foi reticente.

— É o jeito dela. É, talvez Berenice tenha mudado um pouco. As pessoas mudam com o tempo. Sabe se ela casou com o professor Freitas? Deve ter casado. Terá filhos? Estava noiva, quando deixei o colégio.

Andréa estava surpresa. Era uma novidade o que ele estava falando. Seria casada? Teria filhos? Fora noiva, o pai acabara de dizer. Não ouvira coisa alguma a respeito. Ninguém mencionara um professor Freitas. Entretanto, Berenice estivera noiva. Noiva! Ela? E por que não? Haveria algum engano? Mentiras nas conversas de Bárbara? Calúnias? O pai interrompeu o curso de suas indagações:

— O que está pensando? Ficou calada, de repente.

— Dona Berenice era noiva?

Doutor Américo balançou a cabeça afirmativamente, com um som gutural.

— Não fiquei sabendo de nenhum professor Freitas. Lecionava o quê?

— Matemática.

— Quem leciona matemática é uma professora, dona Cristina.

— Não é do meu tempo. Não tinha nenhuma Cristina. Freitas deve ter seguido carreira, estava estudando para arquiteto.

Ficaram em silêncio. Andréa ia pensando em tudo o que ouvira a respeito de Berenice. Tantos comentários! E por que tanta preocupação com a vida de Berenice, se era casada, se tinha filhos, se tivera intimidades com Bárbara, se realmente era "caso firme" da professora de matemática?!

Porque Berenice, pensou, era alguém *especial* para ela. Aquele alguém que sabia que surgiria para positivar todos os seus pensamentos e reconhecimentos de si mesma, num objetivo único e inevitável.

Estava acontecendo o que temera aclarar-se definitivamente em sua vida. A disposição da natureza. A noção final do que era: lésbica.

CAPÍTULO 6

Doutor Américo parou o carro e Andréa saltou ligeira para abrir o portão. Enquanto ele enfiou o carro na garagem, ela fechou o portão. Depois seguiu para o terraço, onde uma senhora de cabelos ruivos aparecera. Beijou-a no rosto e foi logo perguntando:

– O almoço já está pronto, mamãe? Estou tontinha de fome.

– Só estávamos à espera de vocês. Vá trocar de roupa, que a mesa está arrumada.

– Onde está o Buby?

– Não sei, chamei, esgoelei, e ele não apareceu.

– Mas eu sei, mamãe, a senhora vai ver. Tenho certeza de que está no meu quarto, mexendo nas minhas gavetas, destruindo minhas coisas. Eu acabo com ele dessa vez – gritou, enquanto corria para dentro da casa e subia as escadas, chamando pelo nome do irmão: – Buby, onde está você?

No fundo do corredor, uma cabeça loira apareceu em frente à porta do banheiro e depois sumiu rapidamente, batendo a outra porta.

Andréa avançou e tentou abri-la. Buby fazia força pelo lado de dentro enquanto ela gritava, advertindo:

– Se abrir, não lhe faço nada. Abra, Buby, eu prometo, preciso entrar no meu quarto.

– Promete que não me bate? Eu não estava fazendo nada, eu juro.

– Prometo, mas abra logo, senão arrombo a porta e será pior.

– Jura pela alma da mamãe?

Enraivecida, empurrou a porta com mais força, porém seria inútil, pois Buby fechara à chave. Ela, então, prometeu, conformada, querendo entrar no quarto para verificar o que ele estivera fazendo durante sua ausência:

— Juro pela alma da mamãe.

Ele abriu a porta e jogou-se ligeiro no chão, escorregando para debaixo da cama.

Andréa entrou à procura dele. Um cheiro forte de água de colônia entrou-lhe pelas narinas. Correu para a cômoda e deparou-se com o estrago. Pó-de-arroz, batom, ruge, perfumes, tudo derramado numa sujeira danada. Até o sabonete entrara na dança. Mordeu os lábios, bateu os pés, cerrou os punhos, ficou vermelha de raiva. Ajoelhou-se no chão e olhou embaixo da cama.

Uns olhinhos arregalados fitaram-na temerosos e brilhantes.

Perguntou, nervosa, deitando no chão de bruços e espichando-se para alcançá-lo:

— O que você estava fazendo, Buby? O que estava fazendo?

A voz chorosa demonstrava sua raiva e nervosismo.

— Estava brincando de barbearia. Ih!, também, você sempre chega quando eu vou começar a fazer a limpeza do salão!

— Oh! Você, seu monstrinho, se eu lhe ponho as mãos em cima!

Andréa enfiou metade do corpo embaixo da cama, Buby escorregou para o fundo, tentando escapar das mãos que o estavam alcançando.

— Você jurou, Andréa, jurou pela alma da mamãe — gritava, espremendo-se contra a parede, enquanto ela avançava.

Uns braços fortes puxaram-na pelas pernas, agarrando-a e pondo-a em pé. Ela olhou de perto o rosto do pai.

— Deixem de brigas. Venham almoçar. Buby, saia daí...

— O senhor promete não me bater? Não me põe de castigo?

— Não prometo nada — respondeu energicamente. Olhou para o estrago que o caçula fizera.

— Obedeça, Buby, não vou insistir, não queira que eu mesmo o tire de baixo da cama.

— É por isso que ele cisma comigo. Ninguém bate nele e nem eu posso defender o que é meu, trancando o meu quarto. Um dia porque é dia de limpeza, outro porque mamãe quer verificar as roupas que precisam de uma costura qualquer, pregar botão. Ora, eu prefiro ficar rasgada e com as saias sem botões do que encontrar esse monstrinho mais uma vez aqui. Se mamãe não consentir que eu tranque a porta do quarto daqui em diante, não saio mais de casa. Isso é desaforo, será que não reconhecem que eu tenho razão? Qualquer hora, esse sem-vergonha põe fogo nos meus vestidos e destrói a casa, vocês vão ver.

– Ora, Dedé, não sou tão ruim assim. Você vai ver, logo, quando eu for moço e tiver minha barbearia, farei sua barba de graça!

– Cale-se, menino, obedeça, saia daí! – vociferou doutor Américo.

– Ele é um demônio, papai! Não suporto mais! – berrou Andréa, batendo o pé e saindo do quarto, furiosa, enquanto Buby continuava a pedir ao pai que jurasse que não bateria nele, se deixasse seu esconderijo.

Doutor Américo correu para a porta e perscrutou o corredor. Viu Andréa descer as escadas e seguir para a copa. Então voltou e disse baixinho:

– Sai daí, malandro. Não vou fazer nada. Venha almoçar. Buby saiu depressa e sorriu.

Doutor Américo arregalou os olhos e apontou para o rosto dele. Depois se levantou, ordenando:

– Vá lavar a cara, palhaço! Você merecia mesmo uns petelecos.

O queixo, a testa, as bochechas gordas, todo o rosto do garoto estava enlameado de batom, ruge e outros cosméticos. Apenas os olhos reluziam negros em meio àquela máscara colorida. Por sobre o lábio, desenhara um bigode com lápis de sobrancelha e, ao lado das orelhas, duas grossas e malfeitas costeletas.

Buby correu para fora do quarto e trancou-se no banheiro. Doutor Américo desceu e foi para a copa.

À mesa, estavam à espera filha e esposa. Ele olhou para as duas e comentou, testa franzida, expressão carregada.

– Júlia, quase não reconheci nosso filho. Você precisa tomar mais cuidado com ele. Andréa tem razão, o rapazinho está-se tornando impossível. Não viu o estrago que ele fez sobre a cômoda, com as pinturas de Andréa? É absurdo! Não é possível continuar assim.

– E é você quem diz? E por que não lhe deu umas palmadas?

– Isso compete a você. Passo o dia todo fora. Ele deveria obedecê-la mais. Será que é preciso mesmo trancar todas as portas? Bater nele?

Será preciso chegar a esse ponto? Você não o castiga? Será, Júlia, que você está descuidando da educação do nosso filho?

— Descuidando?! Fique em casa o tempo todo correndo atrás dele, gritando, cuidando, tomando conta do que ele faz! É humanamente impossível! Nem sei como a empregada aguenta! Não tem quem cuide dele. É um verdadeiro Satanás.

— Que horror! Que expressão!

— Ele enlouquece! Você é que precisa impor-se. Ele precisa ter medo de alguém, porque, compreensão, educação, ensinamento, não há o que governe e oriente esse menino. Tudo é inútil. Estou cansada de ameaçar, de falar, de pedir. Já chorei, sabe? Chorei para que ele prometesse ficar bonzinho. E o pior é quando ele fica quieto, em silêncio, você não pode nem imaginar!

— Será possível?

— O senhor não viu, papai? Não viu o que ele fez com as minhas coisas? É preciso mais? O senhor devia usar a cinta!

Doutor Américo não gostou da agressividade de Andréa.

— Bater? Como se ele fosse um animal? Nem num animal se bate! Vocês não sabem dirigi-lo. Eu vou ter uma conversa com ele.

— Como das outras vezes, Américo? Pensa que vai adiantar? Eu desisto! Pra mim, ele pode derrubar a casa e, se a casa pegar fogo, morro queimada aqui dentro, nem saio de vergonha, porque seu filho é um explosivo. Um diabo.

— Nosso filho!

— Nosso, certo, ele acaba comigo!

Os dois gritavam. Andréa tentou acalmá-los. A empregada entrou com a terrina de feijão. A preta gorda intrometeu-se.

— Pois sim, seu Américo, aquele menino não se doma nunca. Some logo cedo. A coitada da dona Júlia fica que nem louca! Eu já cansei de levar sustos. Outro dia, ele desapareceu. Nós ficamos feito doidas procurando. Já estávamos quase decididas a telefonar para o senhor, quando a campainha tocou e nós fomos ver se era ele que voltava para casa. Era a vizinha. Ficou falando que tinha visto ele no muro, no fundo do quintal. Dona Júlia saiu pra ver se pulara lá pros fundos, no campinho, se algum moleque o vira. Eu voltei para a cozinha e abri a porta da despensa, virgem-Mãe! Meu coração desandou aos saltos, quase desmaiei. Fiquei até sem fala. O saco de batatas saiu aos pulinhos, pulando como se o diabo estivesse amarrado lá dentro. Não fosse a vizinha que esperava na porta me acudir, eu teria sofrido um colapso. E imagine quem saiu do saco? Seu Buby. Eu é que não procuro mais ele; nem ligo, se some, fico de olhos abertos com medo de tudo. Sabe o que ele me disse? Que se escondera lá porque ficara com medo da dona Júlia quando começou a procurá-lo e a resmungar que, quando o encontrasse, iria fazer feijoada com suas orelhas.

Os três se haviam calado, ouvindo a empregada contar as traquinagens de Buby, e concordaram que suas diabruras estavam passando dos limites. Entretanto, não puderam deixar de rir da cara indignada de Serafina, que de fina não tinha nada, pois era bastante gorda.

Buby desceu as escadas sem fazer ruído. Doutor Américo olhou para ele e perguntou, agarrando-o pelo braço:

— Você escorregou pelo corrimão?

— O senhor está me machucando.

— Responda ao que perguntei, e sem mentir.

Os olhinhos dele encheram-se de lágrimas e respondeu que sim.

— Então suba a escada outra vez e desça direito, como um menino educado. Vá.

Buby coçou a bochecha vermelha e puxou os lábios polpudos que ardiam, tanto os esfregara para tirar a sujeira.

Dona Júlia chamou-o e pôs a mão na testa dele:

— Será que está com febre? Está tão vermelho!

— Sim, mamãe, de pintura. Vá ver o estrago que ele fez em meu quarto.

Dona Júlia ergueu a sobrancelha e advertiu:

— Você ainda vai apanhar feito o Buzunta quando fez cocô dentro de casa.

— Credo, Júlia! Que é isso? Estamos almoçando! — censurou doutor Américo.

— Ora, papai, o senhor deveria é chamar a atenção do Buby, e não da mamãe.

Nesse ínterim, Buby já obedecera a ordem do pai e regressava com seus lábios vermelhos apertados num muchocho. Estirou a cabeça por cima da mesa para verificar os pratos do dia.

O almoço prosseguiu sem outros comentários. Doutor Américo olhava satisfeito para as três criaturas que constituíam sua família e sorria sem poder evitar a graça que provocavam as expressões do caçula, que, minuto a minuto, olhava para Andréa.

A empregada passou por perto, cara amarrada, como se tivesse visto o diabo. Dona Júlia, intrigada, quis saber o que acontecera. Serafina olhou para Buby e estendeu a toalha suja de batom e de outras manchas de cores diversas.

— É quase impossível tirar essa sujeira das toalhas!

Andréa olhou para a mãe em desacato. Dona Júlia apertara os dentes com raiva, enquanto doutor Américo fingia não prestar atenção. Buby escorregou na cadeira e, muito cínico, tentou justificar-se:

— A água estava muito fria.

Dona Júlia meneou a cabeça ameaçadoramente:

— Eu e você vamos ter uma conversinha mais tarde, e não pense que vai escapar, dessa vez juro que não.

— Pode deixar, Júlia, quem vai resolver tudo sou eu. Deixe comigo.

Doutor Américo estava sério. Buby olhou para a mãe, depois para Andréa, finalmente espichou um olhar amedrontado para Serafina. Não, não podia contar com ninguém. Apertou os lábios. Iria levar a surra temida? Nunca vira o pai com uma expressão tão dura! Olhou para o chão. O cãozinho abanou o rabo e latiu. Era o único amigo ali naquela sala, mas o que poderia fazer por ele?

— Coma, Buby.

Buby remexeu no prato com o garfo. Perdera o apetite. Estava com medo da cara do pai.

E se prometesse comportar-se? Talvez o pai perdoasse.

— Papai, eu prometo...

— Você não promete nada. E coma, antes que a comida esfrie.

Buby tornou a relancear o olhar, como a pedir socorro para a mãe e irmã. As duas estavam em silêncio, mas pareciam apreensivas.

— Vocês não têm mesmo pena de mim?

Ninguém respondeu.

CAPÍTULO 7

À tardinha, Andréa iniciou a aula de piano.

A professora chegara, como sempre, reclamando do péssimo serviço de transportes coletivos da cidade. Ônibus lotados, táxis não paravam, mesmo vazios, com flanelas amarelas cobrindo o taxímetro. Era um abuso. Para acabar com a paciência de qualquer um.

Dona Júlia prendeu Buby no quintal para que a professora pudesse dar aula sem interrupções. Andréa, contra a vontade, martelava noturnos de Chopin e, com cara de enfado, demonstrava que achava todas as melodias escolhidas pela professora fúnebres, chatas, cansativas e ultrapassadas.

Seus dedos hábeis contraiam-se ansiosos por ritmar um samba. Entretanto, quando o ritmo escapava, mesmo aproveitando um trecho do que tocava, transformando-o numa batucada qualquer, a professora exclamava, impedindo-a de prosseguir:

— Meu Deus, que diriam Mozart e Debussy? Comece outra vez. Você não pode abandonar lições por influências e preferências. Precisa estudar, conhecer os "grandes", depois poderá tocar o que quiser.

Nessa tarde, Andréa explodiu. Virou no banquinho e, fitando-a de frente, exigiu:

— Eu quero tocar música popular, entende? Quero tocar músicas que sinto e das quais gosto. Um sambão! Coisa de agora. Não pretendo dar recitais, concertos, exibir-me por aí, quero tocar para mim, para higiene mental, por prazer, não por vocação. É vocação, sim, mas não do gênero que quer me impingir. Ou aceita que eu siga minhas preferências, ou não precisa mais me dar aulas.

Virou-se para o piano e começou a tocar a última música que aprendera por meio do disco que comprara.

Quando terminou e voltou-se para olhar para a professora, esperando que ela estivesse aborrecida ou pretendendo reclamar com dona Júlia, encontrou-a sorrindo e animada:

— Está bem. Muito bem. Tem bom ouvido, mesmo. Gostei. Não há objeção de minha parte. Não pretendo forçá-la ao que não lhe agrada, apenas achava que seria bom aprofundar-se um pouco mais nos conhecimentos da música erudita.

— Não acha que podemos intercalar?

— Claro — afirmou. Abriu a pasta, de onde tirou um punhado de partituras. Andréa ficou contente quando reconheceu os títulos populares e, ansiosa, depositou sobre o piano as que escolheu. Executou-as com facilidade.

A porta abriu e dona Júlia entrou. Sentou no braço do sofá e ficou a ouvir. A professora aproximou-se e disse-lhe baixinho:

— Sua filha esbanja talento. Tem bom ouvido. Tem alma.

O entusiasmo da professora envaideceu dona Júlia, que, cheia de si, orgulhosa da filha, ofereceu-se para trazer chá e bolo.

Ouviram berros de Buby lá do quintal. Correram para ver o que havia acontecido. Depararam-se com ele completamente ensopado, e a testa esfolada.

— Escorreguei para dentro do tanque.

— Vá trocar de roupa, seu danado. Nem com medo do pai você se emenda. Acho que esta noite você vai dormir mesmo com o traseiro quente. Deixe só seu pai chegar! Se ele se esqueceu de que vai dar um jeito em você, vou lembrá-lo.

Dona Júlia deixou-o passar pela cozinha enquanto Andréa e a professora voltavam para a sala, refeitas do susto. Serafina apareceu, resmungando que o serviço daquela casa nunca rendia por causa daquele peste, que deixara poças de água por onde passara.

Dona Júlia foi para a copa preparar o lanche. Estava mesmo desacorçoada:

— É inútil, Sera. Não existe lugar onde esse menino fique para nos deixar sossegados. Eu enlouqueço. Américo precisa dar um jeito.

Isso é energia demais. Nós nos gastamos. Ele eletrocuta a gente!

— Foi um acidente, mamãe, acho que não tenho sorte.

Ao ouvir a voz dele atrás de si, manhosa, ludibriando-a, dona Júlia voltou-se com instintos agressivos, louca para lhe dar umas palmadas, mas, ao deparar com a expressão angelical do menino, olhos pousados nela, lacrimejantes, deixou descair a mão erguida, num desalento total.

— Você acaba comigo, Buby. Por que não é bonzinho, quieto, comportado, por que não brinca como os outros meninos?

— É que eu só tenho aqui o Buzunta pra brincar, e ele é apenas um cachorrinho, mamãe. Não sei, nessa rua parece que não há meninos. Todo mundo trancado. Ninguém liga pra mim nessa casa, só querem me arrancar as orelhas e sumir comigo. Por que não vou para a escola, que nem a Andréa?

Dona Júlia enterneceu-se diante do moleque precoce que sempre a desarmava com suas boas saídas.

— Você vai. Seu pai já providenciou. No colégio aqui perto não havia vaga, só lá perto da casa da vovó.

— Oba!

Estendeu os bracinhos para ela, querendo abraçá-la. Dona Júlia inclinou-se para ele e beijou-o no rosto.

— Você quer chá?

— Quero, mas posso ir ouvir Andréa tocar? Hoje as músicas não são chatas. Eu gosto quando ela toca: *é pau é pedra, é o fim do caminho...*

Saiu cantando e entrou na sala onde Andréa estudava.

Olharam-no com receio. Ele se sentou numa poltrona e correu os olhinhos de uma para outra. E como elas continuassem expectantes, encarando-o, querendo que ele saísse, pediu, esticando o braço num gesto desajeitado, mas imperioso:

— Toque. Estou esperando. Vou ficar quietinho. Hoje você não está tocando aquelas músicas chatas.

— Vai ficar quietinho aí, sentado?

Ele apenas sacudiu a cabeça afirmativamente.

Andréa começou a tocar. Dona Júlia trouxe chá e bolo no carrinho, serviu a professora e o filho. Andréa continuou tocando enquanto o chá esfriava um pouco.

Às cinco horas, a professora foi embora e Andréa fechou-se no quarto antes que Buby tivesse tempo de segui-la, porque tirá-lo de lá depois seria um pandemônio.

Abriu a pasta do colégio e passou uma vista de olhos pelos cadernos. Procurou na estante, colocada numa das paredes, os antigos livros de estudo e começou a folheá-los. Atirou-se preguiçosa na cama e ficou a olhar pela janela o topo das árvores na rua. Os fios telefônicos e elétricos passavam por entre a ramagem verde. O chilreado dos passarinhos livres era bom de se ouvir. Um ventinho fresco soprava, o tempo estava ameno. As cortinas esvoaçavam fustigadas, e ela sentia a delicadeza da brisa, com um afago, vir tocar-lhe o corpo, numa carícia que dizia coisas. Coisas que eram patinhas de mil arrepios caminhando por ela toda.

Com a ponta dos pés descalçou os sapatos e cruzou os braços sob a cabeça. Estava assim distraída, sem pensar em nada, absorta, numa calma recuperadora. De súbito, um olhar atravessou-lhe a mente em lembrança viva. A expressão dos olhos como que estilhaçou os mil arrepios, que desbarataram multiplicando-se. Debruçou-se sobre si mesma. O que estava sentindo a perturbava. Do cérebro, do pensamento, começava a gritar na carne. Estava possuída pela força penetrante do olhar de Berenice e imaginou, se ela a beijasse, se colasse o corpo no seu, se ao menos lhe segurasse a mão. Que emoção violenta transtornando tudo! Com que rapidez se apossara dela a presença daquela mulher. Era uma presença viva. Estava ali, uma imagem saindo de todos os cantos do quarto, caminhando para ela, querendo tocá-la. E, querendo ser alcançada, não conseguia senti-la chegar. Era o desespero do desejo. Uma febre que se alastrava no despertar dos sentidos. Estava palpitando, querendo o que ninguém ainda lhe proporcionara, gozo provocado por outro corpo, por outras mãos, as mãos de Berenice.

Precisava espantar aquela ansiedade, escapar daquele impulso que fazia suas mãos irrequietas. Tinha-as sobre o ventre, apertando-o, desciam, alisavam as próprias coxas. Sentou-se com as pernas para fora da cama. Pegou uma revista, começou a folheá-la.

Letras, caras, anúncios, desenhos, branco-e-preto, colorido, páginas passavam, borrões, tudo se empastelando, sem significado, a ânsia pedindo, o corpo querendo, exigindo. Não podia ceder. Olhos pararam. Semelhança igual! Era mesmo! Parecidíssima. Seria um crime fazer tal comparação? Mas eram parecidas. Nem mais feia nem mais bonita, uma artista de televisão, Natália, não lembrou o resto do nome. Era parecida. Muito mesmo. Os mesmos olhos.

Jogou a revista no chão, empurrou-a com o pé para debaixo da cama. Que coisa impressionante sentia. Bateram na porta. Perguntou quem era. Como não obteve resposta, compreendeu que era Buby que lá estava, querendo aborrecê-la como todos os dias. Aquele menino não a deixava em paz um minuto sequer. Perseguia-a por todos os cantos, do mesmo modo como Buzunta o seguia.

Buby novamente bateu na porta e Andréa percebeu o raspar das patas do inteligente cãozinho, que o imitava.

Bufou desistindo e foi abrir a porta.

Buby pulou para ela e, agarrando-a pela cintura, exclamou:

— Você é a primeira terráquea a receber a visita de dois soldados do planeta Marte!

Andréa cruzou as mãos, juntando-as ao peito, e perguntou, prevendo o estrago:

— Onde pôs os peixinhos? Tire esse aquário da cabeça antes que mamãe o veja.

— Os peixes estão no lago azul. Mãos ao alto, terráquea.

— Que lago azul, Buby? Onde?

— No banheiro, lá no bidê.

— No bidê?!

Andréa desvencilhou-se dele e correu pelo corredor, preocupada com o destino dos seus peixinhos dourados.

Estacou descrente diante do que viu: entontecidos, os peixinhos vermelhos ainda lutavam pela vida dentro do bidê com água anilada.

Abriu depressa as torneiras da pia e, com as mãos, pegou-os um por um e colocou-os na água limpa.

Em contato com o líquido fresco que corria pelas torneiras abertas, os peixes pareceram reviver e ainda mergulharam, como que desfalecidos, de barriga para cima, boiando. Andréa ficou a observá-los aflita, em silêncio, numa expectativa angustiante. Entre a vida e a morte, as pobres vítimas da traquinagem de Buby boiavam e nadavam dentro da pia.

Buby apareceu por detrás dela e olhou para o bidê.

— Você os tirou daqui?!

— Idiota! Veja, eles estão quase morrendo, você não sabe que anil é veneno? Nem posso acreditar que os pobrezinhos ainda estejam vivos.

— Eles vão morrer? — perguntou Buby, dessa vez com voz de choro.

— Com toda a certeza. Somente um milagre poderá salvá-los.

Os olhos do menino encheram-se de lágrimas, e ele correu para fora do banheiro.

Andréa alcançou-o e tirou, com muita dificuldade, o aquário da cabeça dele, percebendo que ele já tentara fazê-lo, sem resultado. As orelhas de Buby ficaram vermelhas, porém ele não demonstrou que doera por causa da força que fora necessário empregar para livrá-lo da esfera de vidro, que se prendera no queixo. Buby afastou-se e entrou no quarto ao fundo do corredor, pegado ao quarto de Andréa.

Ela voltou ao banheiro, esperou alguns instantes, encheu o aquário com água limpa e depois colocou os peixinhos, com cuidado, em seu interior. Desceu, pôs o aquário em cima da mesinha, perto do aparelho de televisão, procurou a pequena garrafinha de alimento para peixe e Tetra Care, remédio para peixes. Felizmente, só havia uma pitadinha de anil — o azul era mesmo a própria cor da cerâmica das louças do banheiro.

Logo, eles nadavam mais espertos.

Andréa subiu as escadas e abriu a porta do quarto de Buby. Viu-o ajoelhado à beira da cama, de mãos postas. Ele voltou a cabeça e viu-a. Temeroso, perguntou:

— Eles morreram?

— Não, seu biruta. Que está fazendo?

— Então eu os salvei!

Gritou e deu um pulo, correndo para fora do quarto. Andréa debruçou-se no corrimão depois de vê-lo sair do banheiro, deduzindo que ela já levara o aquário para seu devido lugar, e, enquanto ele voava pelas escadas, deslizando pelo corrimão envernizado e liso, perguntou:

— Como foi você quem os salvou?

— Você disse que só um milagre os salvaria, e eu rezei. O milagre não se consegue rezando e se arrependendo da coisa errada que a gente fez? Foi a mamãe quem disse.

CAPÍTULO 8

O comportamento irascível de Andréa para responder às questões de aula tinha sempre uma desculpa de descaso – não estudara porque não tivera tempo, não entendera a explicação, não prestara atenção na aula porque não conseguia se concentrar, ficara com sono –, sempre demonstrando sua deliberada intenção de menosprezar a eficiência da professora de história.

– Desse modo – disse-lhe um dia –, serei obrigada a lhe dar notas muito baixas, Andréa. Estive conversando com os outros professores a seu respeito e, pelo que soube, você está-se saindo muito bem. Será que existe algum motivo para que não aprecie minhas aulas e não procure melhorar?

– Não há motivo algum.

– Deve haver. Está muito desinteressada.

– Engano seu.

– Não gosta de história? Tem dificuldade em guardar os pontos?

– Não posso saber o que não li e não ouvi.

– Falo baixo demais para os seus ouvidos?

– A senhora me desculpe, eu saberei recuperar os pontos para ser aprovada.

Tudo isso se desenrolou na mais sofisticada calma.

– Você foi dura demais na insolência – cochichou Bárbara, enquanto dona Berenice voltava para sua escrivaninha, de onde recomeçou a aula que interrompera ao fazer uma pergunta sobre o ponto passado a

Andréa, que dissera não saber responder, tentando descobrir a causa do seu desinteresse. – Assim acho que você marca mesmo, mas fez efeito contrário ao que pretende. Ela é, no fundo, muito vaidosa e orgulhosa da sua capacidade de fazer com que os alunos saibam tudo na ponta da língua, como pequenos gênios que fabrica com sua eficiência. Você está por fora!

– Estou, é?

– Olha, acho que o seu método de despertar o interesse de Berenice não vai dar certo e, além de tudo, só a prejudica. Ela não tem dó, não, se tiver que dar nota zero, não vacila.

– Pois que dê.

– Quem cochicha? Se tiver vontade de conversar, eu faço uma pausa.

A voz de Berenice, calma, vacilando, interrompeu-as.

Andréa pôs-se de pé, num impulso imediato ao que sentiu, tendo o olhar dela sobre si:

– A senhora, então, me permite?

– Eu disse.

Foi a resposta afirmativa.

Andréa voltou-se e encarou Bárbara bem dentro dos olhos, sentou-se, debruçou-se para trás, disse algo baixinho, mas todos os que estavam nas carteiras adiante delas e ao lado, bem como dona Berenice, viram a expressão de Bárbara, que recuou.

Dissera, em tom ruvinhoso, para que somente ela ouvisse:

– Vamos parar com essa masturbação cerebral ou me verei forçada a falar com o diretor a respeito das suas insinuações nojentas.

– Pronto? Posso continuar a dar aula? – perguntou dona Berenice, vendo que Andréa ficara de costas para Bárbara.

– Muito obrigada, dona Berenice, a senhora me prestou um grande favor, talvez agora eu consiga prestar atenção na aula.

Dona Berenice como que não ouviu o que ela disse e continuou exatamente da parte onde parara.

Então a estúpida da Bárbara estava pensando que ela premeditava chamar a atenção de dona Berenice? Ela não queria chamar a atenção de ninguém. Queria ser notada com naturalidade, sem forçar. Que ela se interessasse espontaneamente, do mesmo modo como acontecera consigo própria. Queria? O que estava pensando? Ou melhor, onde se perdia seu olhar fixo na ideia fixa da mente fascinada pela presença dela? O que ouvia? Som, voz, só música, como carícias que afagavam seus ouvidos.

Mas era preciso prestar atenção, captar, entender, gravar, não se abstrair como coisa sem lógica de estar ali. Era preciso estudar. Tivera objetivos. Imaginara-se, outras vezes, doutora, avental branco, toga, beca, tantos sonhos, e cair assim na inutilidade, no vazio, olhos arregalados apenas para ela e nada mais.

Não podia continuar influenciada por um sentimento perturbador e perigoso. Não podia, mas que adiantava saber que não podia, que não devia? Poderia acabar com aquilo assim, só porque estava fora da razão?

Odiou tudo. Todos. O mundo! Não conseguiu acabar com o sentimento. Berenice chamava-a para as coisas que gostava de sonhar. O corpo ardia em febre.

E o toque da campainha zuniu forte para avisar que a aula terminara.

Ultima aula da semana. Aula de Berenice, como uma despedida. Aquela manhã arrastara-se até chegar a última aula, na expectativa de vê-la, e agora as horas haviam voado, expediente encerrado brutalmente por um toque de campainha.

A professora saiu da sala. Sequer olhou para os lados. Estava apressada. Não atendeu direito aos alunos que a cercaram, fazendo perguntas.

Viu o olhar de Bárbara, desafiador, acusando, num deboche, escarnecendo. Intrigou-se ao vê-la desaforadamente aproximar-se e dizer:

— O seu vocabulário me fechou a boca mesmo. Masturbação cerebral! Isso foi legal paca, sabe? Eu peço desculpa, acha que ainda podemos ser amigas? Em verdade, continuo achando que não me enganei a seu respeito. Tira a dúvida, que tal? Ou confessa, ou nega. Você é como eu, mais ou menos como Rosana, é lésbica.

Andréa começara a andar, e Bárbara a acompanhara. Assim alcançaram a rua, Bárbara falando, insistindo para que Andréa respondesse alguma coisa, quebrasse aquela hostilidade.

— Afinal, Andréa, acho que estamos no mesmo barco, por que continuarmos inimigas?

— Nunca fui sua inimiga. Por que razão o seria?

— Ah! Finalmente disse algo. Tem razão, nunca foi minha inimiga, mas também não quer ser minha amiga. Por quê?

— Você diz coisas que não me agradam.

— Tá certo, desafiei, estava enciumada, achando que você tinha os olhos perfurando Berenice, atraindo-a, tirando-a de mim.

Andréa desdenhou, a voz fugindo sem conseguir retê-la, calar, como gostaria de fazer a tudo o que Bárbara dissesse, mas reconheceu que havia muitos eus dentro dela que não conhecia ainda, e um deles manifestava-se na curiosidade disfarçada em ironia:

— Por que, ela é sua? Sai com ela?

— Saía. Às vezes, ela dá bola. Nem sempre posso ir à casa dela. Nem sempre está só, e minha família é uma bosta, fica na marcação, quando saio. Querem saber onde vou, mandam chofer me levar, é um cu pra conferir.

— Você censurou meu vocabulário, mas o seu está ferindo meus ouvidos.

— Desculpe, mas é isso mesmo. Não vejo a hora de me livrar dos velhos pra poder viver minha vida. Não me deixam respirar, eu sufoco. Sabe, Andréa, você tem que levar em conta, sou uma revoltada, reconheço que às vezes sou inconveniente, mas é que não posso admitir que você não se abra comigo.

— Não entendo você, meu Deus, o que quer que eu diga?

— Já disse. Eu não escondo, não nego, me abri com você, por que não tem confiança? É bom a gente ter uma amiga que é que nem a gente, não acha? Mesmo que a gente tenha medo dela, que se torne nossa rival.

— Você me teme?

— Se eu responder, você avalia o que vale.

— Eu sei o meu valor, só não quero que se perturbe com bobagens.

— Então me responda, quando você percebeu que era assim?

Atravessaram a avenida. Andréa mordiscou os lábios. Olhou para o rosto atento de Bárbara. Ela estava displicente, espontânea, natural. Respondeu:

— Eu não percebi: eu senti. Você percebeu ou sentiu?

— Acho que as duas coisas, foi instintivo. Percebi que estava olhando pra mulher, em vez de olhar pra homem. E como você analisou o que sentiu?

— Eu não analisei; entendi, e depois que entendi foi que analisei.

— Você confunde, troca as bolas, mas o que foi que você analisou?

— Que não haveria mudança em mim, e o negócio era seguir vivendo, sem medo, com muita coragem e naturalidade. Eu não poderia negar o que você viu em mim, como me viu, como me identificou, porque eu também identifico as pessoas, por mais encobertas e encasuladas que estejam, como se uma força inevitável rasgasse o disfarce para mostrar a alma daquilo que se é. A gente, entre gente como nós, não consegue passar despercebida, há algo que nos trai, que está na pessoa, como a simpatia, o fascínio e todas as outras abstratas características do ser humano.

— Você puxou a palavra, rasgou o verbo, foi bacana.

Bárbara despediu-se. O irmão chegara num carrão conversível para pegá-la. Sorriu para Andréa e estendeu a mão para cumprimentá-la quando Bárbara os apresentou um ao outro.

Quando o carro se afastou, viu o SP2 prateado e teve um aperto no coração. Ao lado da professora Berenice estava a professora de matemática, dona Cristina.

As duas olharam para ela. Andréa sentiu que o chão afundava como se a tivessem despido ali na rua. Antes de descobrir se iriam cumprimentá-la ou não, já virara o rosto, disfarçando como se tomasse conta da chegada de alguém. Felizmente, o carro do pai apontou logo atrás. Desceu da calçada, ele abriu a porta e ela entrou. Sequer o beijou. Sentiu que estava transtornada.

— O que você tem, Andréa? Está se sentindo mal? Está pálida.

— Não, papai. Não tenho nada — respondeu depressa, virando o rosto para o outro lado e olhando pela janelinha.

— O que aconteceu? Você está esquisita. Por que não quer conversar comigo? Pode contar o que houve, não sou só seu pai, sou seu amigo.

— Não há nada, já disse. Que insistência!

— Você está muito nervosa, nunca me respondeu assim nem se fechou desse modo, não acha que tenho o direito de me preocupar? Talvez possa ajudar, resolver o problema.

— Não é nada, não, papai. Não é todos os dias que a gente está disposta. Acho que estou com fome.

Doutor Américo aceitou a explicação, percebendo que ela não queria se abrir. Andréa já não era mais criança. Começava a ter segredos, a fazer seu próprio mundo, a fugir para outras dimensões, cujas portas estavam fechadas para ele. Ficou em silêncio. Tinha de se conformar. Não podia romper barreiras para participar de tudo o que dizia respeito a sua filha, ela tinha o direito de reservar coisas só para si, de se fechar no seu mundo interior e só abrir as portas quando bem entendesse. Era dos que pensam que não se foge ao destino, que a sorte já vem traçada, raiz dentro da gente. O que se poderia fazer seria estender a mão e tentar puxar a pessoa do atoleiro, indicar o caminho, tentar conduzir, ser bengala branca na mão de cego. Adiantaria? Andréa tinha um longo caminho pela frente, ele fora o ponto de partida e ia ficando para trás, seus olhos, quais luzes de lanternas, tentavam iluminar o chão onde ela pisava, mas para que direção estaria voltado o olhar dela? Que rumo seguia o pensamento daquela cabecinha? Poderia detê-lo para evitar o perigo ou só chegaria a tempo de arrancá-la do atoleiro para pensar suas feridas?

Andréa estava mesmo se distanciando. Suas vontades, suas ilusões, seus sonhos estavam sendo escondidos, e parecia que ela estava com medo de alguma coisa.

Achou que precisava ser discreto e não a atormentar com perguntas que ela demonstrava, no silêncio introspectivo em que se afundava, que não queria responder. O certo era aguardar. Talvez chegasse o momento propício para dialogar. Sempre haviam sido muito francos um com o outro. Ela viria a ele, se precisasse de socorro. Deu-lhe uma deixa para isso:

— Não há o que não se possa resolver, filha; qualquer coisa somos amigos, não somos? Para qualquer coisa, seja o que for.

Andréa apenas sorriu, debruçou-se para ele, beijou-o no rosto e disse com ternura:

— Não há nada, não, papai, nada que eu não possa resolver sozinha.

Ao que ele complementou:

— Com o direito que tem para dispor de sua vida. Acho que a educação que lhe demos plantou policiais não só severos, mas corretos, dentro de você, para que saiba se conduzir.

Um pensamento tenebroso empanou os olhos dela, que voltou ao mutismo, enviando o olhar para longe, rosto voltado para a janelinha.

E se esses policiais fossem derrubados por uma figura mais poderosa do que todos os conceitos morais e religiosos? E o que eram moral, religião, conceito? Ela faria seu próprio credo. Rezaria sua oração. Para Deus? Seria o mesmo Deus?

CAPÍTULO 9

Andréa acordou assustada, olhou depressa para o despertador e levantou-se, chamando pela mãe, que logo apareceu para ver o que ela queria.

— Você me deixou dormir! Veja que horas são! Meio-dia! Não fui ao colégio!

— Seu pai achou melhor deixá-la ficar em casa hoje. Está preocupado com você. Passou a tarde de sábado feito uma múmia, lá na casa da vovó, sem falar com ninguém, andando de um lado para outro ou tocando piano, sempre a mesma música. Ontem, aqui em casa, se trancou no quarto, nos evitou o tempo todo. Você está abatida, não come nada. Eu acho que entendo melhor que seu pai; conte pra mim, está apaixonada por alguém?

Andréa revoltou-se, como se aquilo fosse um disparate, como se todo o seu segredo estivesse na iminência de ser desvendado brutalmente. Sentiu-se como um animal acuado, com medo, com vergonha; não sabia por que, mas a vergonha doía, encheu-lhe o rosto de sangue, que se avermelhou nas faces, sentiu a cabeça quente, quase gritou, num assomo histérico:

— Mamãe! Como se atreve a falar assim? Eu não estou apaixonada por ninguém! Eu, eu não, eu, a senhora não pode, não fale mais isso.

Engasgou, começou a chorar, punhos cerrados, esmurrando o travesseiro.

— Meu Deus, minha filha! Que drama por uma tolice! Eu não disse nada demais! Seria crime apaixonar-se por alguém? Não há coisa mais linda que o amor. Acho normal. Você, ao que parece, apresenta todos os sintomas de uma mulher apaixonada. Não vejo razão para ficar assim, a menos que...

Andréa voltou-se, desconfiada, temendo aquela pausa.

— A menos que o que, mamãe?

— A menos que não seja correspondida ou que se trate de uma pessoa muito mais velha. Na sua idade, eu me apaixonei pelo meu professor. Nos primeiros tempos, sofri, pois ele era bem mais velho do que eu. Como sabe, hoje sou mulher dele e você é nossa filha. Por que esse desespero todo? Por que não faz de mim sua confidente? Pode ser que o nosso destino seja o mesmo, que venha mais um professor para a família. Não fique assim. Seu pai é doze anos mais velho.

A voz reconfortadora da mãe, as palavras que não as palavras temidas acalmaram-na. Andréa enxugou os olhos, tentou sorrir, disfarçou e afirmou:

— Não é nada disso, mamãe, eu não estou indo muito bem no colégio, em algumas matérias. Não sei por quê. É que não ando com muita disposição para estudar. — E, não achando suficiente a desculpa, que em parte era verdadeira, completou: — Além de tudo, o Buby é triste demais, mamãe, está sempre fazendo das suas. Eu não tenho muita paciência para aguentá-lo, meu gênio não dá...

— Eu sei, ele colocou a perereca de corda debaixo das suas cobertas e, quando você as levantou, a perereca começou a pular, pois apenas a pressão dos lençóis a segurava. Ele nos contou, nós o surpreendemos espiando pelo buraco da fechadura do seu quarto ontem à noite, por isso seu pai já providenciou que ele vá passar uma temporada na casa da vovó. Será melhor para ele e para você.

Andréa inclinou a cabeça. Estava mesmo intolerável. Pobrezinho do Buby. Tivera de ir embora por causa dos seus nervos. Uma pobre criança, alegre, peralta, que não tinha amiguinhos no bairro com quem brincar e, por isso, andava o tempo todo atrás dela. Seria justo? O olhar que trocou com a mãe estava cheio de complexo de culpa e de comiseração. Dona Júlia aproximou-se, passou o braço em torno dos ombros dela, beijou-a no rosto e consolou-a:

— Nós todos estávamos precisando descansar, e ele, mais do que nós, estava necessitado de um ambiente para sua idade. Lá na casa da vovó há sempre crianças, e o parquinho em frente, com os escorregadores, os balanços, os meninos da vizinhança. Este bairro é muito... muito austero, frio. Agora vá escovar os dentes, que seu pai logo chega para almoçar. Quer tomar um cafezinho? Ele não vai chegar muito cedo, pois ficou de passar no colégio para rever amigos.

— Ele foi bisbilhotar!

Dona Júlia parou no alto da escada e voltou-se para ela, surpresa diante daquela acusação ignominiosa.

— Seu pai? O que diz?

— O que foi fazer lá? Saber o que há comigo? O que poderão dizer? Se vocês, aqui, não sabem, como poderiam eles saber alguma coisa do que se passa dentro de mim? O que ele foi fazer lá? Saber por que ando nervosa?

— Talvez saber como você está indo nos estudos. Você não é uma menina abandonada. Seus pais se interessam pela sua vida. Abrem-lhe portas, deixam-na passar, mas querem saber aonde vai, o que pretende. Temos cuidado com você. Tememos pelo seu futuro e precisamos saber a quantas anda para ajudá-la.

— Ajudar-me? A quê? A guardar os pontos na cabeça? Intercedendo junto aos professores para que tenham complacência comigo? Isso é ridículo. Meus colegas acharão que estarei protegida, acharão injustas minhas notas, por mais que eu me esforce e as mereça. Se tirar zero, se repetir, será por culpa da minha incapacidade, por burrice, falta de inteligência, serei eu como sou, pelo meu Q.I. estúpido! Por favor, não se metam na minha vida!

Andréa bateu a porta do banheiro. Dona Júlia ficou ali, parada, alguns instantes. O silêncio envolveu a casa.

Andréa olhou no espelho. Lavou o rosto. Escovou os dentes. Por que dormira tanto? Por que dormira todo aquele tempo? Porque não conseguira pregar os olhos durante a noite, pensando nela, imaginando vê-la, aguardando a manhã para vê-la! E a madrugada a encontrara de olhos tontos, buscando imagens pelos cantos do quarto, cenas de amor em que a figura principal era sempre Berenice. Por isso o sono a pegara de surpresa pela manhã e a traíra. Esse dia seria mais longo.

Mais tedioso, mais monótono, mais exasperante. Não teria nada para lembrar. Ou poderia imaginar que ela sentira sua ausência? Que se preocupara em saber por que ela faltara. Notaria a carteira vazia. Tomaria como insolência pela conversa da aula passada. O que pensaria? Ou não pensaria nada? Seria apenas uma aluna comum, entre tantas outras? Não, não podia ser. Pelo menos Berenice já sentira sua indiferença, preocupara-se com sua nota, que não estava estudando. Estava intrigada, pensando que não gostava de suas aulas; até já conversara com os outros professores a seu respeito e sabia que ia bem nas outras matérias. Que só não estudava a sua. Por quê? Idiota! Porque se concentrava só nela. Porque ficava embevecida, tonta, nervosa, porque estava ficando louca de tanto pensar nela. Estavam todos notando a mudança que se operara em seu temperamento, que os sintomas eram mesmo de uma mulher apaixonada. A mãe notara. O pai notara. Meu Deus! Que horror, se descobrissem por quem. Passar-lhes-ia pela cabeça? Não. Nunca. Não poderiam sequer imaginar. O que poderia acontecer? O que fariam com ela? O que tentariam fazer, se descobrissem como ela era? Teria de fingir? Disfarçar? O que poderia fazer? Virar o coração do avesso? Destruir toda forma de pensamento e não pensar mais? Cauterizar sentimentos? Que fazer? Trocar a alma, a ideia, os impulsos imprevistos e naturais por outros forjados, calcados, condicionar-se a viver uma vida falsa, de mentiras, sufocando sonhos, aquela paixão, aquela vontade insuportável de ser beijada por outra mulher, de se estorcer nos braços de outra mulher, de pertencer a outra mulher. Berenice! Só Berenice!

E veio-lhe, pela primeira vez, a ideia de fugir. De sumir no mundo, à procura de gente igual. Bárbara tinha razão. Mesmo temendo a rivalidade, eram iguais, precisavam entender-se, conversar, pertenciam ao mesmo clã. Não podia desprezá-la; ao contrário, mesmo a achando desbocada, atrevida, insolente, indiscreta, antipática, tinha de aceitar a verdade: era uma corajosa, definira-se, estava revoltada. Justificara-se, como a pedir desculpas pelo que transmitira de desagradável sobre sua pessoa. Mas Bárbara também estava apaixonada por dona Berenice! Se não estivesse, talvez nunca se teria interessado em se abrir com ela. Talvez teria sido mais reservada, discreta, talvez sequer a teria notado.

Precisava tomar fôlego. Talvez tivesse sido bom o pai ter ido ao colégio. Alguma coisa ele teria para contar. Quem sabe dona Berenice perguntaria por ela? Por que faltara. Teria feito reclamação, que não prestava atenção à aula, que não acompanhava os outros, que estava ficando para trás, que ia tirar notas baixas? Tentaria eximir-se da responsabilidade do fracasso da filha de Américo Laclete?

Ou será que ele, como sempre que prometia fazer algo, esquecera e viera direto para casa? Ouviu o carro entrando na garagem. Hesitou, antes de deixar o banheiro. Pôs o roupão de toalha felpuda e desceu.

Doutor Américo estava no lavabo, ensaboando as mãos. Parecia sério ou indiferente, como seu natural modo de ser, calmo, tranquilo, sossegadão.

Ao virar-se, deparou-se com ela, já sentada à mesa, esperando-o. Sorriu, beijou-a na face e foi logo dizendo:

— Pois é, Andréa, não se preocupe mais. Seus problemas já estão praticamente resolvidos. Buby está na casa da vovó e já conversei com os professores.

Ela estava comprimindo-se por dentro, mas aparentou calma ao perguntar:

— O que o senhor falou com eles?

— O normal. Perguntei como você estava se saindo, se havia algum problema. Seu comportamento é exemplar.

Olhou-a demoradamente. Andréa esperou. Sabia que havia alguma coisa. O olhar dele transmitia.

— O professor de português a considera ótima aluna, excelente. Diz que você tem força de expressão, poder descritivo, enfim, boas qualidades para redação própria, dissertação etc. Só não conversei com a dona Cristina, a nova professora. Não creio que seja verdade o que percebi, mas acho que ela se esquivou. Deve ser retraída ou não gosta de travar conhecimento com os pais dos alunos. Você está indo bem em matemática?

— Claro.

— Ótimo. Não foi mesmo necessário falar com ela. Eu só não entendo por que você não está indo bem em história.

Andréa apertou as mãos uma contra a outra, apoiadas nas coxas, sob a mesa.

— Ela disse alguma coisa?

— Que acha que você não gosta da matéria ou que talvez você não goste do modo como ela dá aula. Foi muito discreta, mas me parece que está preocupada com você. Pediu-me que a incentivasse a aplicar-se mais, não quer dar-lhe más notas, mas não poderá fazer nada se você não estudar, se não se sair bem nas provas. Compreendendo que nem sempre a gente simpatiza com todos os professores, mas justo Berenice, que extravasa simpatia, de quem todos os alunos gostam, a melhor professora que conheço, sumidade na matéria que leciona. Tem livros didáticos publicados para o curso superior, dá aula em faculdade, é uma verdadeira mestra de história geral. Não entendo, Andréa. Por que não simpatiza com ela?

— Ela disse isso?

— Não, mas notei que era isso o que estava pensando.

Os dois ficaram em silêncio. Ela, esperando que ele prosseguisse, e ele, aguardando que ela se justificasse. Andréa conservou-se calada.

Doutor Américo serviu-se dos pratos que colocaram sobre a mesa e, passados alguns instantes, recomeçou a falar. O que ele fizera estava determinado, e ela não teria outra alternativa senão aceitar. Andréa, à medida que ele falava, sentia tudo dentro de si revirar-se em emoções desencontradas. Seria verdade o que ele estava dizendo? O que fazer? Novamente, o inesperado atordoando-a:

— Se ela não fosse minha amiga, eu não conseguiria isso. Berenice não se presta a essa função, mas acha que é um caso especial e concordou em vir dar aulas particulares para você. Será como um teste, a fim de descobrir seu desinteresse pela matéria ou confirmar se se trata de uma antipatia gratuita. Nesse caso, terei de fazê-la entender que você está prejudicando unicamente a si própria e que convém pôr-se em dia com a matéria para não perder o ano por relaxamento.

Andréa continuou calada. O coração pulsando de uma maneira estranha. Chegava a doer. Berenice viria ali. À sua casa. Teria-a só para si, lecionando só para ela. E como seria? A emoção a cegava; arrebatou-a daquela sala, e ela imaginou mil vezes a chegada de Berenice.

CAPÍTULO 10

O mundo, pequeno, confina pessoas da mesma índole no mesmo ambiente. Andréa tentou excluir-se no pátio do colégio, mas Cecília foi até onde ela estava, perguntando por que faltara no dia anterior.

— Ligeira dor de cabeça. Dormi demais e perdi a hora. Mamãe não me chamou.

— Se precisar dos pontos, eu empresto.

— Agradeço. Aliás, preciso devolver o caderno de Rosana. Já copiei tudo.

— Quer que eu entregue?

— Por quê? Isso compete a mim. Devo devolver pessoalmente e agradecer.

— Poderão pensar, se você se aproximar dela...

— Que não tenho nada a temer nem a censurar – interrompeu. – Acho que vou entregar o caderno agora mesmo. Trouxe-o comigo. Não sei por que tratar assim a pobre moça. Ela até que é um tipo bonito, desportista, mas bem feminina, não vejo nada nela para falarem.

— Acho que você não entende.

— Será?

As duas olharam para a recém-chegada, que se intrometia na conversa. Era Bárbara. Andréa apenas a encarou com intenções críticas.

— Rosana não tira os olhos de cima de você. Está apaixonada. Ela me disse. Daria tudo para bater um papo, só bater um papo. Acha você a coisa mais linda que passou por esse colégio.

Cecília riu. Desembrulhou um chocolate, ofereceu para elas, levou-o à boca.

— Não é só Rosana que acha isso.

— Quem mais? — perguntou Bárbara, cheia de suspeitas.

— Lau.

— Ah!

— Por que esse ah! Temia que fosse outra pessoa? Não duvido, Andréa é uma coisa!

— Vocês estão falando bobagens. Com licença, vou entregar o caderno de Rosana.

Andréa retirou-se e as duas ficaram conversando. Ao vê-la aproximar-se, Rosana traiu sua expectativa com um sorriso mal esboçado.

— Muito obrigada, Rosana, já copiei os pontos. Aliás, apenas anotei no livro e fiz uma comparação com o que estudei no outro colégio. É tudo a mesma coisa. Entendi sua letra.

— Foi um prazer. Se precisar de mais alguma coisa, pode contar comigo.

Andréa percebeu o nervosismo dela, que Rosana não estava querendo que se afastasse; queria que ficasse conversando mais um pouco. Entretanto, tudo o que teve vontade de fazer foi sumir de perto dela. A impressão de que todos as observavam era desagradável. Estendeu a mão e disse até logo, tornando a agradecer, mantendo um formalismo que pensara antes não deixar existir.

Voltou para onde estavam Cecília e Bárbara.

— Eu vi. As pernas dela tremeram.

— Você é terrível, Bárbara. Não deve escarnecer assim.

— Não estou escarnecendo, acho engraçado. Você é bacana, mesmo, Andréa. Foi lá, falou com ela, estendeu a mão com tanta naturalidade que ninguém pode mesmo pensar nada.

— Deixa disso, Bárbara — exclamou Cecília.

— Meu irmão ficou "vidrado" em você. Achou-a uma "joia". Pediu para eu convidá-la para ir lá em casa. A gente podia sair junto um dia; ele passa comigo lá na sua casa pra gente dar umas voltas de carro, você aceita?

Andréa ficou sem saber o que responder. Não tinha amigas. Não ia a lugar nenhum, sem ser com os pais ou Buby. Até que não seria mau.

— Depois a gente conversa a respeito disso, tá?
— Mas você aceita?
— Preciso ver quando posso.
— Por quê? Tem muito problema, outros afazeres durante a tarde?
— Tenho aulas de piano e de inglês.

Mentiu sobre aula de inglês. Queria ter certeza de que gostaria de sair com eles, antes de responder e aceitar.

Felizmente, a sineta tocou e as filas se formaram. Nessa manhã, entretanto, o toque da campainha não era muito agradável, embora oportuno, pois não teriam aula de história.

Mas ela viu dona Berenice. Viu-a, e ela também a olhou. Foi um olhar dentro dos olhos, que cruzou inesperadamente quando passou perto da porta da sala de aula, onde Berenice estava parada, conversando com alguns alunos. Não foi um olhar comum. Havia algo. Uma força comunicativa, de procura, de saudade, de dizer coisas que estavam caladas no fundo da alma.

Andréa sentiu isso e, assim, teve noção de que poderia ficar segura de si. O olhar de Berenice fora quente, penetrante, não fora um olhar normal, de uma simples mulher para outra mulher ou de uma professora para uma aluna; fora uma comunicação que as identificava.

Naquela tarde, a fúria brava das emoções que brotavam imperiosamente prostrou-a inerte, delirante, sobre o leito, a proferir o nome da professora, beijando as próprias mãos em arroubos apaixonados, como se recebesse carícias e afagos da criatura amada.

**

Ninguém conseguia animá-la a sair do quarto, nem para almoçar. Chegara do colégio sem apetite, beliscara alguma coisa e retirara-se.

Na hora do lanche, dona Júlia insistiu, chamando-a, mas Andréa não quis nem mesmo a xícara de chá que ela lhe levou.

Dona Júlia, que ficara só, logo após o marido ter saído para o trabalho sentiu falta das traquinagens do caçula. Pensava ir até a casa da mãe, quando o telefone tocou. Era doutor Américo. Dona Júlia desligou após manter curta conversa com ele e foi novamente bater na porta do quarto da filha. Entrou. Andréa continuou de bruços na cama.

— Seu pai telefonou para avisar que dentro de uma hora sua professora de história virá.

Andréa teve um sobressalto. Voltou-se indignada:

— Hoje?! Como assim? Ninguém me disse nada!

— Seu pai explicou. Ela não determinou dia certo. Prometera que na primeira folga telefonaria para ele e viria. Assim que seu pai chegou ao laboratório, ela telefonou dizendo que vinha. Vá preparando suas coisas.

— Não. Hoje não vou recebê-la. Estou doente. Estou com cólicas. Com dor de cabeça...

— Mas, Andréa, ela virá aqui só para lhe prestar um favor, como pode dizer uma coisa dessas, que não vai recebê-la? Você vai, sim!

— Não vou, mamãe. Não adianta insistir. Telefone para o papai, diga-lhe que a avise para vir outro dia; hoje não, estou com muita cólica.

— Acho que ela já está a caminho. Você não pode fazer isso, filhinha. Por que não gosta dela? É tão simpática. Conheço-a há muitos anos. Fomos amigas.

— Não é isso, mamãe. Eu não estou disposta. Estou com a cabeça pegando fogo, não adiantaria nada ter aula, não vou sair desse quarto.

Dona Júlia sentou-se ao lado dela e suspirou desanimada.

— Não sei o que está acontecendo com você. Nunca foi assim, temperamental. Sempre foi tão educada, de repente parece até uma estranha. Com que cara vou atendê-la?

— Muito simples, mamãe: diga que não sabíamos que ela vinha e que eu já havia saído. Que fui à casa de uma amiga, que não tem o telefone dela e a senhora não teve meios de me avisar.

E o pensamento maldoso, intencional, num jogo sujo e esperto, veio junto à ideia da desculpa, querendo que ela começasse a pensar coisas a seu respeito:

— Diga que fui à casa de Rosana, uma amiga lá do colégio. Que marcáramos sair juntas hoje; quando papai telefonou, eu já não estava mais.

Dona Júlia entendeu que seria inútil insistir. Ainda assim, tentou mais uma vez.

— Devia ter dito antes que está com cólicas, eu lhe teria dado um remédio e você já estaria bem. Vou lhe trazer umas gotas de novalgina.

— Pode trazer, mas estou tão fraca, tão mole, tão indisposta, não tenho mesmo condições de aturar uma professora a essa hora da tarde.

Pense bem, mamãe, peça a ela que marque para outro dia e eu juro que me tornarei uma aluna bem aplicada.

— Não adianta mesmo, não é? Está bem. Direi que você saiu com essa tal de Rosana. Não faça barulho aqui em cima, então. Fique quieta. Vou lhe buscar a novalgina.

Assim que dona Júlia saiu do quarto, Andréa foi encostar as folhas da janela, deixando apenas uma fresta, por onde poderia observar, sem ser vista, a chegada da professora.

Pensou e imaginou o que ela haveria de sentir quando não a encontrasse. Ficaria decepcionada, triste, indiferente ou aliviada por não ter de prestar o favor ao velho amigo de dar aula para sua filha? Mil suposições passaram pela sua cabeça. De qualquer forma, haveria de receber aquilo como uma desfeita por parte de Andréa. Regozijou-se com isso. O que viria Berenice pensando? Em ser mesmo uma professora interessada pelos estudos de um dos seus rebeldes alunos? Ou viria com aquela intenção que lhe queimara no olhar, traindo-se, talvez num momento de fraqueza ou destemor, ao olhar para ela? Não tivera força, fora algo desprevenido, sem intenções, apenas um desprendimento do espírito, que se empolgara ao vê-la, ou de outro modo seria mesmo uma mulher sem medos, liberta de preconceitos, interessada em conquistar quem quer que fosse por quem se interessasse?

A mãe trouxe o copinho com o analgésico. Tomou-o. Não estava com cólica, nem com dor de cabeça, mas de certa forma serviria como um calmante. Dona Júlia deixou-a só. Andréa imediatamente trancou a porta do quarto e foi espiar pela janela.

O coração pulsava descompassado. A respiração irregular, toda ela excitada no nervosismo da espera, na angustiante expectativa.

O SP2 encostou no meio-fio. Andréa estremeceu. Viu a perna dela aparecer pela abertura da porta, depois a outra. Eram perfeitas, lindas, gostosas de olhar. Saiu do carro. Estava trajada com simplicidade. Saia curta, blusa branca colada ao corpo. Era uma mulher bem-feita de corpo. Bonita mesmo. Estranhamente bonita, na sua dúbia feminilidade.

Ela sumiu quando adentrou pelo jardim, após ter tocado a campainha e terem aberto a porta. Andréa correu para se pôr à escuta, orelha colada na porta. Ouviu a voz dela, numa alegria simpática ao rever a antiga amiga. Dona Júlia levou-a para a sala de visitas, e Andréa não ouviu mais nada. Ou estava escutando alguma coisa que a perturbava? Era o próprio coração, ofegante, numa emoção masoquista de saber que a pessoa amada estava ali perto e não ir vê-la; por imaginar, por supor que ela sentiria sua ausência. Sadomasoquista, emocionalmente perturbada, Andréa jogou-se sobre a cama e rolou de um lado para outro, abraçando-se, acariciando-se, rindo baixinho, pronunciando o nome dela, lembrando as coxas que vira pela abertura da porta do carro quando ela descera, o corpo, os seios sob a blusa, aquele olhar expectante reconhecendo o jardim, olhando ao redor, o momento em que julgara que ela iria olhar para cima e se escondera amedrontada, não querendo ser pega em flagrante. Teria olhado para cima? Teria percebido que estava sendo espionada? Teve certeza que sim, e o coração pulsou ainda mais forte, e o riso veio lá de dentro, subindo pela garganta, como um gemido de prazer. Estava se deliciando.

Berenice estava ali. Na casa dela. Viera. Estava decepcionada. Andréa não estava, para recebê-la. Teria se importado com isso? Firmou-se na certeza, evocando o olhar que haviam trocado quando cruzara com ela em frente à porta da sala de aula.

O que estaria pensando depois que a mãe dissera que ela saíra com Rosana? Todos sabiam o que Rosana era. A reputação da moça já estava feita. Os cabelos, o tipo, o olhar, as maneiras, era uma autêntica lésbica. Dona Berenice não teria dúvidas. Mas o que estaria pensando? Por que Andréa saía com Rosana? Haveria algo entre as duas? Na sucessão de perguntas, Andréa continuava numa euforia de sensações diversas, acariciando-se, beijando os próprios dedos e querendo desdobrar-se para multiplicar aquele arrepio e beijar a própria boca. Estava ardendo. Sabia que precisava saciar o fogo que a devorava. E que só teria calma no dia em que Berenice pousasse seus lábios deliciosos na sua boca faminta de beijos.

Beijos! O primeiro. Quando fora? Como fora? Houvera tal expectativa e ansiedade? A curiosidade do despertar dos anseios naturais, fora isso.

E como acontecera, mesmo? Para que lembrar? Não houvera amor, apenas excitação. Acontecera imprevista e rapidamente. Não fora mesmo beijo porque ela quase não participara, não correspondera, ficara com os lábios cerrados, tentando experimentar o que em sonhos imaginava. Brincadeira de amigas íntimas que se estendeu em afagos de mãos libidinosas, querendo fazer gozo. Nada mais.

Depois como que ficaram com medo uma da outra. Nem mesmo dialogaram a respeito do que se passara entre ambas. Mas Andréa sabia dos seus impulsos, dos seus desejos, que intenções ocultava e para que se dirigia sua índole: a mulher. Somente uma mulher poderia despertar nela a magia do amor.

Por quê? Procurara explicações em leituras e não se contentara com nenhuma. Chegara a rir, como se fosse uma sumidade no estudo do visado problema do homossexualismo. Que absurdos supunham e procuravam inculcar para determinar a causa. Seguramente, eram todas teorias falhas. Estava ali, com sua inteligência e raciocínio, capaz de provar que não se tratava absolutamente de nenhum distúrbio glandular ou hormonal, psicose, neurose, anomalia proveniente de traumas psicológicos, complexos ou vício adquirido na infância. Variante da erótica, sim, uma terceira alma, essencialmente feminina, com disposição à atração por pessoas do mesmo sexo, sem influência de nenhuma característica do sexo oposto. Podia entender muito bem e estabelecer que, assim como existem depravações e anomalias entre os heterossexuais, haveria também entre homossexuais. Assim ela apontava mulheres neuróticas que se vestiam como homens, queriam agir como homens e, por hábito, acabavam mesmo se embrutecendo, num erro de escolha do tipo para imitar.

Entre os heterossexuais, destacava os bissexuais com lástima, os depravados, os masoquistas, os sádicos e tantas outras degenerações. Mas se sentir essencialmente, genuinamente homossexual, lésbica, era lindo, puro, normal. NORMAL. Ela pensava que a força da palavra sobressaía como se em negrito em sua mente.

O amor! Não era desejo, nem simplesmente um sentimento de querer bem; era uma mistura de tudo, de mel e veneno, de fel e açúcar, de lágrima e riso, de sol e frio, o gelo do arrepio que a cortava toda por dentro, sentindo a presença de Berenice.

Para ela, ser lésbica era lindo. Temia. Sofria, mas achava lindo. Gostava de ser assim.

Foi a intuição que a conduziu até a janela no momento exato em que Berenice saía. Viu-a e absorveu-a para dentro de si, estereotipando a imagem dela no cérebro. Não recuou e fez questão de se deixar ver por entre as folhas da persiana que entreabriu, fingindo que agia com cuidado para não ser percebida, mas com o verdadeiro intuito de ser descoberta quando Berenice relanceou o olhar perscrutador pela fachada da casa.

E Berenice viu-a. Ficou por um instante parada, o rosto levantado para a janela. Maldosamente, Andréa recuou como se não quisesse ser pega naquele flagrante. Sorriu deliciada. Sentiu-se imensamente feliz. Rodopiou pelo quarto, os cabelos revoltos bailavam. Berenice não podia ser indiferente a ponto de não se sentir magoada e começar a se preocupar com as atitudes da aluna.

Mais uma vez, Andréa envaideceu-se, considerando-se bastante inteligente e ardilosa. Sabia fazer-se notar e, de qualquer maneira, Berenice estava sendo forçada a pensar nela. Viu a expressão intrigada com que a professora demonstrara que a tinha visto e desconfiou que Berenice percebera que fizera de propósito, portanto ficaria pensando: com que intenção?

Não, ela não poderia tê-la recebido nesse dia. Precisava estar avisada, preparada, cabelos lavados, cheirosos, toda preparada como se fosse realizar o mais belo de todos os sonhos e, por isso, deveria estar linda, o mais que pudesse ficar.

Seria? Berenice notaria? Teria notado? Sentou-se na beirada da cama. Mãos enfiadas entre os joelhos, cabisbaixa, pensativa. Importaria isso? Adiantaria alguma coisa ser bonita? O amor não surge só por causa disso! Entristeceu. O que a pessoa precisava ser ou ter para ser amada? Amada por Berenice. O silêncio tomou conta dela numa absorção que a reduzia a nada. Sentiu-se só perdida, estúpida, numa desolação de morte.

CAPÍTULO 11

Às cinco da madrugada, Andréa pulou da cama e saiu do quarto. Desceu as escadas sem fazer ruído e foi para a cozinha. Estava faminta. O estômago reclamara, não a deixando conciliar o sono. Lutara contra a necessidade de digerir algo, mas não pudera suportar as contrações estomacais.

Estava furiosa com as emoções que insistiam em se multiplicar, perturbando-a, levando-a a excessos e atos censuráveis.

Estivera louca? Que poder era aquele que a comandava como se o seu espírito se convertesse num escravo do corpo, obrigado a submeter-se a coisas vergonhosas? Era uma vergonha o que fizera. Masturbara-se. Amara o próprio corpo num delírio doentio, como uma débil mental, imaginando que estava sendo possuída, estuprada. Por Berenice. Por Berenice?! Como? Ideias absurdas, pensamentos incríveis criavam cenas na sua mente alucinada.

Alisara o ventre, acariciara os mamilos, desnudara-se como se outras mãos, que não as suas, violassem seu corpo, ou, num mórbido narcisismo, pusera-se a admirar e a esfregar as coxas uma na outra, provocando sensações que pareciam não terminar nunca.

Mordiscara a palma da mão, unira o polegar ao indicador e beijara a fenda que ela fingira representar uns lábios quentes e polpudos. A boca de Berenice. Eram os lábios dela que se apertavam contra os seus. Não eram os próprios dedos que doiam mordiscados pelos seus dentes, eram os lábios dela que sangravam, feridos pela fúria do beijo que lhe dava. A outra mão descia vagarosa, depois lépida, recuava, avançava e ia em busca do mistério que latejava ali entre as coxas, como se o seu coração se tivesse escondido no sexo e pulasse eufórico, sedento, arrebatado, querendo estourar, virando uma labareda que a lambia toda, deixando-a suada, num calor quase insuportável que se convertia em arrepios que a faziam se contorcer e gemer baixinho.

Fora tão alucinante o deslizar do dedinho entre os lábios em fogo que ela estremeceu por muitas vezes, quase desfalecendo num espasmo vertiginoso.

Depois, cansada, prostrara-se de bruços, escondendo a cabeça contra o travesseiro, com vergonha de si própria. Com medo de que seus olhos desorbitassem e, suspensos no ar como dois demônios, a espiassem para censurá-la pelas coisas que vinha praticando ultimamente.

A fome, então, aumentara. Entontecida e fraca, resolvera comer alguma coisa.

Abriu a geladeira e pegou uma garrafa de leite. Viu a carne assada e o prato de macarrão. Lambeu os lábios e tirou tudo, depositando sobre a mesa. Gelada, mesmo, devorou grande porção, depois guardou a sobra na geladeira, pôs os pratos dentro da pia e voltou vagarosamente para o quarto.

Na sala, o mostrador fosforescente do relógio de parede marcava dez para as seis.

Andréa compreendeu, diante da sonolência que a cansava, que não iria ao colégio também nessa manhã. E achou melhor assim. Berenice ficaria pensando, pensando alguma coisa, por mais insignificante que fosse, a respeito dela.

E Andréa sequer ouviu quando, às sete horas, a mãe foi chamá-la. Dona Júlia insistiu e acabou desistindo, acreditando que Andréa não quisesse ir ao colégio por estar mesmo adoentada.

Andréa dormiu até duas horas da tarde, quando doutor Américo chegou e perguntou pela filha.

Ele foi bater na porta do quarto para chamá-la, depois de ponderar que o melhor seria esperar que aquela fase passasse e aguardar que as coisas recomeçassem a transcorrer normalmente. Se as atitudes excêntricas de Andréa se prolongassem por muito tempo, então tomaria providências adequadas.

Nesse dia, tudo o que fez foi comprar alguns vidros de vitaminas e fosfatos, e preparou o ambiente, resolvendo que viajariam nesse fim de semana para a praia.

Andréa abriu a porta do quarto e atirou-se ao pescoço dele antes que a censurasse por não ter atendido Berenice. Apresentou suas desculpas, distribuindo beijos pelo rosto dele, pedindo que esquecesse esses dias de mau-humor, prometendo que ia se aplicar mais nos estudos.

Quando lhe falou da viagem, ela demonstrou alegria como em outros tempos, achando que seria melhor se não chamasse a atenção dos pais sobre si, com suas atitudes estranhas e antinaturais.

Às quatro da tarde, estavam prontos para partir. Passaram pela casa da vovó, e Buby, que, ansioso, os esperava, correu primeiramente para abraçar Andréa, que, arrependida, o beijou nas faces uma porção de vezes:

— Moleque! Agora eu não implicarei mais com você, já me acalmei bastante.

— E como foi que a senhorita readquiriu a calma? — perguntou de súbito doutor Américo, sem, entretanto, olhar para ela, quando ajeitava uma maleta no bagageiro, senão teria notado o rubor intenso que coloriu as faces da filha, que, lembrando do que fizera naquela noite, sentiu-se tremendamente frustrada e envergonhada consigo mesma.

Que ordinária fora! Como pudera ser tão reles, tão vulgar a ponto de se entregar àquelas masturbações que não compensavam nada e, ainda por cima, afirmar que se acalmara bastante? Agora, diante da pergunta do pai, revoltava-se e tentava disfarçar, percebendo que se ruborizara como se fosse desmascarar a si própria. Felizmente, Buby, ainda atarracado nela, dependurando-se em seu pescoço, livrou-a da resposta que não sabia dar:

— Prometo nunca mais pôr perereca de corda em sua cama.

Ela riu forçado e doutor Américo voltou-se para puxar a orelha do menino, enquanto dona Júlia murmurou cheia de si:

— Ninguém pode dizer que nós não somos uma família feliz. Tudo transcorre tão normalmente que, às vezes, nos preocupamos com coisas insignificantes. Vê, Américo, hoje Andréa já acordou disposta e aposto que, diante desse lindo dia de sol, não sente mais antipatia por Berenice.

Era incrível como repisavam o assunto. Parecia que uma força poderosa obrigava todos a tocarem no nome da pessoa que ela queria esquecer. Até Buby começou, com seus gracejos, a usar o nome da professora:

— Professora Berenice? Sabe, a vovó tem um disco antigo que diz assim:

*Berenice chorou
porque perdeu seu amor...*

Todos riram, menos Andréa, que mordiscou os lábios e, retraída, olhou pela janela do carro para se distrair vendo a paisagem, tentando escapar daqueles comentários que giravam em torno da professora e da música que Buby irritantemente ia berrando pela estrada:

*Berenice chorou
porque perdeu seu amor...
ele foi com outra
e nunca mais voltou...*

Andréa tapou os ouvidos.
— Credo Buby, você parece uma ambulância berrando! Que voz feia!
Dona Júlia percebeu o nervosismo da filha, que Buby a estava irritando. Andréa tentou se desculpar, arrependida do que dissera, não querendo magoá-lo:
— Eu estou com dor de cabeça, sabe, depois você aprende a música direitinho e canta pra gente, tá?
Dona Júlia fez sinal para que o menino se calasse e Buby, felizmente, dessa vez obedeceu. A viagem prosseguiu em silêncio.
A praia estava amena, convidativa. Resplandecia como uma ilha encantada banhada pelo mar, colorida pelo crepúsculo.
Buby, de calção de banho, corria pela praia, enquanto Andréa, com um biquíni um tanto quanto escandaloso, aproveitava os últimos raios de sol daquela tarde.
Assim o tempo passou e logo a manhã de domingo veio, a seguir, despontando um sol escaldante.

O calor estava quase insuportável. Andréa passara óleo para bronzear e o resultado já se apresentava magnificamente.

Os olhos dela reluziam mais verdes e brilhantes, e a pele bem amorenada provocava assobios dos rapazes que passavam e tornavam a voltar, tentando conquistá-la. Andréa envaideceu-se, apesar de não se sentir à vontade com aqueles olhos cobiçosos pousados em si. E se Berenice estivesse ali, vendo o interesse que despertava em todos? Os lampejos do olhar de um rapaz que parou perto, disfarçando chegar naquele instante, quando ela bem vira que estava com um grupinho que se acomodara numa barraca mais adiante, lembraram-lhe a impressão que o olhar de Berenice causara quando se haviam olhado no corredor do colégio. Encarou-o. O rapaz decidiu-se e caminhou em direção a ela; ato contínuo, Andréa chamou Buby e avisou que estava na hora de irem embora. Buby reclamou que queria ficar mais, construindo seu forte de areia, mas Andréa o levou quase à força, puxando-o pelo braço.

A tarde foi esfriando com o sopro da aragem vinda do mar. Prepararam-se para voltar, fecharam a casa de veraneio e partiram. Andréa acomodara-se no banco traseiro, rosto voltado para a janela, olhando as árvores e montanhas que margeavam a estrada. Ralhou com Buby, que, irrequieto, se encostava nela a todo instante, fazendo com que sua pele sensível, queimada pelo sol, ardesse.

— Você não passou na pele o creme que lhe dei? — perguntou doutor Américo.

— Passei.

— E não fez efeito? Esse creme é muito bom, evita que a pele resseque e descasque, e também refresca, tonalizando mais o bronzeado que vai realçar sua beleza.

— O senhor me acha bonita, papai?

— Eu acho! — intrometeu-se Buby, em uníssono com a voz do pai. Andréa suspirou e comentou:

— É que vocês gostam de mim.

— Não, filha, não é isso, não sou pai coruja, tenho bons olhos e não me influencio por sentimentos. Se você fosse feia, eu a veria feia. E depois, meus amigos a elogiaram muito.

— Seus amigos? Quais?

— Todos — simplificou e tentou convencê-la: — E você sabe. O espelho já lhe mostrou.

— Eu também não sou irmão coruja, mana, e sei que você é bonita porque meus amiguinhos lá de Jundiaí diziam que queriam ter uma namorada bonita que nem você quando crescessem. Tinha um que queria que eu falasse com você.

Dona Júlia riu e interessou-se, metendo-se na conversa:

— Quem foi, Buby? O que ele queria que você dissesse para Andréa?

— Foi o Ronaldo, o filho dos Molhões.

— Bulhões, filho! — corrigiu doutor Américo.

— Ora, pai, a gente chamava eles de Molhões.

"Ainda bem que era só isso", pensou doutor Américo, e olhou para a esposa, que estava apreensiva, com receio de que o filho falasse uma bobagem. E tornou a perguntar:

— O que ele queria que você dissesse? Qual foi o recado?

— Se ela queria namorar com ele.

— Mas ele só tinha 9 anos! — exclamou dona Júlia, rindo.

— Pois é, Júlia, a nova geração está bem mais "viva" do que a nossa.

Durante o resto da viagem, Andréa ficou pensativa e acabou adormecendo, tentando se convencer de que era uma vantagem ser bonita, mas se preocupando se seria isso suficiente e se bastaria para conquistar alguém, o alguém que ela queria.

Quando acordou, o pai já descera do carro para abrir o portão da casa, a fim de enfiar o carro na garagem. Buby atravessara o jardim, seguido por dona Júlia.

Andréa olhou ao redor e, distraidamente, ao fitar o muro ao lado da grade do jardim, viu a campainha e se lembrou do que acontecera na sexta-feira.

Lembrou, também, que no dia seguinte teria aula de história geral, a primeira aula de segunda-feira.

E se dona Berenice falasse com ela, perguntasse por que não a recebera? Não, ela não faria isso. Seria muita indiscrição e implicaria sua mãe, dona Júlia. Enfim, teria de enfrentá-la como se nada houvesse acontecido; nem mesmo se desculparia, como a mãe sugerira que fizesse. Deixaria que dona Berenice ficasse pensando que não gostava dela, que pelo menos aquela aluna antipatizara com ela.

Andréa estava tão exausta que, nessa noite, assim que se deitou, conseguiu dormir, embora apoquentada por saber que veria Berenice na manhã seguinte.

Talvez o calmante que o pai lhe dera operara o restaurador milagre, espantando a insônia luxuriosa.

Mas foi só durante a noite. De manhã despertou suando, o sexo inflando-se, a pulsar e a comichar como se lábios de estranhos animaizinhos o estivessem sugando. A impressão louca fugiu assim que abriu os olhos e conseguiu pular da cama. Pôs a mão entre as coxas e percebeu que estava molhada com a mesma umidade viscosa que o gozo fazia.

Tirou as calcinhas, olhou os fundilhos e constatou que o sonho quase fora uma realidade. Correu ao banheiro e lavou a pecinha, envergonhada e ao mesmo tempo preocupada, pensando que estaria ficando doente, tendo espasmos crônicos.

Quando a mãe foi chamá-la para avisá-la que não convinha perder mais um dia de aula, encontrou-a já pronta para sair, com os livros debaixo do braço.

Andréa desceu e foi tomar o lanche matinal. Ela e o pai, como sempre, saíram juntos.

CAPÍTULO 12

Doutor Américo estacionou o carro em frente ao colégio e abriu a porta para que ela descesse, muito cavalheiro. Beijou-a no rosto e, antes de entrar no carro e ir embora, disse:

— Se um homem não descer para abrir a porta do carro, não a está considerando e não é um cavalheiro educado. Seu pai quase nunca tem tempo para boas maneiras, mas hoje é um dia especial.

— Por que, papai?

— Porque você está mais bonita do que ontem, e quero que todos vejam o "coroa" que tem a honra de ser pai dessa beldade.

— Coruja e mentiroso. Está preocupado com a pergunta que fiz.

— Não, não é isso, mas agora fiquei preocupado, será que você tem algum complexo? Por que perguntou se era bonita?

— À toa. Sei lá. Não tenho complexo, não, nem sou convencida, apenas perguntei por perguntar.

Ele tornou a beijá-la no rosto e entrou no carro, acenando para ela, que ficou olhando até que o carro sumiu entre os outros na avenida. Atravessou os portões de ferro do colégio. No pátio, ouviu a sineta sacudida pelas mãos do servente que passeava pelos corredores, tomando nota de tudo.

As filas se fizeram e, como em todas as manhãs, o diretor apareceu no palanque, cumprimentou os alunos, que subiram as escadas rumo às salas de aula.

Andréa entrou conversando com Cecília, agradecendo os elogios que lhe fazia, que ficara mais bonita assim, queimada de sol. Andréa disse por que faltara às aulas, quando Cecília perguntou – por que não tivera vontade de ir, simplesmente e continuou conversando, fingindo não perceber que dona Berenice já estava na sala de aula e olhava para o lado dela.

Percebeu Rosana observando-a e sorriu para ela com intenções. Rosana deixou transparecer no sorriso e no brilho dos olhos o que lera no olhar de Andréa, o que, sem dúvida, dona Berenice também teria notado.

Não fora de uniforme. Pusera vestido branco, tinha intenções. Queria que alguém muito especial notasse, que olhasse para ela.

Percebeu que todos olhavam para ela, como que encantados. Lau não despregava os olhos de cima dela e parecia até que a estava imaginando de maiô, ou, pior, nua, tal a expressão do rosto dele.

O disfarçado pigarrear da professora, que abriu o livro de chamada, e o tremor das mãos de Berenice fizeram com que Andréa percebesse, mesmo de soslaio, que a professora estava irritada, ou melhor, perturbada.

E finalmente a voz dela pronunciou seu nome. Andréa respondeu quase num sussurro.

Dona Berenice ergueu a cabeça e uma expressão rancorosa de advertência cintilou em seus olhos:

– Responda mais alto, quando eu fizer a chamada, e que seja a última vez que vem sem uniforme.

Novamente movida por impulsos que não conseguia evitar, Andréa ergueu a voz num desaforo que assustou a si própria:

– Presente! Está bom assim?

Dona Berenice aproximou-se da carteira dela, encarando-a, uma expressão estranha contraindo-lhe a face, e disse, pausada e dura:

– Tenha mais educação, senhorita.

Andréa sentou-se pesadamente, viu-a afastar-se e começar a dar aula ignorando sua presença. Sentiu uma dorzinha aguda estraçalhá-la por dentro e ouviu Bárbara dizer, debruçando-se para ela, bem ao seu ouvido:

— Ela sabe ser dura, quando quer. Fala de um jeito que cala qualquer um. Dessa vez você fechou o biquinho, hem, boneca?

E dos lábios de Bárbara escapou um suspiro de prazer.

Andréa olhou para o lado, em direção a Rosana, que estava sempre na expectativa. Rosana passou a língua pelos lábios num gesto esquisito que fez Andréa se retrair. Debruçou a cabeça na carteira como se tivesse sofrido uma tontura. O coração saltava, as têmporas latejavam e, como se não pudesse controlar uma febre de loucura, num impulso inesperado levantou-se, passou por entre as carteiras, depressa, e saiu da sala.

Dona Berenice chamou-a pelo nome, mas Andréa continuou correndo em direção ao pátio. Dependurou-se no corrimão da escada, enfraquecida, ouvindo-a chamá-la:

— Andréa, volte para a sala de aula!

Alguém acercou-se por trás dela e segurou-a pelo braço. Andréa cambaleou e a mão firme amparou-a. A voz de Rosana soou calorosa aos seus ouvidos:

— Não fique nervosa. Venha, descanse um pouco, aspire fundo, vai melhorar.

Ao mesmo tempo que falava, a conduzia para os fundos do pátio, onde as árvores eram mais frondosas.

— Encoste-se aqui. Não quer que a vejam, não é? Aqui estará melhor.

E Rosana encostou-a numa árvore, uma sapucaia cujo tronco enorme ocultou as duas.

— Dona Berenice pensa que pode ofender quem bem entende. Você não deve ficar envergonhada, acalme-se.

E Rosana espiou rapidamente se ninguém fora atrás delas. Andréa estava aturdida, encostada na árvore, Rosana encostando-se nela como se descuidadamente, sem más intenções, mas sentiu a pressão do corpo contra o seu. Ficou quieta, como que consentindo, e Rosana, vagarosamente, de modo bem estudado, fingindo que cuidava dela, que espiava se não vinham procurá-la, infiltrava as pernas entre as suas e movia-se com intenções.

— Veja, Bárbara está procurando por você. Dona Berenice mandou ver aonde fomos.

Andréa espiou.

Bárbara desceu as escadas, olhou para o pátio, percorreu as quadras, olhou para o portão de saída e, vendo as folhas levantarem-se do chão abandonadas, talvez por medo do tempo, que escurecera repentinamente, ameaçando chuva, subiu de volta a escada, desaparecendo pela porta.

— Pensa que saímos do colégio.

Andréa continuou calada. Rosana espremeu-a mais contra a árvore.

— Assim ninguém nos vê. É bom esperarmos um pouco.

Rosana ofegava. Suas mãos pousaram nos ombros de Andréa, desceram, deslizaram e, atrevidas, pegaram os seios de Andréa, que estremeceu e tentou empurrá-la, mas tão fracamente que Rosana tomou aquilo apenas como relutância e bolinou-a, beijando-a no pescoço, enfiando-se nela com fúria. Andréa traía-se, queria empurrá-la, mas não tinha forças, o corpo sentia prazer com a coxa de Rosana fazendo pressão em seu sexo, e estremeceu quando ela enfiou a mão por baixo da sua saia e, puxando o elástico da calcinha, enfiou o dedo, descobrindo que estava molhada.

— Ah!, você é um tesão!

Andréa empurrou-a. Não queria. Rosana prendeu-a e avisou:

— Fique quieta. Se virem nós duas aqui, vão desconfiar do que estamos fazendo. Por favor, Andréa, deixa, você está toda molhada, está com vontade, eu sei. Ninguém vai ficar sabendo.

E continuava movendo-se e mexendo o dedo com prática, fazendo Andréa ter tremores e começar a remexer-se também, num assanhaço de gozo. As pálpebras pesavam.

— Não. Pare, por favor, me deixe. Não quero. Não quero.

— Quer sim, fique quieta, quer que venham aqui? Está gostoso, não está? Um dia eu vou fazer melhor, você vai ver, vou pôr a boca em você todinha.

E Rosana soergueu a cabeça e tentou beijá-la na boca. Andréa readquiriu as forças e empurrou-a. Rosana tornou a agarrá-la. Estava fora de si.

— Por favor, Andréa, fique aqui, não me empurre.

E descia a mão, apalpando-lhe as coxas e tentando de novo alcançar o sexo para masturbar Andréa.

Andréa empurrou-a mais uma vez e conseguiu desvencilhar-se. Rosana correu atrás dela, alcançando-a no pátio, e segurou-a pelo braço. Estava apavorada:

— Por favor, Andréa, desculpe, eu pensei que... você não conta pra ninguém?

— Esqueça. E não se aproxime mais de mim.

— Por favor, Andréa, me dê uma oportunidade, ao menos para conversarmos.

Andréa, num gesto brusco, desprendeu o braço da mão dela e subiu as escadas.

Afoitamente, abriu a porta da sala de aula e, aproximando-se de dona Berenice, que parou de falar assim que a viu:

— Dona Berenice, sei que agi precipitadamente, pode reconsiderar ou devo deixar a sala de aula? Estou lhe pedindo desculpas pela minha insolência.

Surpresa com a atitude da aluna, dona Berenice mostrou ser transigente e compreensiva — mais ainda, discreta —, e apenas respondeu:

— Volte para o seu lugar.

A seguir, Rosana entrou na sala e dona Berenice viu-a com expressão bastante alterada.

— Não entre, Rosana. Vá para a secretaria e espere a aula terminar para conversarmos seriamente. Você está suspensa de duas aulas de história geral e dos treinos.

Um sussurro geral quebrou o silêncio expectante.

— Mas ela é a melhor cortadora, a senhora não pode...

— Posso, sim, e suspendo quem der palpite. Chega.

Os outros alunos que protestavam calaram-se, e Bárbara sentou-se, não dizendo mais nada. Rosana limitou-se a sair e fechar a porta. Era a primeira vez que dona Berenice suspendia Rosana dos treinos. Ela era a melhor jogadora da equipe feminina. Os sussurros começaram a ferver, acusando Andréa daquele acontecimento.

Dona Berenice caminhou nervosa pela sala e exigiu silêncio, batendo com força com o punho cerrado sobre a mesa, que estalou, caindo esparramada nas quatro pernas, que se desconjuntaram. A tábua envernizada caiu pesadamente, fazendo barulho estrepitoso. Ela se assustou, ficou vermelha e gritou, num desafogo:

— Silêncio. Não quero nenhum comentário a respeito.

Voltou-se para a porta, que Rosana tornara a abrir. Indecisa entre arrumar a mesa e sair, olhava para dona Berenice.

— O que espera para me obedecer? Vá para a secretaria imediatamente. E você, Lau, venha arrumar essa mesa. Você também, Renato. Quem se atrever a dar uma só palavra, eu ponho fora da sala e abaixo pontos na nota.

Ela falara como se prometesse desconjuntar o primeiro que desse um pio.

O silêncio se fez pesado e expectante. Rosana, que ainda continuava imóvel como se tivesse sido difícil dar um passo, recuou vagarosamente e, durante alguns instantes, perceberam que ela permanecera encostada à porta pelo lado de fora, sem ânimo para caminhar.

Dona Berenice esfregou as mãos uma na outra, deu alguns passos pela sala e esperou que Renato e Lau terminassem de montar a mesa, que ficou bambeando quando eles a soltaram. Os dois rapazes se afastaram de volta para seus lugares e a professora, apoiando-se na mesa para calcular a resistência dela, disse:

— Durante o intervalo, um de vocês vá à secretaria e peça ao servente que arranje uns pregos e ponha esta mesa mais firme, para que não se desconjunte outra vez. Que troque por outra. Sei que isso é trabalho de vocês, para pregar peças em algum professor. Eu?

— Não, senhora.

A inflexão na voz de todos parecia de ofensa.

— Não foram vocês que deixaram a mesa assim, cai-não-cai?

Ninguém respondeu. Ela olhou para a sala toda de um só lance, e seus olhos brilharam de uma maneira estranha. Naquele instante, dona Berenice percebeu que os alunos a desconheciam e estavam assustados ou incrédulos diante da sua explosão de nervos. Nenhum deles parecia acreditar que ela perdera sua inabalável calma e segurança, e que mostrasse sua verdadeira têmpera. Ou se transtornara apenas por minutos?

Ela deu alguns passos até perto da lousa, pegou o giz, rabiscou uns pontos, mandou que copiassem, escreveu algumas datas e, voltando-se para a sala, chamou:

— Cecília, cite alguns dos principais descobrimentos.

— Diniz Dias, descobre o Cabo Verde.

— Data?
— 1445.
— Cite outro.
Cecília ficou pensativa. Não sabia. Não lembrava. Dona Berenice não deixou por menos:
— Seu sobrenome é Dias, não é?
Cecília acenou que sim.
— Por isso guardou, senão também não saberia. Quem lembra outro descobrimento? Ninguém? Ninguém sabe nada de história?
Lau levantou-se.
— Tristão Vaz e João Gonçalves, descobrem a Ilha da Madeira, em 1419. Quer que eu fale por ordem de datas ou posso falar alternadamente?
— Pode se sentar. Sei que você sabe. Ninguém mais vai responder?
Um aluno levantou-se:
— 1556. Fernão Perez e Gaspar Cruz chegaram à China, em Macau. Em 1500, Pedro Alvares Cabral descobre o Brasil.
— Pode se sentar, até criança que não está ainda na escola sabe isso.
Bárbara levantou-se:
— Em 1461, Pedro de Cintra descobre a Serra Leoa. 1487, Bartolomeu Dias chega ao Cabo das Tormentas. 1492, Cristóvão Colombo chega à América. 1450, Antonio de Nola descobre o arquipélago de Cabo Verde. 1432, Gonçalo Coelho...
— Gonçalo Coelho? Quem? Não será Gonçalo Velho Cabral?
— Desculpe, dona Berenice, não é Coelho, não, foi Gonçalo Velho Cabral que, em 1432, descobriu a ilha Sta. Maria, nos Açores.
Enquanto Bárbara falava, ela andava de um lado para outro, entrava pelas alas das carteiras, ia até o fundo da sala e voltava, olhava para os cadernos dos alunos, parava perto da escrivaninha com os braços cruzados.
— E você, Andréa, pode citar alguma coisa da teoria política liberal de Voltaire?
Andréa ficou de pé. Pensava, tentava lembrar, não lhe ocorria nada. Entretanto, tentou falar alguma coisa:
— Dizia que... dizia que...

— Dizia que o governo é um mal necessário. Não é? E a lei de Newton, sabe? Sabe citar?

Os alunos entreolharam-se sem entender. Andréa franziu o sobrecenho e movimentou os lábios como se fosse articular uma pergunta:

— Não sabe também?

Andréa acenou que sim. Os lábios movimentaram-se trêmulos e ela balbuciou, olhar preso no olhar de Berenice, que estava esquisita, como se quisesse fulminá-la com a expressão que seus olhos transmitiam:

— Matéria atrai matéria na razão direta das massas e...

Parou. Parou, impossibilitada de prosseguir. Aquelas palavras, proferidas naquele instante, em que dona Berenice a olhava daquele modo, pareciam interpretar a atração que exercia sobre si.

Andréa parara de falar e encarava-a, e dona Berenice encarava-a em silêncio enquanto os alunos olhavam para as duas, curiosos.

De repente, dona Berenice voltou-se de costas para a sala, tornou a olhar para trás e gritou para ela, completando a frase:

— ...e na razão inversa do quadrado das distâncias. Você não gosta de história? Das aulas que eu dou? Que tal ciência? Ou prefere ficar de barriga pra cima, na praia, se queimando?

Quase correu até a mesa onde estava o livro de chamada. Abriu-o, desceu o lápis à procura do nome dela, voltou para as primeiras linhas. Os alunos perceberam que diminuía nota.

Andréa sentou-se como se alguém a tivesse empurrado.

Dona Berenice apagou o que estava escrito no quadro e começou a escrever novamente.

O silêncio se tornou mais pesado e expectante, como se todos aguardassem novas emoções provocadas pelas atitudes estranhas ao habitual comportamento da professora.

Parou de escrever. Os alunos também acabaram de copiar. Ela começou a explicar. Vacilava, gaguejava, caminhava pela sala. A atmosfera estava carregada. Os alunos pareciam aturdidos diante da imprevista manifestação da mestra, que, de um momento para outro, ficara mal-humorada, carrancuda e desconfiada, demonstrando, em suas expressões, insegurança e mal-estar.

Porém, à medida que o tempo passava, conseguia refazer-se, e, durante toda a aula, em que vasculhou a sala com olhar aguçado, não fitou uma única vez a causadora da sua perturbação.

Quando a sineta tocou, pediu a Cecília que fosse buscar Rosana na secretaria.

Andréa notou a preferência da professora em ocupar Cecília para os mais insignificantes favores. Bárbara, atrás dela, parecendo ter adivinhado seu pensamento, sussurrou envaidecida:

— A tola obedece enquanto ela flerta comigo. Você viu como dona Berenice deixou que eu falasse mais que os outros? Quando for toda minha, vou contratar Cecília como nossa mensageira.

E um risinho irônico completou o resto.

Andréa sentiu um aperto no coração e depressa olhou pra dona Berenice. Teve a ligeira impressão de que, tão rápido quanto ela se voltara para comprovar o que Bárbara dizia, flagrou-a desviando o olhar do rosto da sofisticada aluna.

Cecília entrou na sala e, atrás dela, apareceu Rosana. Assim que a viu, Andréa lembrou-se do que se passara entre as duas e sentiu raiva. Fraquejara, quase se dera. Teve vontade de sumir dali, pois sentia como se todos estivessem sabendo o que Rosana havia feito com ela.

Dona Berenice advertiu Rosana para que freasse seus impulsos e, confirmando que não admitiria mais cenas como a daquela manhã, retirou-se, lançando um olhar de reprovação a Andréa, que ficou trêmula e vermelha como se a tivesse acusado pelo que fizera.

Rosana aproveitou o intervalo para se aproximar dela. Aturdida pelo receio de ser rejeitada, perguntou:

— Está zangada comigo?

— Não sei.

Rosana inclinou a cabeça, deu um passo para se afastar, parou, olhou-a novamente, fitou os seios ofegantes de Andréa e, como se tivesse conservado uma deliciosa lembrança por tê-los tocado, disse, num sussurro para que não a ouvissem, entre um olhar malicioso e uma expressão tristonha:

— Perdi a cabeça. Você é tão linda. E, depois, você sabe bem o que eu sou, como eu sei de você, de Bárbara, de dona Cristina e de dona Berenice. A gente se reconhece, não é?

– Ora, deixe de tolices e não me olhe assim – reclamou Andréa, sacudindo os ombros como se o olhar dela fosse alguma coisa táctil que se tivesse pregado aos seus seios. Desviou o olhar chamejante, reconhecendo que, se não tivesse aparecido dona Berenice em sua vida, não estaria tratando Rosana mal assim.

Os outros olhavam-nas curiosos, mas não se atreviam a julgar mal Andréa pelo fato de estar conversando com Rosana.

Outro professor entrou na sala e Andréa abriu o livro de inglês.

Procurou os exercícios no bloco e tentou espantar para longe a perturbação que a lei de Newton provocara:

Matéria atrai matéria na razão direta das massas...

E a voz ríspida e revoltada, deliciosamente profunda e furiosa de dona Berenice, completando:

... e na razão inversa do quadrado das distâncias.

Quem poderia explicar por que razão dona Berenice, sem mais nem menos, exigira que ela citasse a lei de Newton, tão fora da matéria que lecionava. Por quê? Estava enciumada, diminuira-lhe a nota, quisera provar que ela se aplicava mais em outras matérias. Só porque demonstrara que não gostava de história, talvez porque fosse ela a professora. Por isso ficara com raiva.

Talvez nem a própria dona Berenice saberia explicar-lhe com honestidade por que ordenara que citasse aquele princípio fundamental da ciência da vida.

CAPÍTULO 13

Mais um dia de aula terminou.

Os alunos deixaram as salas e saíram para o pátio. Atravessaram o portão e se aglomeraram em grupos pelas calçadas da avenida. Andréa desceu a escada e viu Rosana do outro lado da rua, à espera dela.

***

Chamou Cecília, que se distanciava em companhia de outras três amigas, e acercou-se enquanto ela a esperava.

— Cecília, creio que Rosana está querendo falar comigo, gostaria de evitar.

Andréa estava desajeitada, sem poder esconder o nervosismo que lhe provocava a ideia de que Rosana ainda se atrevia a querer falar com ela.

Cecília encarou-a e, depois, sugeriu muito simplesmente:

— Faça como nos outros dias, atravesse a rua correndo. Ela fica com vergonha e não se atreve a segui-la.

Então já haviam notado que Rosana andava tentando aproximar-se? Pois nem sequer a vira antes desse dia. Entretanto, dessa vez Andréa teve certeza de que ela a seguiria, mesmo enfrentando vexame perante os amigos. Até então, esperara pacientemente uma oportunidade de conversar, mas, depois do que acontecera, não desistiria tão fácil. Por certo, estava pensando que melhor seria agir com decisão.

As quatro desceram em direção à rua. A pouca distância, Cecília parou e chamou Andréa de lado para dizer:

— Fale com Lau, Andréa, uma vez, ao menos. O rapaz está emagrecendo desde que você apareceu. Que mal há em você lhe dispensar alguns minutos de atenção? Será melhor para você, também. Vamos, não seja tão difícil, tão...

— Tão o quê? – perguntou, enquanto olhava para o outro lado da rua, onde Rosana acintosamente estava à sua espera. Mais próximo, viu Lau e ficou com raiva daquela mania que ele tinha de roer as unhas.

Cecília concluiu:

— Tão boba. Ele é o rapaz mais bacana e disputado do colégio, e assim você se livra das investidas de Rosana, de prováveis comentários que poderão sujar a sua dignidade feminina.

Andréa apertou os lábios, considerou o que Cecília dissera e aprovou, não vendo outra escapatória. O lógico e aconselhável mesmo era seguir o que Cecília sugerira.

— Certo, não há outra alternativa. De toda maneira, acho que Rosana hoje não desistirá, e eu não estou a fim de conversa fiada que esconde objetivos dúbios.

— Falô! Taí! Acertou na mosca.

E seria mesmo indispensável que a vissem dando atenção a Lau. Aquela turma era avançada e percebia as coisas mais secretas num relance de olhos. Talvez, a seu respeito, ainda perdurasse apenas uma tênue dúvida que gostariam de superar, e dependeria dela o juízo que poderiam fazer de si. De qualquer modo, Lau a livraria da suspeita. Era muito cedo para se deixar cair e revelar o seu eu.

***

Assim que a viu só, Lau adiantou-se e estendeu a mão, numa atitude decidida que não espera recusa:

— Dá cá seus livros, eu levo.

Andréa olhou-o, entendendo o que significava tal gesto, e estendeu os livros para ele. Lau sorriu satisfeito, e ela teve a impressão de que ouviu risadas dos amigos dele, que estavam na expectativa, numa torcida talvez de apostas. Olhou disfarçadamente para o lado onde Rosana estava e não a viu mais. Ela como que se eclipsara.

— Seu pai vem buscá-la todos os dias?
— Sim. O nosso horário coincide, e o trajeto dele é esse.
— Sabe, Andréa, talvez você me ache fofoqueiro pelo que vou falar, mas, se hoje resolvi abordá-la dessa maneira, foi para defendê-la de certa, de certas coisas que poderão prejudicá-la.

Andréa bem entendeu a que ele se referia, mas se fez de ingênua.
— Do quê?
— É que o comportamento e a moral de Rosana não são muito recomendáveis, e a gente já percebeu que ela anda perturbando você.
— Perturbando?!

A indignação de Andréa deixou Lau sem graça.
— É, você entende.
— Não, não entendi. Ela é muito amável e apenas se adiantou para me oferecer seus cadernos de pontos. Afora isso, foi sempre muito educada e... simples. Acho que vocês exageram quanto ao que ela pode ser.
— Você acha? É que não sabe das coisas. Rosana é esquisita. Ela, bem, não sei como dizer.
— Tem alguma doença contagiosa?
— Não, não ironize, não é isso.
— Olhe, Lau, se eu conversar com um assassino, se lhe der atenção, será o mesmo que conversar com uma freira: nunca entrarei para o convento nem cometerei o mesmo crime do assassino, certo? Eu tenho moral e caráter bem definidos, e sérias pretensões de seguir carreira estudando psicologia. Desde hoje o comportamento das pessoas e as relações humanas me interessam muito, entendeu?

Ele apenas balançou a cabeça, olhando-a meio espantado por nunca ter esperado tal resposta. Depois readquiriu sua presteza e disse:
— Muito bem, tudo bem, a senhora tem uma courança. Lavo as mãos, peço desculpas, a gente não deve subestimar ninguém. Tem razão, não é uma doença contagiosa, simplesmente as pessoas gostam de falar e aumentar as coisas. Só pretendia adverti-la para que não se deixasse envolver.
— Este mundo ainda se encarapuça, se escuda, se acovarda, teme o quê? As pessoas, o que são, o que fazem, o que podem influenciar. É interessante, Lau, realmente você se enganou na resposta.
— Que resposta?

— É uma doença contagiosa. Os preconceitos continuam formando grupos. As pessoas não gostam de entenderem umas as outras, preferem julgar, acusar, separar. Eu tenho ideias diferentes: gosto de agrupar, de analisar e entender. Entendendo, a gente acaba achando que o demônio é até bonito.

Lau parecia suar. A conversa não estava agradando. Andréa se sentiu chata e, por isso mesmo, falava mais. Ele, entretanto, pareceu pouco interessado em estender-se naquela conversa, interrompendo-a:

— Ameaçou um temporal de arrancar paralelepípedos, e nem uma gota d'água. Tudo parado de repente, o diabo fez uma curta visitinha ao mundo. Todas as estações num dia só. Chuva, frio, calor. Desculpe meus modos, também estou assim destemperado emocionalmente, preciso mesmo deixar de ser infantil e não temer o espirro do vizinho, se estou imunizado. Sabe, até que Rosana é bacana mesmo, amiga paca, ajuda a gente, tem cabeça, presta atenção nas aulas e guarda tudo, eu não devi...

— Esqueça. Só não esqueça que ela é gente, tá?

Lau sorriu. Andréa não gostou quando pegou no braço dela para atravessarem a rua, contudo prosseguiu calada, sentindo a pressão dos dedos dele.

Lau olhou para o ar e à volta, afastou os fios de cabelo ondulados que lhe caíram sobre a testa:

— É, não vai chover, não.

Pararam do outro lado e ele encostou-se na grade de uma casa. Pôs os livros em cima de um murinho e enfiou as mãos nos bolsos, apoiando-se no pé que calcou contra a parede. Andréa mediu-o num olhar demorado enquanto ele olhava para a esquina por onde o pai dela apareceria a qualquer momento. Quando se voltou para olhá-la de frente, Andréa perguntou à queima-roupa:

— Por que você brigou outro dia?

— Por bobagem.

— Disseram que foi por minha causa.

— Oh! Não, há tempos o cara esperava uma oportunidade pra gente se pegar. Não foi nada, não.

Ele olhou para o meio da rua e ajeitou-se, ao mesmo tempo que dizia de modo estranho:

— Lá vai ela.

Andréa acompanhou o olhar do rapaz e viu dona Berenice passar no seu SP2. Parecia que ela tinha visto o diabo. Era a primeira vez que via o carro dela afastar-se em tal velocidade. Lau limpou as calças que se haviam enchido de pó do muro sujo e comentou sarcástico:

— Ela está com raiva por ter castigado Rosana. Ela é bacana. Não gosta de suspender ninguém, mas às vezes precisa. Sabe, eu tenho a impressão de que você está virando a cabeça de muita gente.

Andréa enrubesceu dessa vez, porém não teve a oportunidade de perguntar o que ele estava insinuando. O pai dela, que a observava havia alguns minutos, buzinou com insistência, apressando-a. Lau viu-o e passou os livros para ela, despedindo-se.

— Qualquer hora, passo em sua casa para visitá-la.
— Não faça isso. Amanhã eu falo com você.
— Está bem.

Entrou no carro, sentando ao lado do pai, que a olhou com malícia.
— Namorando, hein?
— Ora, papai, não é nada disso. Lauro foi apenas gentil comigo.
— Eu sei. Também carreguei os livros de muitas garotas.

Doutor Américo desmanchou os cabelos de Andréa passando a mão por sua cabeça. Ela reclamou e reclinou-se para espiar no espelho retrovisor do carro. Ajeitou os cabelos e olhou-o muito séria:

— Papai, dona Berenice me detesta mesmo. Não há jeito. Nós não topamos uma com a outra.

Ele olhou para ela sem compreender, e logo perguntou:

— Por que você está dizendo isso? Não era você quem não a tolerava? Conseguiu fazer que ela também não goste de você? Isso, da parte de Berenice, é estranho.

Andréa arrependeu-se do comentário, porém continuou:
— Ela diminuiu pontos na minha nota, hoje.
— E por quê? — perguntou, preocupado.
— Mandou-me citar a Lei de Newton e, porque eu gaguejei, acreditou que eu não soubesse; isso sequer faz parte da aula dela. Não entendo o que pretende. Não admitiu nem que eu argumentasse. É uma besta!

— É. Você está mesmo ressabiada. É difícil, às vezes, entender as atitudes de um professor, mas, naturalmente, ela deverá ter suas razões.

Não posso julgar nem intervir. Talvez hoje não fosse um bom dia para ela, pode ter-se desentendido com o noivo, sei lá. Algumas vezes a gente se precipita e comete uma falha.

— E o senhor acha isso justo?

— Não. Um professor deve deixar seus problemas em casa, mas ele é um ser humano e, como tal, não é infalível. Há que se dar bom desconto nisso, e você, como uma menina inteligente, não vai se prender a essa má impressão.

Andréa ficou em silêncio por alguns instantes. O que lhe interessava era saber alguma coisa mais a respeito dela.

— Afinal, ela é casada ou está noiva ainda?

— Está noiva. De outro. Ela e Freitas romperam. Um arquiteto, Arthur. Prometeu ir com ele, qualquer noite, jantar lá em casa. Vocês terão a oportunidade de conversar; verá que Berenice é uma mulher muito simpática e agradável.

Andréa ficou olhando para o pai. Nenhuma suspeita. Era mesmo estranho que um homem inteligente como seu pai nunca tivesse percebido nenhuma anormalidade em Berenice. Isso levantou dúvidas. Talvez todo mundo falasse por maldade, por julgamento errado, mentiras engendradas pelas próprias alunas cujas tendências homossexuais envolviam Berenice, em seu interesse, inventando coisas. Talvez tudo não passasse de um terrível, de um lamentável engano, o que entristeceu Andréa. E sua própria intuição? Aquela força que a fazia identificar outra lésbica teria falhado? Não conseguia imaginar Berenice envolvida com um homem. Quem sabe tudo não passaria de um disfarce, de simulação para enfrentar a sociedade, enganar os trouxas? Berenice era muito mais inteligente do que todos, conseguia impor-se, desfazer dúvidas, enfrentar com cara limpa.

Doutor Américo avisou-a que haviam chegado. Andréa despertou de sua abstração e desceu do carro. Os dois entraram na casa.

Buby já estava à mesa, esperando-os. Quieto, diferente, comportado. Andréa estranhou aquilo e olhou-o demoradamente. Buby sorriu para ela e perguntou:

— Você me leva?

— Aonde? Eu não vou a lugar nenhum — respondeu intrigada. Aproximou-se da mesa e sentou-se em seu lugar.

— Me leva, vai?

— Mas eu já disse que não vou sair.

— Mamãe disse que eu poderia ir, se você quisesse me levar.

Dona Júlia entrou na sala com uma terrina nas mãos, colocou-a sobre a mesa, debruçou-se para Andréa beijando-a na face e explicou:

— Quero que você vá, logo mais, à casa da vovó para entregar-lhe umas coisas que preparei para ela.

— E pensam que eu vou tomar ônibus com esse endiabrado? Nunca!

Buby deu volta a mesa, até onde ela estava, e dependurou-se em seu pescoço. Beijou-a seguidamente nas faces, pedia excitado, querendo convencê-la:

— Me leva, Dré, eu fico bonzinho, prometo não tocar a campainha do ônibus antes do ponto. Me leva, se papai desse pra você o carro que você quer, não tinha problema, eu não errava o ponto, não precisava, né? Viu, eu ajudo você a convencer papai a comprar o carro...

Andréa apertou os olhos. Era mesmo um menino sacana, inteligente. Viu o sorriso matreiro perpassar pelos lábios do pai, tentou soltar-se dos bracinhos que a envolviam e acabou prometendo que o levaria, se ele se comportasse como um menino educado e se tomasse banho para limpar os joelhos, as orelhas, os cotovelos, tudo, enfim.

Doutor Américo beliscou a face do menino e advertiu:

— É bom você começar a aprender a se comportar. Ano que vem, vai entrar na escola. Já está na idade, virando mocinho, seis anos e meio, muito sabido. Já deveria ter começado, mas sua mãe... É mesmo, veja que orelhas! Virgem! Vá tomar banho direito, senão vai atrair gatos e ratos.

Andréa franziu o nariz.

— Você está cheirando a frango queimado.

Ele fez cara de choro. Dona Júlia intrometeu-se:

— Que ideia é essa de achar que seu irmão cheira a frango queimado?

— É, sim, mamãe, Buby fede. Quando fica suado, cheira a frango queimado, como quando a senhora passa pela chama pra queimar penugens. É o mesmo cheiro, fica grudado no nariz, dá náuseas.

— Eu tomo banho. Passo perfume. Vou ficar brilhando.

Todos riram. Buby sentiu-se dono da situação.

— Papai, já sei escrever meu nome e fazer contas. Dré me ensinou. Vou ser sempre o primeiro da classe, *ingual q'ela*.

— Como você disse? — perguntaram os três, simultaneamente.
— Que vou ser o primeiro da classe ingual q'ela.
— Ingual q'ela?! Que horror! Repita isso direito, menino.
— Eu não sei. Mésqueci. Porra! Isso é um pega prá capá!

Pai, mãe e irmã olharam-se em silêncio. Não tinham comentários. Estavam surpresos com aquele vocabulário. Buby coçou o nariz, abaixou a cabeça.

— Os meninos falam assim... eu pensei que *tava* certo.

Doutor Américo olhou para dona Júlia e perguntou, deduzindo:

— Santinha voltou? Buby tem brincado com o filho dela?

— Desde a casa da vovó. Sua mãe trocou de empregada comigo porque Santinha também lava roupa e cozinha, e ela não precisa disso, compreende? Eu estava acostumada com a Santinha. Januária vai se dar bem lá na casa da vovó.

— Está bem, você é quem sabe. Só quero que Buby não continue falando tão errado e a dizer palavrões. Por que o Zuza não aprende a falar certo e a não dizer palavrões, em vez de Buby falar como ele?

— Mas não foi com o Zuza, pai. Zuza não fala palavrões e nem *enrado*. O senhor já conversou com ele? Ele sempre me *acorrege*, isto é, corrige, a gente dá uma de trocar as letras porque é legal, é esse o papo, entende? O senhor tá *pur* fora. Precisa se ligar nessa. Mas, se o caso é esse, não vou falar mais *enrado*.

— Você está falando errado! — gritou doutor Américo, olhando para o filho um tanto quanto assustado, mas entendendo que realmente era ele quem estava por fora. O vocabulário estava sofrendo alterações e sendo despedaçado na boca da nova geração. Prestara atenção, uma vez, na conversa de um grupinho de estudantes, num barzinho do instituto, e ficara sem entender nada. Certo que tirara conclusões, a nova gíria era fogo mesmo!

Percebeu que Andréa estava rindo dele e voltou-se para ela autoritário, mas prendendo um sorriso traiçoeiro:

— Corrija seu irmão, senão os dois sofrerão as consequências. Eu tenho que trabalhar, tenho um mundo de preocupações e não quero seu irmão falando nomes feios.

— Ah!, Américo, não seja retrógrado.

Olhou para a esposa indignado.

— Você aprova?

— Não é questão de aprovar, Américo, mas as circunstâncias impõem aceitar. Aceitar, entendeu? Até que eu acho nossa filha "meio por fora", não fala como as outras moças, é tão introspectiva. Usar uma gíria ou outra faz parte de um movimento de evolução, de comunicação, é necessário. Por exemplo, eu acho *bacanérrimo*, nérrrrimo mesmo, dizer que sou vidrada no Roberto Carlos; a gente precisa mesmo usar um novo vestuário; uma nova roupagem nas palavras enfeita, reforça a dicção, fica mais gostoso, parece que o espírito tira uma ruga do rosto, a gente rejuvenesce...

— Que discurso! Que entusiasmo! Estamos os três de boca aberta. Viva a televisão, as novelas. Eu não sabia, Júlia, que você pensava assim, que se influenciasse...

— Mamãe não se influencia, papai, ela acompanha, evolui.

— Filha, você falou e disse!

— Epa! Mamãe é mesmo a tal, tudo bem, tudo bem...

Buby batia palmas e ria. Doutor Américo compreendeu o bom humor da esposa e mais ainda sua intenção, quando ela passou a mão no rosto do filho e, sorrindo, concluiu:

— Viu, filhinho, apesar disso existem palavras que fazem com que uma pessoa se torne feia e desagradável, e essas não se devem dizer. Quando eu avisar você, "essa não", você tira ela do seu repertório, tá?

— Genial! A senhora vai decidir a transa, e fim de papo.

Na porta da cozinha, a cabeça de um negrinho sorridente apareceu, alguém puxou-o e fechou a porta. Buby deu uma gargalhada:

— Esse Zuza é um barato, papai. Ele diz que gente fina não deve usar gíria, sabe, fica inventando cada palavra difícil. Disse assim pra mim, ind'outro dia: tenho sérias preten... sei lá o que que ele disse, como é mesmo? Pre... preten...

— Pretensões – dona Júlia ajudou.

— Isso mesmo, sérias pretensões de estudar pra engenheiro. E eu, que devo ter, papai, brancuções?

— O quê?

Andréa inclinou-se para o irmão. Buby era mesmo espirituoso ou estava falando sério?

— Por que, Buby?

Dona Júlia ficou de olhos pregados no filho, esperando o que viria.

– Se ele é preto, só pode ter pretensões e, se eu sou branco, devo ter brancuções, não é?

Andréa fez cara de enfado, dona Júlia não acreditou que fosse uma pilhéria, e doutor Américo atreveu-se a perguntar:

– Isso é ideia sua, meu filho?

– Claro, a palavra não está dizendo? "Preten" mais "sões", "preten"...

– Chega, pai, não espicha, Buby está fazendo palhaçada, ele gosta mesmo de encher!

– Ela entende de tudo!

O sarcasmo de Buby fez dona Júlia rir, lembrando o anúncio de televisão. Doutor Américo pegou o garfo e recomeçou a almoçar. Buby resolveu ficar quieto, com medo de que Andréa ficasse irritada e não o levasse. Silêncio se fez, quebrado apenas pelo ruído de talheres.

***

Andréa passou batom nos lábios e prendeu os cabelos para trás. Olhou-se mais, observando o ângulo do rosto, e soltou os cabelos novamente. Prendeu, com uma fivela, a onda que teimava em cair sobre a testa e arrumou a alça fina do vestido. Ajeitou o busto, remexendo os ombros e puxando as alças do sutiã, olhando-se no espelho do guarda-roupa, que a refletia por inteiro.

Andréa ficava muito bem de branco, o contraste entre seus cabelos ouro e sua pele morena; nos seus 17 anos, ela já era uma mulher em toda exuberância de formas.

Calçou sandálias brancas. Rodopiou diante do espelho, desfilou para si própria, feito manequim, depois relaxou os braços, soltando-os desanimada.

Para que se enfeitar tanto, se não ia encontrar ninguém! Introspectiva. Fora isso o que sua mãe dissera. Fechada. Amarrada. Solitária. Ela própria se prendia a alguma coisa estranha que não se definia. Medo de quê? De ser identificada. Estava vegetando. Nem gíria sabia. Estava sempre surda pra tudo. Só seus pensamentos valiam, e seus pensamentos só tinham uma direção e objetivo: Berenice e cama. Cama? Sexo. Vontade, muita vontade de se dar, de ter, de trocar carícias. Achava-a linda e parecia uma morta-viva. Não tinha coragem pra nada. E sabia que todo mundo estava se agitando, vibrando, fervendo, e com ela nada, nada acontecia, só ideias, sentimentos presos, temores, desconfianças.

Buby apareceu na porta do quarto e chamou-a:

— Eu já estou pronto há uma hora, vamos ou não?

Ela voltou-se para o irmão e fez cara feia quando viu a gravata borboleta.

— Não gosto dessa gravata. Parece um... não sei quê.

— Foi a mamãe quem fez, e eu gosto dessa. Eu me visto pra mim, isso é personalidade; ademais, a outra me aperta o pescoço.

Andréa já não se surpreendia mais com o irmão. Seria um gênio? Ouvia conversas dos amigos; "meu irmãozinho de seis anos sabe mais que eu" era o que normalmente ouvia. Seria? Seus olhos cruzaram o olhar de Buby. Ele parecia penetrá-la, depois percorreu com malícia seu corpo e aprovou:

— Dá gosto ter uma irmã bonita assim.

— Você é muito sabido, Buby; se não acabarem logo com você, acabará dominando o mundo!

— E acabou de falar o doutor Nirvana, diretamente da sua espaçonave XPTO, o que quer dizer: despe-te e nada!

Andréa riu da voz metálica de locutor que ele imitou com perfeição, passou o braço pelos ombros dele e decidiu:

— Está bem, mister, vamos.

Na porta, dona Júlia os esperava. Acompanhou-os até o portão e, entregando dois pequenos pacotes nas mãos da filha, beijou-a no rosto.

— Se vocês resolverem jantar lá, telefonem avisando. Seu pai irá buscá-los.

Andréa pegou Buby pela mão e atravessaram a rua. O sol estava quente, embora antes tivesse ameaçado chuva. O ônibus não demorou. Apareceu chocalhando-se feito uma lata velha. Os dois subiram apressados e, aos solavancos, o infernal veículo prosseguiu viagem.

Buby ajoelhou-se no banco para olhar pela janela. Ia cantando, aproveitando o barulho do motor do ônibus, que parecia prestes a explodir. Estava certo de que ninguém o ouvia, mas Andréa estremecia cada vez que enfiava o nome Berenice nas letras que inventava para cada música. Era uma coincidência maldosa do destino, e Andréa flanou nas asas do pensamento, envolvida por uma embriaguez de notas musicais de alguém que assobiava Tomorrow's Love.

Berenice olhava-a com ternura, e seus lábios cálidos pousavam sobre os seus amorosamente. Um suspiro encerrava sempre suas peregrinações mentais.

CAPÍTULO 14

Dona Esteia correu para a neta e abraçou-a alegremente.
Buby puxou a saia da velhota e perguntou insistente:
— Aonde está Ignez, vovó?
— Está brincando no quintal — e, voltando-se para Andréa, mediu-a orgulhosamente. — Não é à toa que Américo anda preocupado. Esbanjando toda essa beleza, já deve ter um batalhão de pretendentes rodeando a casa, não é verdade?
— Ora, vovó, tudo isso é exagero. Eu não tenho um admirador sequer — respondeu, caminhando ao lado da simpática senhora que parecia não sentir nem tomar conhecimento dos anos que pesavam nas sombras das rugas que ela cobrira com maquilagem e já tirara com várias plásticas.
As duas entraram para a sala, e dona Estela sugeriu que fossem para o jardim de inverno, onde ficariam mais à vontade. Não demoraria muito, Buby e Ignez haveriam de aparecer correndo um atrás do outro pela casa. Andréa sentou-se numa confortável cadeira de vime e sorriu para a avó, que a olhava com ares de intrigada.
— Vamos, conte-me, qual o rapaz que está pondo sua cabecinha a rodar? Seu pai já anda suspeitando disso. Esteve aqui e falou-me dos seus nervosismos. Vocês brigam muito, não é mesmo? Ele é ciumento?
— Apaga essa, vovó, não é nada disso, não. Não gosto de ninguém, não tenho namorado, não gosto desses papos, parece que não existe outra coisa em que se pensar.

Andréa voltou a cabeça para o lado, olhando para a rua.

Dona Estela ficou em silêncio e, de repente, riu prazerosamente.

— Por que está rindo?

— Porque você é uma bobinha. Tem vergonha. Como se isso fosse uma coisa feia. Não tem confiança e não quer contar pra vovó quem é seu namorado. Lembrei-me de que, quando eu era mocinha, assim como você, também escondia dos meus pais que estava apaixonada por um vizinho, e os coitados, sem conseguirem arrancar de mim uma explicação para as minhas loucuras e maneiras realmente esquisitas, gastavam dinheiro a comprar remédios e a levarem-me a tudo quanto era médico. Estou imaginando que isso também já tenha começado a acontecer com você. Mas, nos tempos de hoje, você fazendo segredo é absurdo! Eu até falei com Américo que talvez eles não estejam deixando você viver de acordo com a época que atravessamos, que devem estar enclausurando você, enfiando-lhe na cabeça convencionalismos estúpidos e ultrapassados que estão amarrados num tempo que já era. É, é isso mesmo, já era é a expressão exata. Até assustei há pouco, quando você disse: *apaga essa*, vovó. Você precisa mesmo falar um pouco como a rapaziada de hoje; eu, pelo menos, gosto. Ah!, essa moçada de hoje! Os tempos mudaram mesmo, respira-se melhor, apesar da poluição. Alguns velhos retrógrados e antipáticos apregoam que o amor morreu. O que perdeu seu privilégio foram a flor de laranjeira e a padronização dos tecidos. É uma glória! O mundo, agora, está todo colorido. Os homens se trajam melhor, não ficam presos ao preto, cinza, marrom, cores que pesavam, sérias demais. O marido da Gigi usa cada terno, cada cor, maravilhoso! E os cabelos dele, então? Até os ombros. É um pedaço de homem; às vezes, os dois saem trajados que parecem *hippies*, ninguém diz que são os milionários Haskel. Sabe o que Betinho disse? "Eu e Gigi curtimos a vida, nos envolvemos, comunicamos, sentimos a liberdade da escolha e nos achamos cada vez mais gente, porque não nos preocupamos com o que pensam os que não têm coragem de se desprender, de soltar rédeas e arrancar tudo o que podem do arco-íris." E isso, minha neta, não quer dizer que não haja respeito entre eles. Os dois se adoram e estão casados há oito anos. Vivem numa eterna lua-de-mel, as brigas dos dois são de verdadeiros namorados. É, eu gostaria muito que você tivesse a sorte que Gigi teve de encontrar a pessoa certa. Sabe...

— Vovó, por que se preocupam tanto com isso? Se a senhora acompanha mesmo a nova geração, como quer demonstrar, por que não aguarda? Tudo não faz parte da livre escolha de cada um? Vocês apregoam que os tempos mudaram, que o jovem de hoje sabe viver melhor, que solta rédeas, que pisa convencionalismos estúpidos, que a flor de laranjeira já era, que, se o branco simboliza a pureza num vestido de noiva, outras cores simbolizam a felicidade, a liberdade, o desprendimento, a livre escolha, enfim. Entretanto, ficam reprisando um assunto como se temessem que eu cometesse algo errado e quisessem me ver presa por uma argolinha de ouro para respirarem aliviados e levarem as mãos feito Pôncio Pilatos.

— Andréa! Você me surpreende! O que pensa da sua velha avó?

— Vocês estão me espionando muito, sinto o peso do pensamento de vocês em cima de mim. Acham que sou uma incógnita e querem o resultado, isto é, querem saber o que pretendo, o que penso da vida.

— Não nego e, já que tocou no assunto, o que é que pensa? O que pretende?

— Viver.

— Simples assim, uma resposta evasiva que não diz nada.

— A meu modo, vovó.

— E... como seria o seu modo?

— Sem pressa, sem medo, sem sonhos, sem reservas, pensando que, se eu não lutar para ter o que poderá me fazer feliz, ninguém o fará por mim. Antes torcerão minha personalidade para que eu faça aquilo que quiserem e não o que me interessar. No dia que eu tomar uma decisão, vovó, será definitiva. Aquilo que eu sou e o que pretendo não deixarei que destruam.

Dona Estela encarou a neta. Tentou analisá-la. Andréa estava fechada, sem expressão, sem intenção de prosseguir com a conversa, tanto assim que sorriu e desviou o assunto:

— Buby disse que a senhora tem uns discos bacanas, chegou outro dia cantando uma música que eu gostaria de ouvir. Sabe qual é?

— Claro, o malandrinho quase deixou o disco branco de tanto que tocou. Ele adora um samba. Acho isso bom mesmo, a maioria das crianças já andam resmungando em inglês e desprezam o que é nosso.

— Samba? Olha, vovó, da maneira que ele canta eu pensei que fosse tudo menos samba.

— Querida, você exige muito do seu irmão. Então, ele gostou mesmo, hem? Pois vou dar o disco pra ele.

Foram para a sala de música. Andréa ligou a estereofônica e esperou que a avó viesse com o disco. Logo que o som tomou conta, Buby invadiu a sala com um sorriso enorme no rosto. Ignez, atrás dele, demonstrava satisfação. Buby pediu que pusesse o disco desde o começo. Andréa beijou Ignez no rosto e perguntou por Eunice, irmã do doutor Américo. Dona Janete respondeu que ela fora ao Jumbo, fazer compras com a empregada. Estavam faltando óleo, açúcar, as coisas não andavam bem. Resmungou sobre o problema da carne e do leite; por ela podia faltar tudo, viveria só de torradas e chá, mas, as crianças, esse era o problema, a força que pedia reação e criava revolta, a preocupação pela nutrição sadia das crianças. Andréa esperou que ela discursasse sobre o que pensava a respeito do preço dos gêneros alimentícios, da revoltante falta de leite, até que Buby reclamou:

— Ih!, Dré, bota logo esse disco pra tocar.

— Tem razão, meu neto, não se interesse por essas coisas, não. Deixe que os mais velhos tentem resolver. Ouça música, brinque, aproveite; um dia você vai ter saudade de ter sido criança.

Andréa viu os olhos da velha cheios de lágrimas, beijou-a com ternura no rosto e pôs o disco para tocar. Por engano, Buby substituíra *Eu bem que te disse* por *Berenice*. Corrigiu-o, mas ele, com seu jeitinho maroto, insistiu.

— Gosto mais de *Berenice*. É o nome da menininha de olhos azuis que senta perto de mim no parquinho, toda vez que vou lá, na hora do lanche. Ela leva cada pedação de bolo! A mãe dela sempre leva pra mim.

— Que parquinho, vovó?

— A empregada leva os dois na pracinha aqui perto. É para as crianças, tem escorregador, balanço. Essa menina mora nesta mesma rua.

Andréa riu e meditou algum tempo sobre a coincidência. Procurou desdramatizar os fatos, afinal não era só a sua professora que tinha o direito de se chamar Berenice. Mas a coincidência. Parecia perseguição. Uma insistência do destino, do diabo, de uma força oculta que a obsediava com lembranças, forçando-a a não esquecer, avivando seus desejos angustiantes, enchendo-a de tensões. Cada criatura tem seu fantasma individual, e Berenice era o seu fantasma. Surgira para forçar suas tendências sexuais, sedutora e ameaçadora. Andréa ficou tensa no seu recalcamento intenso.

A algazarra de Buby, Ignez e de dona Janete despertou-a. Pulavam ao seu redor, tentando animá-la.

"Os Batuqueiros" girava na vitrola. Andréa aderiu. O samba contagiou-a. Atendeu à insistência dos três e dançou.

– Diz no pé, mana!

Dona Estela torceu-se de rir, olhando para a cara assanhada do neto. O menino era mesmo terrível.

– Vó, não parece que Andréa tem sangue de negro? Ela dança que deixa qualquer um babando, todo mundo comentava nas festas, ninguém "dá no pé" o samba como Andréa. Se ela fosse mulata, podia sair numa escola de samba.

– É, então o negócio é gingar as cadeiras e falar com o pé, mesmo.

Andréa jogou-se no sofá. Os três espectadores bateram palmas e pediram bis. Ela negou e pediu que não insistissem. Pôs a mão de Buby sobre o peito.

Ele arregalou os olhos e exclamou:

– Que bruto! *Ce'stá* fora de forma, mana, precisa praticar mais. Aqui em São Paulo nunca tem festa pra gente ir. Vó, assim não dá, não acha? Andréa vive uma vida boba, não sai, não tem festa nem baile, e eu gosto tanto de *vê* ela dançar.

Dona Estela ficou olhando para os netos. Aquele menino pensava muito, era mesmo inteligente. Via nos olhos dele preocupação, alguma coisa que fazia captar a sensibilidade dele, uma certa maturidade precoce, visão das coisas, raciocínio preciso demais para sua pouca idade.

CAPÍTULO 15

A tarde retirava-se solenemente e as primeiras sombras da noite apontavam no horizonte, que se coloria de vermelho crepuscular. O sol deitava-se distante, escondido atrás da linha inatingível do infinito.

Andréa caminhava distraída pela avenida, e Buby, que já contara três pontos de ônibus, reclamou cansado, sem vontade de continuar:

— Aonde você quer ir? Já estou com os pés doendo. Nós vamos para casa a pé?

— Não, Buby, é que a tarde está tão linda. Vamos passear um pouco.

— Então carrega os discos que a vovó deu. E você compra sorvete pra mim?

— Compro. Chegando em casa, vou gravar em cassete esses discos.

— Acho bom, assim você ouve quando quer, e eu também.

Andréa voltou às suas conjeturas. Uma tarde tão linda e ela sem amor, feito uma pateta com o irmão. A avó fizera perguntas estranhas, olhara-a de um certo modo que agora lhe parecia indagador ou de acusação, como se desconfiasse algo. Também, fora uma idiota. Poderia ter fingido, inventado que tinha um namorado, mas fora estúpida, quase discutira claramente sua ideias, suas pretensões. Não era conveniente erguer suspeitas. Sentiu-se só, desprotegida, amedrontada. De repente, sentiu a responsabilidade dos seus intentos, o perigo das suas reações de defesa, ansiosas, das particularidades do seu caráter, da sua exigência sexual, da sua formação afetiva. Qual seria o limite da sua resistência, do que seria capaz, de como viveria, qual sua coragem e o resultado dos seus atos. Ela frisara bem: queria viver. Viver como? Amando. Como? Quem? A uma semelhante. A uma mulher! Sentiu-se um ser misterioso. Alguém que teria de viver de mentira, de disfarces, de simulações, enganando a todos porque não queria enganar a si própria. Sabia que da maturação sexual dependeria seu desenvolvimento intelectual. Sendo uma homossexual, a que chegaria? Se ela não fosse assim, teria reconhecido em Berenice uma lésbica, em Rosana suas intenções?

Tudo teria passado despercebido, e ela provavelmente se interessaria por um dos rapazes, talvez por Lau. Por que não conseguia pensar nele do mesmo modo como sentia quando pensava em dona Berenice? Na dinâmica relacional e na sensibilidade da criatura, a sexualidade não representava apenas uma função fisiológica, mas era fundamental, e tudo nesse sentido, para ela, se dirigia para o próprio sexo. Preferiria, em verdade, ser amiga de Rosana, conversar com ela, relacionar-se com gente homossexual, viver no seu verdadeiro ambiente, conhecer outras mulheres em igualdade de condições e discutir com elas o problema para elucidar melhor o seu determinismo. Estava se tornando masoquista, agressiva, fugitiva, encarcerando-se e furtando-se à vida que deveria levar, porque tudo nela clamava por um amor daquela espécie, e só na sua realização poderia ser feliz, ser ela própria, entender por que vivia. Lembrou-se da advertência de Lau. E, como se o pensamento tivesse criado uma imagem, ele apareceu sorrindo diante de si.

– Andréa?!

Ela parou aturdida pela exclamação do chamado. Viu-o saltar a grade, firmando a mão na barra de ferro. As pernas movimentaram-se no ar num salto acrobático e, depois de um pulo, acercou-se dela sorridente, os dedos polegares calcados nos bolsos da calça, os ombros avultando-se numa pose atlética, os braços musculosos e morenos, a camiseta grudada no tórax. Estava escrito: Honda Maluca!

Ela continuou calada, olhando-o, sentindo um rubor impertinente subir-lhe às faces, como se estivesse a condenar-se. Parecia até que passara ali deliberadamente para vê-lo. Entretanto, o rapaz falou e, na inflexão das suas palavras, não notou nenhuma insinuação ou convencimento.

— Você por aqui? Tem algum conhecido morando nesta avenida?

— Não, não tenho nada — gaguejou, mordiscando os lábios e inclinando a cabeça. Buby logo assanhou-se respondendo ao gesto do rapaz, que dera um tapinha leve em seu rosto, num cumprimento amistoso:

— Olá, moleque, você é o irmão de Andréa?

— Sou, sim, e é a minha vó que mora lá embaixo, do outro lado da avenida.

Buby apontou para trás, enquanto Andréa, beliscando-lhe o braço, retrucava mal-humorada:

— Que feio, Buby! Vó! É vovó que se diz.

— Ora, os homens falam assim mesmo, não é garoto? — defendeu Lauro, pondo-se de cócoras diante de Buby, que logo se entusiasmou, mostrando os dentes num sorriso de simpatia:

— Explica pra ela que os "frescos" é que falam assim.

Andréa teve vontade de estrangular o irmão. Sentiu tanta vergonha que nem soube o que disse, mas repetiu:

— É isso, não se pode dar confiança pra ele. É impossível, diz coisas que paralisam a gente.

— Não esquenta, não, o menino é legal, não disse nada demais. Ele está certo. Você é que é muito delicada, precisa passar por cima.

— *Falô*, bicho! Ela está *pur* fora.

Andréa esboçou um sorriso e ponderou que realmente era muito antipática, sempre implicando com tudo, e pelo fato de não gostar de gírias e já ter começado a "entrar na onda". Via muita falta de romantismo em certas expressões. Para quebrar a impressão que estava causando, perguntou:

— Você mora nessa casa?

— Sim. Não sabia? — respondeu, pondo-se em pé. Nesse ínterim, Buby viu o carrinho de sorvete do outro lado da avenida e, puxando-a pela saia, reclamou:

— Olha lá o sorveteiro. Você prometeu, Dré, vamos lá depressa.

— Deixe que eu vou buscar — adiantou-se Lau. Perguntou sorvete de que ele queria e, antes que Andréa tornasse a protestar, atravessou a avenida correndo. Logo voltou com quatro potinhos. Andréa recusou, porém Lauro não desistiu e fez com que ela aceitasse. Buby pegou as duas que ele lhe deu e abriu uma gulosamente.

— Você nem agradece, Buby? Que mal-educado! — Andréa chamou-lhe a atenção segurando a mão dele, impedindo-o de dar a primeira lambida na pazinha de sorvete.

— Ora, não gosto que agradeçam — protestou Lau.

— E também é falta de educação repreender a gente na frente de estranhos. Você me deixou envergonhado, Dré. Puxa, não pensei que você fosse assim tão cheia de "bostinha".

Andréa ficou vermelha feito um tomate, e Lauro desandou a rir, tentou ficar sério, mas olhou para a cara do garoto e riu mais ainda. Buby estava sério e olhava para Andréa. De repente abaixou a cabeça e reconheceu, mas foi pior, Andréa quis morrer quando ouviu o que ele disse:

— É, *desbundei* você. Agora mesmo é que *despencaralhou* tudo. Tenho certeza de que, quando chegar em casa, vou entrar nas *muquetas*.

— Cala a boca, Buby, o que vai acontecer é que nunca mais sai comigo, nem para ir a enterro.

— Se for o seu, você não pode me impedir.

Lauro pôs as mãos na cintura:

— Poxa, que esse garoto saca cada uma!

— Desculpe, Lau, não sei onde ele aprende essas coisas. Papai anda desnorteado com ele, eu morro de vergonha.

— Não sei por que, Andréa. Então você vai ter que entupir os ouvidos com algodão. Todo mundo fala assim, não é, Lau?

— Vamos, Buby, temos que ir embora. Cale essa boca, senão você vai ver. Estou perdendo a paciência.

Puxou Buby e despediu-se de Lauro, desculpando-se envergonhada.

Lauro adiantou-se para o lado da casa de onde saíra e gritou, estendendo a mão para que ela esperasse.

— Volto já. Não vá. É só um instante.

Andréa apertou a mão de Buby e disse com raiva:

— Seu pestinha, só me envergonha. Você vai ver quando chegarmos em casa, vou torcer seu pescoço. E vamos andando depressa, antes que esse palhaço volte. E cale a boca, senão faço você engolir os dois sorvetes com caixa e tudo.

Buby abaixou a cabeça e deixou-se arrastar, mas Lauro alcançou-os e segurou-a pelo braço. Andréa desvencilhou-se:

— Estou com pressa, não posso demorar mais.

— É isso, vou levá-los de carro. Você nem me deu tempo de tirá-lo da garagem, espere um pouco.

— Isso não, meus pais não gostariam de me ver chegar de carro com você.

— O que é que tem, Dré. Deixa ele levar a gente, prometo não falar mais desse jeito.

— Nada disso. Prefiro ir de ônibus. Não fica bem. Você não entende, Buby, não insista.

— Ora, Andréa, é tão longe, eu fico enjoado no ônibus. Esta hora vem lotado, cheio de gente fungando na gente, cheiro de sovaco e de gente que não toma banho, que suou o dia inteiro.

— Ele tem razão.

— Precisa se acostumar, ele não é mais do que os outros, que aguentam.

— É que eles são obrigados. Se pudessem, pensa que se espremeriam naquela lata de sardinha? Que nada, não fariam como você, não, nem esperavam convite. Era só o moço aí boquejar e o carro arreava, nem ia poder sair do lugar.

Lauro riu e passou a mão pelos cabelos do garoto.

— Qual, Buby, você é mesmo um garoto formidável, bacana mesmo. Quantos anos você tem?

— Seis.

Lauro balançou a cabeça. Riu de novo quando Buby fez cara séria e explicou:

— Meu pai disse que sou gênio. Mamãe disse que a televisão é culpada, e a mana aqui diz que eu sou um demônio. Minha avó e você pensam a mesma coisa, salva isso.

— Olha, vou tirar o carro da garagem.

— Não insista, Lauro, puxa vida, será que não entende?

— É, não adianta mesmo, moço. Ela é assim, quando fala que não é não, e quem vai sofrer do estômago nesse ônibus fedido sou eu.

— Você veio porque quis.

— Mamãe deu dinheiro pro táxi e a vovó também, mas você prefere me sacrificar e guardar o dinheiro pra gastar nos seus badulaques.

Essa foi demais para os nervos de Andréa, já estraçalhados pelas impertinências de Buby. Puxou-o pelo braço, no momento vinha passando um táxi, fez sinal automaticamente. Lauro alcançou-a e perguntou aflito:

— Mas você vai, domingo, no cinema comigo?

Ela quase fez uma careta quando esbravejou e empurrou Buby para dentro do táxi:

— Não. Não enche. Não quero sair com você. Gosto de outro.

A mentira não foi premeditada. Viu Lauro recuar e ficar parado, olhando-a magoado. Mentira? Sim. Ela não gostava de outro. Era de *outra*.

***

Andréa estava triste. Estava sentindo o drama de sua vida. Lauro jamais entenderia por que o maltratara. Ou descobriria um dia? Ele estava tentando inocentemente ser sua tábua de salvação, e ela o espantara. Buby fora culpado. As coisas que dizia. Logo que chegara, nervos à flor da pele, Andréa contara minuciosamente o comportamento do irmão, as palavras horríveis que a haviam envergonhado diante de um colega de classe. Buby ficara de castigo, até levara umas palmadas e chorara. Agora, estava olhando para ela ressabiado, como se não entendesse o peso daquelas expressões. Ele era um papagaio, nada mais. Guardava na memória tudo o que ouvia, e repetia inocentemente. Agora, estava se penalizando e achando que talvez exagerara. No colégio, ouvia coisas piores. Empurrou a sobremesa. Buby não pediu pra comer a dela também, como das outras vezes. Olhou para ele. Os olhinhos atentos pareciam esperar que ela o fitasse. Alguma coisa naquele olhar doía, acusava. Andréa desviou a atenção:

— Vou estudar.

— E você, acabando de comer, pode subir para seu quarto e dormir. Quero você na cama. Hoje não tem televisão para você. Precisa aprender a ser educado.

Doutor Américo estava olhando feio para o filho. Estava cansado. Na verdade, não gostava de se intrometer nos problemas da família, fossem quais fossem. Mas precisava, não bastava oferecer-lhes tudo do bom e do melhor, era necessário dar atenção também. Andréa sentiu que o pai estava exausto. Poderia ter evitado aborrecê-lo, mas Buby fora mesmo demais naquele dia.

— Já acabei. Estou mesmo com sono.

Buby passou perto dela. Andréa olhou para ele. Sabia que era isso o que queria e como que se deixou atrair pelo pensamento dele. Mal acreditou quando o ouviu dizer rancorosamente e baixinho, para que só ela ouvisse:

— Cu doce. Você é mesmo uma cu doce.

A voz do pai cobriu o resto que Buby ainda resmungou, acabando de dar volta à mesa.

— Se você quiser, pode ocupar a escrivaninha do laboratório, Andréa, vou trabalhar ainda um pouco.

— Vou buscar meus livros.

Andréa subiu para o quarto e dona Júlia ligou a televisão. Clara Nunes cantava *Arlequim de Bronze*.

Pouco depois, Andréa entrou no escritório, espalhou os livros e cadernos em cima da escrivaninha. Doutor Américo deixou o que estava fazendo e foi fechar a porta. Voltou e pôs-se a remexer numa pasta, tirando de dentro dela uma infinidade de vidros e lâminas.

Andréa rabiscou algumas palavras no caderno e olhou de soslaio o que o pai estava fazendo. Foi então que o viu tirar a chave de dentro de uma pequena caixa que estava em cima da estante de ampolas e vidros de amostras de diversas coisas, insetos e plantas. Doutor Américo pegou um livro de notas, abriu o armário e começou a ler o rótulo dos vidros. Escolheu um e tornou a fechar o armário.

Andréa inclinou a cabeça e notou que estava trêmula. Lembrou que uma noite tentara assaltar o armário à procura de um calmante. E tão fácil seria encontrar a chave; estava ali perto, ao alcance de suas mãos.

Virou a página do caderno e copiou os pontos. Reviveu a aula daquela manhã. A força expressiva do olhar de dona Berenice causou um arrepio intenso que a agitou num estremecimento. Não podia mais fugir nem negar, Berenice entrara em sua vida. Que idade teria? Vagamente lembrou que alguém havia comentado qualquer coisa a respeito. Trinta e oito ou trinta e nove anos. Trinta e oito. Bárbara dissera. Vinte e um anos a mais que ela. Mais que o dobro. Pensou e, de repente, perguntou à queima-roupa:

— Papai, quantos anos o senhor é mais velho do que mamãe?

Doutor Américo olhou para ela e fez um gesto de quem não ouvira o que dissera. Andréa repetiu, e ele, meio intrigado, respondeu:

— Doze anos, precisamente. A troco de que essa pergunta, agora? Resolverá algum problema seu?

— Oh! Não. Eu estava pensando – franziu a testa e explicou –, a diferença não é muita, pensei que fosse mais.

— Eu é que envelheci mais que o tempo. O trabalho desgasta. Muitas preocupações e responsabilidades. Mas será que estou tão acabado assim para que você se interesse pela nossa idade e me diga isso?

O sorriso nos lábios dele coloriu-se de simpatia. O bom humor do doutor Américo era, como sempre, o motivo principal que mantinha aquela família feliz e unida. Andréa gostava de vê-lo sorrir e preocupar-se com a escolha de gravatas e de ternos. Tudo nele irradiava alegria, e até nas pequenas rugas do canto dos olhos ele tinha it. Sem dúvida, seu pai era um homem bonito.

— O senhor é bacana.

— Você é linda, mas o intervalo já acabou. Continue estudando, mocinha.

— Ih!, papai, não consigo guardar essas siglas e datas. Estou ficando louca. Não sei o que se passa comigo, não consigo guardar nada na cabeça. Acho tudo chato e horrível. Ainda por cima, dona Berenice implica comigo, diminui minha nota. Acho que vou repetir... tenho medo.

Doutor Américo aproximou-se e acariciou-lhe os cabelos.

— Faça mais um esforço, filhinha. Há muito tempo, ainda. Faça o seguinte: em vez de estudar, leia como se fosse um romance. Procure se interessar pelo assunto, depois releia memorizando as datas dos fatos históricos principais, faça...

Andréa interrompeu-o:

— Ah! Essas baboseiras todas não vão servir de nada para o que pretendo. Pra que fuçar tanto o passado?

— Para melhor compreender o presente e o futuro, não é a lógica? Tudo tem sua origem, causa e efeito. Se você não sabe nada do dia de ontem, como quer discutir os problemas de hoje e chegar à conclusão do que é melhor?

— Eu acho que estou com sono, papai. Não adianta ficar aqui, não consigo me concentrar. Mas eu vou estudar, não se preocupe, vou melhorar minhas notas.

Doutor Américo sorriu satisfeito, e Andréa, recolhendo os livros e cadernos, deixou-o sozinho com seu trabalho.

CAPÍTULO 16

A manhã estava fria e ameaçava chuva. O tempo mudara durante a madrugada. Andréa pegou os livros e lembrou que não preparara lições. Talvez conseguisse terminar alguma, os exercícios de matemática ou a dissertação que o professor de português pedira.

Ouviu dona Júlia insistir, chamando-a para tomar café. Não respondeu. O pai chamou-a. Deu um suspiro e fechou o fichário. Não dava tempo mesmo, precisava ser mais organizada e não deixar tudo para a última hora. Era um saco ter de passar vexames por ter chamada a atenção pelos professores. E tudo por causa de um sentimento absurdo que estava torcendo sua personalidade, corroendo sua alma, roubando-lhe todos os pensamentos e aniquilando sua vontade de viver.

Desceu e sorveu alguns goles de café, mordiscou uma torrada, ouviu a mãe dizer qualquer coisa, e o pai, ao dirigir-se a ela, cutucá-la como para fazê-la despertar de vez:

— Filhinha, acorde, estamos falando com você.

Andréa olhou para os dois numa expressão vaga.

— Sim?

— A vovó mandou avisá-la do seu aniversário. Vai dar uma festa pra você. Não esqueça de convidar suas colegas.

— Sim.

— Puxa, Andréa, que desânimo! — exclamou dona Júlia.

— Ainda estou com sono, mamãe — justificou-se enfadada, pensando no longo dia de tortura que teria de enfrentar. Por que se martirizava tanto pensando nela? Por que estava sofrendo tanto nessa manhã?

E logo ao descer do carro, na porta do colégio, encontrou Cecília, que se aproximou com um sorriso estranho e a medindo numa inspeção:

— Sabe, estive olhando-a bem e acabei por concordar com a Rosana. Realmente, você é bem parecida com ela.

— Com ela quem?

— Com uma estátua que há no parque. A estátua nua do jardim.

— Que gozação!

— Pois é isso o que ela diz por aí. Quase todos já foram lá pra ver, e até já te puseram um apelido: a estátua nua.

— Que disparate!

Andréa não queria rir, mas riu, um riso esquisito, nervoso, pensamentos fazendo cenas, os rapazes ao redor da estátua imaginando coisas. Era uma estranha sensação, como cócegas. Cecília inclinou-se para ela e, mais confidencialmente, comentou:

— Rosana tem medo que ela a reconheça.

— Não compreendo o que você quer dizer.

— É que a dona Berenice mora nessa praça, em frente ao jardim, e Rosana já a viu por lá. Sabe como é, Rosana diz que não teme concorrência masculina, mas teme dona Berenice.

— Que estúpida e pretensiosa. Além do mais, acho dona Berenice antipática, sem graça e sem atrativo nenhum. Nos primeiros dias de aula, pensei que fosse faxineira, que tomasse conta dos banheiros e lavasse as cuecas do diretor.

— Credo!

E as duas se olharam assustadas porque exatamente nesse instante dona Berenice ultrapassou-as, pedindo licença.

Cecília levou a mão à boca. Estava mesmo apavorada:

— Será que ouviu? Acho que estava o tempo todo andando atrás de nós.

— Não foi você que falou, por que tem medo? Não se preocupe, ela bem sabe que sou eu que não gosto dela.

— Está dando sinal, vamos correr senão a gente perde aula.

O coração de Andréa batia forte. Não sabia se sentia prazer ou se estava arrependida pelo que dissera. Também não era certo que tinha escutado tudo; talvez parte da conversa, ou nem soubesse que estavam falando dela.

Entraram na sala. Cumprimentou o professor. Sentou-se. Abriu a pasta. Tirou a lição de matemática, que seria conferida.

Dobrou-se para trás disfarçadamente, para ouvir o que Bárbara queria dizer-lhe, e sacudiu os ombros em descaso.

– Dona Berenice retirou o castigo de Rosana. Bom, não acha?

Andréa inclinou-se para a frente, folheou o caderno, desconcentrou-se do que a perturbava. O que importava era que naquela manhã não teriam aula de história e tudo transcorreria de maneira monótona.

CAPÍTULO 17

Os convidados espalhavam-se pela sala de recepções, aglomeravam-se nos jardins e por todas as dependências da casa de dona Estela.

No saguão, Andréa recebia os que iam chegando, com simpatia e sorrisos de boa acolhida. Doutor Américo conversava com amigos, e dona Júlia e a sogra preocupavam-se com o serviço de *buffet*, observando se tudo transcorria bem. A avenida em frente ao palacete estava coalhada de carros. Andréa nunca pudera imaginar que sua avó tivesse convidado tanta gente. Como dona Estela prometera, a festa era realmente maravilhosa. Andréa estava cansada de apresentações, pois não conhecia metade dos convidados. Esquivando-se com jeito, deu uma escapada até o terraço e sentou-se numa cadeira de balanço. Não aguentava mais abraços e apertos de mão, e, além de tudo, não conseguia sentir-se animada, embora agradecesse a intenção de sua avó de agradá-la. Nada a entusiasmava, em tudo faltava alguma coisa. Alguma coisa que fez seu coração saltar quando seus olhos divisaram quem chegava.

Seria possível? Não estaria enganada? Não estava, não. Era ela: Berenice. Acompanhada por um elegante cavalheiro que a conduzia pelo braço, através do jardim, até a porta principal. Um criado recolheu o sobretudo do acompanhante de Berenice, e os dois entraram na casa sem vê-la. Andréa sentiu que tremia. Encolhera-se na cadeira e ficara em silêncio, quando percebeu o grupo de moças separadas dela por um canteiro de plantas. Elas comentaram a chegada da professora. Andréa surgiu por detrás dos gerânios quando ouviu Bárbara ironizar:

— Ela veio acompanhada para disfarçar. Esse cara não me engana, deve ser bicha. Quero só ver quando eu me aproximar com o meu charme, se ela não vai desbundar. Fiquem de olho.

— Não vai respeitar a casa de minha avó? Se pretende criar situações embaraçosas, faça o favor de retirar-se.

Cecília saltou da cadeira e aproximou-se de Andréa, enquanto Bárbara ficou sem saber o que dizer.

— Bárbara fala mais do que a boca, Andréa. Ela não vai fazer nada, não está doida ainda. Ou está?

Bárbara inclinou a cabeça e ironizou:

— Eu não preciso fazer nada. Os olhos dela é que traem. Nunca fui puta e sei muito bem como devo me comportar numa festa que não é só de homossexuais. Disfarço bem, arranjo até namorado.

Andréa limitou-se a dizer:

— Acho bom.

— Você convidou Rosana? — perguntou Cecília.

— Convidei. Munique também.

— Por que será que elas não vieram?

— Ora, Cecília, que ingenuidade! — intrometeu-se Bárbara. — O que você acha, Andréa?

Andréa deu de ombros. Bárbara riu.

— Até parece que vocês não percebem o golpe.

— Golpe? — indignou-se Andréa.

— É. Estão fazendo charme, suspense, para serem as últimas a chegar. Quem vem depois dos outros é sempre notado, o que vocês acham? Rosana é ladina, e Munique não fica atrás.

— Acho mesmo que você só abre a boca pra falar asneira. Pelo amor de Deus, que imaginação mais podre! É muito chato você falar assim. Andréa é uma moça tão educada, você deveria ter vergonha de demonstrar tão acintosamente o que você é. Não é pelo fato de a gente entender que é obrigada a engolir suas palhaçadas.

Bárbara mediu Cecília com desdém e, em seguida, olhou para Andréa com ar de cumplicidade. Andréa encarou-a esperando que se atrevesse a qualquer insinuação. Bárbara desviou o olhar e, para surpresa de todos, demonstrou tristeza:

— Tem razão, Cecília, às vezes eu me excedo. Acho que é revolta, tanto faço para disfarçar o que sou que só falta sair gritando: sou lésbica, chega, cansei de tudo! Vou embora, aqui não é ambiente para mim, tenho o meu próprio. Vim porque, apesar de parecer estranho, eu gosto de vocês. Pareço boçal, vazia, convencida, que não penso para falar. Agora eu estou pensando e prefiro não pensar porque eu acabo me detestando. Vou embora, desculpe, Andréa, sua festa está linda.

Andréa segurou-a pelo pulso, Cecília também pediu para ela ficar.

— Eu serei boçal. Não consigo me policiar.

— Fique solta, livre, mande tudo às favas. Procure divertir-se, acho que todos melhorariam de ânimo se fossem beber alguma coisa.

Cecília apontou para o jardim e avisou, enquanto as outras exclamavam satisfeitas:

— Veja, eles chegaram, finalmente. Lauro, Rosana, Munique, toda a turma.

Andréa, que até esse momento mal conseguia disfarçar que estava nervosa por dona Berenice estar na casa de sua avó, sorriu satisfeita quando viu Lauro, que parou diante dela extasiado como se tivesse um choque emocional.

— Você está deslumbrante, Andréa.

Ela pegou-o pelo braço depois de cumprimentar os outros e conduziu-o para dentro da casa. Lauro estava surpreso com a jovem que sempre o tratava de maneira esquiva e agora o apresentava para seus próprios parentes como seu namorado.

A turma do colégio os olhava sem compreender, e Munique tremia os lábios fazendo força para não chorar. Estava triste e decepcionada com a atitude de Andréa, que, em dado momento, acercou-se dela cochichando, num tom que a deixou confusa:

— Me empresta o Lauro por uns instantes, depois explico. Não é nada do que você está pensando, juro. Confie em mim.

Rosana aproximou-se:

— Puxa! Está difícil falar com você. Quero cumprimentá-la. Posso dar-lhe os parabéns e o meu presente?

Andréa pegou o pacote que ela lhe deu e agradeceu.

Munique olhou para as duas e sorriu. Andréa não se importou com o que estava pensando, piscou como se confirmasse que Lauro era só para disfarçar.

Andréa evitou olhar para onde dona Berenice estava. Sabia, entretanto, que não demoraria muito e ela viria cumprimentá-la, tocaria sua mão. Tal pensamento a inquietava. Lauro seguia tentando compreender as atitudes desencontradas daquela moça por quem estava apaixonado. De súbito, como que revoltado, resolveu-se e puxou-a, decidido, para o meio do salão, para dançar.

Andréa ia se desvencilhar dele, indignada com seu gesto, mas viu que dona Berenice também estava dançando. Envolvida pelos braços do seu acompanhante, sorria, parecia mesmo *envolvida* por ele. Quem poderia suspeitar que aquela exuberante mulher, com todo o seu charme, na sua beleza excêntrica, fosse uma lésbica? Ela disfarçava bem ou seriam mesmo apenas boatos maldosos? Lauro, que até aquele momento não proferira uma só palavra, parou de repente e disse-lhe, com certo ar de indignação:

— Sei que não está com vontade de dançar comigo, mas, se precisar de mim para alguma coisa, estarei no terraço. Aliás, ainda não lhe entreguei seu presente, espero que me dê oportunidade. Ficarei à sua espera.

Vendo que dona Berenice ainda continuava dançando, Andréa juntou o corpo ao do rapaz e sorriu maliciosamente:

— Está zangado? O que foi que eu fiz? Pisei no seu pé? Por isso não quer mais dançar comigo? Ou prefere procurar Munique?

— Não seja boba.

A voz dele soou trêmula e Andréa sentiu-se sórdida por aquele ardil que visava tão somente exibir-se para dona Berenice e fazê-la crer que Lauro era seu namorado. Que estava apaixonada por ele. Encostou seu rosto no rosto dele. Lauro tremia. Andréa disfarçadamente tentava divisar a professora. Lauro murmurava ao seu ouvido coisas que ela não entendia. Seu pensamento estava voltado para a mulher que a perturbava tanto e que, indiferente, às vezes passava perto sem vê-la. O ritmo da música pareceu novo, difícil, mas não era. Estava nervosa, pra nem reconhecer o samba. Lauro deu uma paradinha e sorriu:

— Que é isso? Estamos brigando? Desculpe.

— Oh!, a culpa é minha, nem sei o que estamos dançando — prestou atenção e, aproximando-se mais dele, riu: — Puxa! Samba. É que você fica falando no meu ouvido e eu me distraio.

Lauro emocionou-se com a mentirosa desculpa e exclamou corajosamente:

— Eu não direi mais nada a não ser que a amo.

Andréa continuou calada. As palavras pareceram-lhe vazias, sem significado; incomodaram-na, até. De súbito, a orquestra começou a tocar a música de aniversário e todos correram para abraçá-la. Formaram uma roda com ela no centro — fechavam o círculo, afastavam-se, depois apertavam-na, numa algazarra festiva. Andréa cambaleava e rodopiava aos empurrões, sentindo-se espremida. Alguém fez com que ela virasse uma taça de champanha de uma só vez. O círculo fechou; Andréa riu, tentou escapar, tornaram a se afastar e a apertá-la no centro. Os cabelos revoltos cobriam-lhe os olhos; tirou-os com a mão e o sorriso paralisou em seu rosto quando seus olhos se encontraram com o olhar de Berenice, muito junto dela, sorrindo, levada pelo grupo de amigos. Estavam frente a frente uma da outra, olhos nos olhos, sorrisos imóveis no rosto, numa expressão estranha. Mas Berenice não perdia nunca, mesmo quando Andréa, disfarçando uma risada de alegria, se voltou de costas para ela num rodopio. Ela debruçou-se em seu ombro e disse amavelmente ao seu ouvido, mas numa voz clara e segura:

— Feliz aniversário, Andréa.

Andréa sentiu o calor do corpo dela nas costas e voltou-se para encará-la. Por um rápido instante, com aquela aproximação, o olhar das duas cruzou, e Andréa sentiu como se uma labareda a tivesse incendiado por dentro. O coração saltou numa vaga emoção incontida, e um lampejo revelador brilhou em suas pupilas. Os lábios dela moveram-se para que somente Andréa escutasse o sussurro, que poderia significar muita coisa:

— Andréa, sejamos amigas.

Não respondeu. Não podia. A inflexão da voz dela não combinava com o sentido das palavras. Havia uma súplica ou uma reclamação, mas também algo mais que Berenice não conseguira disfarçar. Andréa percebeu isso. Ou estaria supondo coisas?

Voltou a cabeça para o lado e, vendo o pai sorrindo satisfeito, adiantou-se para ele, que a recolheu nos braços para cumprimentá-la.

— Não vai pedir seu presente?

— O que eu poderia desejar, tendo um pai assim maravilhoso?

— Interesseira! Aposto que vai me desprezar quando vir o que tem neste envelope.

Andréa pegou-o e abriu com dedos trêmulos. Ficou calada, olhando para o papel.

— Não poderá faltar às aulas, senão, quando o carro chegar, não vai ter carta para dirigir. Já comprei, mas a entrega só dentro de trinta dias. Quando comprei, a espera era de sessenta.

Andréa beijou a matrícula da auto-escola, abraçou doutor Américo e por um segundo esqueceu que Berenice estava ali.

Um garçom veio, empurrando um carrinho com o tradicional bolo de aniversário e suas velinhas. Cantaram parabéns, estouraram champanhas, mais abraços e, após a cerimônia habitual, o baile recomeçou. Andréa tentou isolar-se por alguns instantes e acercou-se de uma janela onde não viu ninguém. No terraço, alguns dançavam, outros conversavam e casais namoravam pelos jardins. Estava uma festa muito bonita. Andréa passou o olhar por sobre tudo, à procura dela. Lá estava. Do outro lado da sala, conversando com o noivo. Percebeu que dona Berenice já a tinha visto. Ficou parada, fitando-a com a mesma expressão que a olhara quando a haviam apertado naquele círculo.

Viu-a dizer algumas palavras para seu acompanhante e caminhar em sua direção. Ficou à espera, sem conseguir se mover.

— Podemos conversar um instante, Andréa?

Custou a responder.

— Podemos?

— Sobre o quê? Minhas notas, meu comportamento? História? Dona Berenice riu. Uma risada gostosa, calma, tranquilizadora.

— Não, claro que não.

— Então, sobre o que poderíamos conversar?

— Sei lá, seu aniversário. Está uma festa muito bonita, seu vestido é lindo.

Dona Berenice estava irritantemente segura de si, elogiando-a educadamente como se elogiasse uma aluna qualquer por obrigação. Ela tinha o poder de provocar o ânimo de Andréa, que a encarou semicerrando os olhos numa expressão de desafio:

— Por causa de um menos escandaloso quase me proibiu de assistir aula. Não a entendo. Está compensando?

— Não. Estou estabelecendo a diferença de ambiente. Aqui, não sou sua professora. Hoje, sou apenas uma amiga da sua família e estou tentando cumprimentá-la pelo seu aniversário.

— Já me cumprimentou, lembra? Ou vai passar a noite me dando os parabéns?

— Por que você está sendo agressiva? Não é capaz de me ver como professora cumprindo obrigações e, aqui, como uma convidada de sua família, tentando ser simpática com você?

— É preciso tentar ser simpática?

As duas encaravam-se. Andréa viu o canto da boca de Berenice tremer, *tentando* repuxar um sorriso. Estava conseguindo feri-la, irritá-la, fazê-la despencar da sua segurança. Soergueu a cabeça e sorriu vingativa, mas a resposta dela foi precisa. Era preciso compreender bem o significado:

— Às vezes, a gente se esforça e, dependendo da pessoa a quem se dirige, de nada adianta a tentativa.

— Está insinuando que eu é que sou antipática?

— Não, simplesmente que não sou agradável. Desculpe, não vou estragar sua noite. A presença de uma professora deve ser realmente chata, lembra obrigações, estudos. Foi um erro ter vindo. De todo modo, desejo-lhe muitas felicidades. Boa noite.

Andréa ficou sem dizer nada, vendo-a afastar-se. Perdia-a. Como, se nunca a tivera? Sentiu os olhos como se boiando num oceano. Não. Não podia chorar. Precisava disfarçar. Saiu para o terraço. Deu alguns passos. Mal enxugou os cantos dos olhos, ouviu alguém se dirigir a ela:

— Procurando por mim?

Rosana acercou-se e percebeu que ela estava triste.

— O que aconteceu?

— Nada.

— Vi você falando com dona Berenice, e agora está assim. O que foi?

Andréa arranjou uma desculpa. Não queria que Rosana desconfiasse de seus sentimentos:

— Imagina se hoje era dia de falar em exames. Foi lembrar-me que preciso me aplicar, senão perderei o ano; que ela não faz exceções.

— Ela disse isso? É estranho.

— Por quê?

— Dona Berenice sempre vai às festas nas casas dos alunos e, quando a gente quer tocar em assuntos do colégio, ela nega, diz que é outra, que não é mais a professora, que é somente Berenice. Nem o dona ela quer que a gente use. Fala com a gente como se fosse a amiga mais bacana. Uma vez, eu fui fazer uma pergunta sobre história e ela me respondeu: "Do que está falando? Eu não entendo nada de história, pergunte amanhã, para sua professora". E nem Cristo arrancou dela uma só palavra sobre estudo.

— Talvez ela não goste mesmo de mim e quis estragar minha noite.

— É estranho.

Andréa percebeu que estava sendo incoerente, tinha de mudar de assunto.

— Vamos dar umas voltas, Rosana?

— De carro?

— Você tem? — era tudo o que poderia perguntar no estado de ânimo em que se encontrava.

— Sim. Você nunca me viu passar. Estava sempre interessada nas conversas de Lauro, fugindo de mim.

CAPÍTULO 18

Rosana tirou o chaveiro do bolso e procurou a chave. Inclinou-se para abrir a porta. Andréa esperava ao lado, observando seus movimentos e o belo Corcel amarelo.

Rosana debruçou-se para dentro, desceu os vidros das janelas e abriu a outra porta, para que Andréa entrasse. Andréa sentou-se; o farfalhar da seda furta-cor do vestido e seu perfume excitavam-na. Um clarão riscou o céu negro imperscrutável.

— Vai chover outra vez.

Rosana olhou para cima e aspirou o cheiro bom da umidade reveladora.

— E não demora muito. Aonde você quer ir? — perguntou, antes de dar partida.

Andréa olhou para os lados e respondeu, excitada pela indecisão:

— Qualquer lugar, porém vamos logo. Leve-me para longe daqui. Não suporto tanta aglomeração, estou atordoada. Festas me aborrecem, mas a família gosta, sabe como é.

— Sei.

Rosana soltou o breque de mão, pisou a embreagem, calcou o pé no acelerador, e o carro arrancou com um ronco suave do motor.

Andréa sentiu o efeito agradável do vento frio e úmido batendo-lhe no rosto. Os cabelos em alvoroço, embaraçando-se, a velocidade provocando alívio, como se estivesse fugindo do mundo, fugindo dos pensamentos perversos.

Inclinou-se mais para perto de Rosana, que parecia ter-se esquecido dela para se concentrar unicamente em dirigir.

— Me leva até o jardim, quero ver a estátua.

Rosana olhou para ela. Diminuiu a marcha e perguntou:

— Quem lhe contou?

Andréa não respondeu.

Rosana insistiu. Ela constatou:

— Então é verdade? É parecida comigo?

Rosana acenou que sim com a cabeça, e acrescentou:

— Parece que você serviu de modelo. Você vai ver.

Fez conversão, voltou pela avenida, tornaram a passar em frente à casa da avó de Andréa e seguiram até uma praça dividida por estreitas alamedas.

— Devem estar à nossa procura. Lauro principalmente.

— Munique toma conta dele.

— E os outros?

— Que se danem.

— Você é mesmo estranha, Andréa.

— Faço o que acho que posso fazer.

— Existem coisas que você acha que não pode fazer e, mesmo que seja tentação, resiste?

— Depende da tentação. Somos todos vulneráveis, não sou nenhum ser especial, capaz de vencer as minhas próprias emoções e sucumbir com elas; prefiro arriscar.

Andréa fez subir o vidro da janela quando Rosana estacionou. Esta percebeu o estremecimento da moça, estendeu o braço para o banco de trás e ofereceu-lhe uma capa de chuva.

— Vista-a. Você está com frio. O tempo está incerto e vagabundo, não se resolve a nada.

Andréa vestiu a capa. Um tremor agitou-a. Estava esfriando. O clima de São Paulo sempre incerto, tonteando o "Homem do Tempo" com suas previsões que às vezes coincidiam. "Bom tempo na Capital": chovia. Temperatura em declínio: paulistano agasalhado, suando em bicas com o sol que ficou até mais tarde, torrando a paciência, e a poluição aumentando. Talvez o "Homem do Tempo" acertasse sempre se dissesse: "como sempre, na capital paulista, as quatro estações do ano de manhã à noite. Agasalhem-se, saiam com roupas leves, levem guarda-chuva e não se esqueçam de verificar se o ar-refrigerado está funcionando, porque é capaz de fazer um calor de fritar ovos na calçada. Ah!, ainda em *tempo,* se puderem, procurem o 'verde' e respirem o ar puro longe da cidade, porque a poluição continua".

— Você não sai nunca, Andréa?

— Claro que saio.

— Digo assim, à noite, uma boate, um restaurante onde gente como nós se reúne.

— Gente como nós?

— É. Entendidos. Você sabe, eu sou homossexual, e você, acho que é entendida. Pelo menos está aqui, comigo, e não está me tratando como se eu fosse uma leprosa. Tudo bem, parece que entende, então, como sei que não adianta me intrometer com perguntas que seriam indiscretas, prefiro achar que você é compreensiva, muito bacana mesmo. Joia!

— E você acha que eu sou o que, na verdade?

— Francamente, não sei. Às vezes tenho certeza de que é uma das nossas, mas você se fecha. Só sei que acho você linda, muito linda, e que, não importa o que seja, conquanto nunca me trate mal.

— Você nunca deu motivo. Foi sempre muito educada.

— Sempre? — Rosana não perdeu a oportunidade. Andréa inclinou a cabeça. Sentiu que enrubescera lembrando o que se passara entre as duas certa manhã, no colégio.

— Você falou de certos lugares. Que lugares?

— Restaurantes onde os "entendidos" se reúnem, boates, há uma porção. Quer que passemos por lá? A gente só passa em frente, você vai ver, é só chegar no "pedaço" pra gente perceber que está vivendo feito besta. Gente bacana, que sabe curtir, desprendida, sem medo de ser o que é, enfrentando tudo. Bem, há também o mau elemento, certos ambientes não muito recomendáveis, mas é assim em todo canto, não acha? A frequência é homogênea no sentido classe homossexual. Quanto ao nível de educação, tipo, lá dá de tudo, desde a loba solitária que vai curtir som sufocando uma fossa, até a loba faminta, à cata de uma boa. Olha aqui, neném, se você for uma vez, vai conhecer o mundo, o nosso mundo. Vez ou outra eu apareço por lá, só dá mulher.

— Só mulher?

— Lésbicas. Há as boates das "bichas" também. As pessoas estão se desentocando, enfiando a cara no mundo. Sabe, vai ser muito difícil fazer o "povo" recuar e se esconder como antigamente. Eu tenho uma tia que é lésbica, e ela me disse que nos tempos de hoje a coisa está melhor, evoluída, há mais compreensão; que no tempo dela havia muitos suicídios, outras ficavam loucas, a família enfiava em sanatório, tomavam choque elétrico e acabavam mesmo endoidando, as coitadinhas. Ninguém queria aceitar, nem a própria lésbica, que se escondia de vergonha e sufocava paixões que acabavam em suicídio. A coisa era tão escondida, mas tão escondida que a homossexual sempre pensava que era caso único, que era louca, ia ao médico, não tinha coragem de falar e, no fim, o resultado ou era choque elétrico ou suicídio, mesmo.

— Credo, você não está exagerando? Isto é, a sua tia, e ela?

— Ah!, ela estudava muito. É psicóloga. Leciona numa faculdade e mora com uma cara. Caso dela, legal. Um dia, se quiser, a gente vai na casa dela. É amiga pra chuchu. Precisa ver como me defende. Se não é ela, eu já tinha ido pro Charcot há muito tempo. Agora, meus pais fazem vista grossa, fingem que não entendem, que não sabem, que não veem. Mas olha, lá está a estátua. Não quer ir vê-la?

— Claro. Pra isso viemos até aqui.

— Lá está ela. No centro do gramado.

Andréa apertou o rosto contra o vidro e viu, sobre um pedestal, um vulto negro reclinado.

Rosana desceu. Estendeu a mão para ela, que saltou apoiando-se em seu braço. As duas caminharam pelo jardim. Andréa avançou na frente. Voltou-se e pediu, acabrunhada:

— Espere aí, quero ver sozinha.

Rosana parou e ficou observando-a. Andréa aproximou-se da estátua. Estava muito escuro, não via perfeitamente os traços do rosto esculpido em bronze, mas alguma coisa a identificava com aquela estátua. Quanto ao corpo, estirado, naquela pose audaciosa, os seios eretos pontiagudos, desafiando o céu, o vento, a chuva, o tempo, os braços estirados, as mãos espalmadas para cima como se estivessem se oferecendo ao primeiro que a desejasse, as pernas ligeiramente inclinando-a para trás, toda ela dando a impressão de ter sofrido um enrijecedor estremecimento de gozo. Bem lhe fazia lembrar uma de suas noites tempestuosas, quando se masturbava, assaltada pelo desejo, assim como a inclemência do tempo ameaçava desabar em chuva sobre a estátua fria de bronze.

Rosana demorou-se a fitá-la. Andréa voltou-se e acenou para que se aproximasse.

– Queria ver melhor o rosto dela.
– Olhe no espelho.

Rosana avançou para a estátua. De um salto, subiu no pedestal, enquanto Andréa exclamava, diante da atitude dela:

– Você ficou louca?
– Venha ver.

Rosana acendeu um isqueiro. Andréa perscrutou os arredores, temerosa de que alguém pudesse surpreendê-las. Rosana continuava lá em cima, debruçada sobre a estátua como se quisesse assaltá-la, acometida de súbita loucura, e insistiu, estendendo a mão para ajudá-la:

– Venha.

Andréa aproximou-se e, pondo-se na ponta dos pés, olhou para o rosto de bronze, que tremeluzia sob o clarão vacilante da chama que Rosana defendia do vento com a mão em concha ao seu redor.

Andréa demorou-se analisando os traços e ponderou que seria a menos indicada para comparar. Porém, não pôde evitar a surpresa com a semelhança, que não só estava nos traços do rosto, como também na sensação que aquela obra de arte lhe provocava, como se estivesse diante de si própria.

O ruído de um carro passando despertou-a da curiosa observação. Chamou Rosana para que descesse dali antes que alguém as visse. Rosana apagou o isqueiro e saltou para o chão.

– Então? Não é o seu retrato?
– Não sei. É tão difícil comparar uma estátua com a gente mesma, creio que não passa de impressão, um traço ou outro, alguma coisa.

Tentou espantar a sensação que se apossava dela enquanto percorria com olhos curiosos os arredores, querendo descobrir onde a professora morava. O coração pulsava no ritmo dos grandes momentos. Parecia que, a qualquer instante, a voz interior das revelações intuitivas iria gritar, num acesso passional: "É ali, é ali que ela mora!" E, para qualquer lado que se voltasse, a sombra dela se estendia, avantajando-se como o grande motivo que a levara até o jardim para ver a estátua.

Mordiscou os lábios e, sentindo a mão fria de Rosana prender a sua, desprendeu-a e afirmou, querendo convencer a si própria, supondo o que acharia dona Berenice daquela semelhança, que ela havia ido até ali para olhar a estátua com curiosidade.

— Não. Aquela estátua não é parecida comigo.

Tudo o que ela queria era ouvir a confirmação persistente de Rosana:

— É, sim. Aquela estátua não só é parecida, como também é como você. Fria, provocante, bela, como um monte de pedra vencendo as investidas do tempo. Eu sou o tempo. Veja. Começa a chover e ela permanece imóvel, inviolável. O tempo todo estremece assediando-a, entretanto ela continua indiferente, inconquistável.

— É apenas uma estátua sem vida.

— Se eu pudesse, faria com que vibrasse.

Andréa voltou-se, entre irônica e provocante:

— Só se acreditasse em feitiçaria. Talvez conseguisse fazer a mulher de bronze vibrar a um toque mágico.

Rosana tentou fitá-la nos olhos. Andréa disfarçou. Rosana não conseguia fingir mais.

— Eu nem acredito que você está aqui.

— Estávamos falando da estátua. Não mude de assunto.

— Ela vibra, sim, como aqui — e apontou a cabeça —, como no cérebro que a idealizou e materializou, sob o feitiço da arte, no estremecimento das mãos que lhe foram dando formas. É bronze. Está ali, inerte. Uma estátua. Ela, que se oferece, não é mais que a reprodução da ideia, do desejo do artista que a esculpiu. Não tem um coração que a faça vibrar. Ele deu-lhe tudo, só não pôde soprar vida em suas narinas. É um deus comum, sem poderes maiores. Ela, que provoca tanto, não tem vida.

Rosana ia se aproximando de Andréa, fitando-a com olhar ardente e apaixonado. As mãos, deslizando pelo encosto do banco, acercavam-se dela, que a fitava impassível.

O barulho de pesados pingos de chuva bateu contra os vidros das janelas.

— Vamos embora, Rosana. Começou a chover forte. Os convidados terão de se reunir dentro de casa e, por certo, já estão me procurando. Nem sei que desculpa dar.

Rosana tomou posição diante do volante e exclamou, com voz de desânimo:

— Mas por que o escultor esqueceu de dar um coração para a estátua?

Andréa sentiu-se provocada, achando graça.

— Está se referindo a mim?

— Sim. Você é que deveria estar naquele pedestal. Ela, pelo menos, não reclama e não recua quando eu me aproximo. Não retribui, mas também não me empurra, se a beijo.

Andréa soergueu a sobrancelha, cruzou os braços e perguntou indignada:

— Você beija aquela estátua?

— Beijei. Não tinha ninguém no jardim. Fingi que era você.

— Rosana, você precisa ir a um psiquiatra.

Ela sorriu, diminuindo a marcha ao fazer a curva, e perguntou desiludida:

— Você quer mesmo voltar?

Andréa acenou que sim.

— Nem mesmo quer aproveitar a oportunidade e passar em frente ao restaurante e à boate sobre os quais lhe falei? Você vai ver, nem precisa descer do carro, a gente passa devagarinho.

— Mas, com esta chuva?

— Mesmo com chuva, aquilo está sempre cheio. E você não disse que nem tudo o que não pode fazer você faz? Então, hoje é seu aniversário, não é? Comece a sua liberdade. A gente não demora, só pra dar uma espiadinha.

— Bem rápido.

— Falô, bicho.

Andréa permaneceu em silêncio. Rosana manobrava o carro muito bem. Passaram em frente ao palacete, o movimento lá dentro continuava animado. Nas grandes janelas abertas, convidados se aglomeravam.

Rosana desembocou na Nove de Julho, fez conversão na esquina do Andraus e entrou pela Rua Santo Antônio. Seguiu em frente. Andréa prestava atenção no rumo que o carro tomava; dobraram à direita. Não havia um só lugar onde estacionar dos dois lados da rua e, do lado esquerdo, fila dupla em frente ao restaurante.

– Puxa, nenhuma vaga pra gente demorar um pouquinho e você espiar o movimento lá dentro.

Como exímia motorista, Rosana avançou quando um carro deixou vaga em frente ao restaurante e, tão rápido quanto lhe permitiu sua agilidade, deu ré, esterçou e se enfiou entre os outros carros, numa baliza perfeita. Andréa admirou sua perícia.

– Puxa! Parabéns! É assim que se rouba a vez dos outros?

– A brecha é de quem consegue, neném. Olha só lá dentro.

Andréa espichou o pescoço, inclinou-se para o lado de Rosana e ficou atônita, observando os tipos que se movimentavam lá dentro. Rosana sorriu vendo o olhar dela; parecia assustada.

Andréa apontou um tipo avantajado que bloqueava o caminho, ombros largos, mãos metidas nos bolsos, cabelos até os ombros, braço por sobre os ombros de uma jovem esguia de saia longa:

– É homem? Ou o quê?

– São duas mulheres. São "caso". O "pai" e a *lady*.

Uma jovem usando cabelo *black power* acenou para Rosana e gritou:

– Oi, bicho, não vai entrar com a boneca?

– Hoje não.

Andréa recuou assustada.

– Rosana, vamos embora, isso é o fim do mundo. Essas mulheres assim vestidas, andando desse jeito, o que pensam? Que são homens? Aquela grandalhona parece chofer de caminhão. Meu Deus, será que não sabem ser lésbicas sem imitar homem?

Rosana suspirou e olhou de lado, pôs a cabeça para fora do carro, deu ré, esterçou e saiu.

–Já olhou bem pra mim? Já conseguiu me imaginar de vestido?

— Vejo você todos os dias de saia.
— E o que pareço?
— Uma mulher.
— Não me acha esquisita? Não acha que fico melhor de calças compridas?
— Bem, de certo modo, sim. Mas não vem ao caso, você não tem a aparência dessas que acabamos de ver.
— E que tipo tenho?
Andréa sentiu-se encurralada.
— Bem, não é um tipo comum. Eu diria desportista, uma moça que pratica muitos esportes, isso.
— Qual nada. Todos me identificam, basta olhar para mim e ver o que sou.
— Andrógina.
— É. Isso aí. Bem especificado. Assim deveria estar no meu registro.
— Você ficou triste.
— Às vezes fico, mas saiba que gosto do que sou e de como sou.
— Mas se revolta.
— Quando não consigo o que quero.
— Ou quando descobre que realmente não sabe o que quer e que vive enganando aos outros e a si própria?
— Por que diz isso? Quer que eu reafirme minhas convicções para você ter coragem de encarar as suas perturbações?
— Eu não tenho nada me perturbando.
— E definiu-se bem?
— Para mim, sim. Para os outros, tenho ainda muito em que pensar.
— Então você está sempre representando?
— É o meu papel, o seu papel, o de todos.
— Ah!, Andréa, se soubesse quanto preciso falar com você. Por favor, antes de voltarmos, me dá só uns minutinhos.
— Então pare.
— Não. Pode vir um carro de polícia.
— E o que tem isso? Somos duas mulheres.
— Você é mesmo ingênua!
E Andréa, pensando que todos já teriam notado sua ausência, principalmente suas colegas, e, o que era óbvio, também dona Berenice, que

Rosana se eclipsara. Isso era o que importava. O que dona Berenice pensaria, e não o que os outros amigos do colégio ficariam suspeitando. O resto que fosse às favas. Não podia perder a oportunidade de fazer dona Berenice estranhar sua atitude e convencer-se de que, ao menos, ela não ia com a sua cara e não caíra sob os seus encantos de mulher fatal. Isso. Fatal. Ou estaria sendo ridícula fazendo tal julgamento da pessoa que amava? Era isso amor? Atormentar-se pensando sempre na mesma pessoa?

— Uma vez, eu estava conversando com uma garota dentro deste carro, veio um guarda, levou meus documentos, chamou a "justa", e eu e ela tivemos que esperar que nossos pais fossem nos buscar. Já imaginou que vergonha? Nós estávamos apenas trocando ideias. Bem, tínhamos começado uns amassos...

Andréa entendeu, mas fingiu que não.

— Começado o quê? Por que prenderam vocês?

— Ora, não se faça de boba. Pensaram que eu fosse um rapaz. Quando viram que não era, sacaram a coisa. Queriam me arrasar mesmo, mas entraram bem. Meu pai é gente importante e eles nem tiveram coragem de boquejar por que tinham levado a gente pra delegacia. Ficaram de rabinho baixo que nem cachorro com medo de apanhar. Meu pai é influente e já foi delegado. Foi uma aventura. Até que foi bacana. A menina tremia, coitadinha, me deu pena dela.

— O que vocês estavam fazendo?

— Não seja indiscreta.

— Desculpe.

Rosana sorriu.

— Aonde vamos?

— Até um lugar onde eu achar que poderemos parar.

— Então vamos até a minha casa. De lá, fica fácil voltarmos para a casa de minha avó.

— Aonde fica?

— Siga pela avenida. Quando chegar a rua, eu aviso.

Rosana parecia incrédula e falava pouco, como se temesse que Andréa mudasse de ideia. Andréa sentia-se impelida a confusas decisões, querendo converter a imagem dos sonhos num personagem real. Queria vingar o poder da outra esmagando-a dentro do abraço de qualquer uma, e Rosana estava ali, alimentando terríveis desejos. As mesmas alucinantes ânsias que ela sentia por Berenice.

— Tem alguém lá?

Andréa fitou-a maliciosamente. Rosana encarou-a e quase perdeu o controle do carro. Andréa advertiu-a, segurando o volante.

Pouco depois, Andréa indicou onde era a sua casa. Rosana estacionou em frente.

— Bonita casa. Então, é aí que você mora?

— Sim — Andréa recostou-se no banco e ajeitou os cabelos —. Aqui poderemos conversar. Lembre que preciso voltar logo.

— Aqui? Nós não vamos entrar?

— Para quê? Mesmo se eu quisesse, não trouxe a chave.

— E se eu conseguir abrir a porta? Nós entramos?

Andréa sorriu. A teimosia dela a estava agradando. Rosana era persistente, e o fato de ter notado seu desaparecimento da festa fazer Berenice pensar coisas das duas atiçou-a a demorar mais.

— Por que quer entrar na minha casa?

— Para conhecer o lugar onde você vive.

Os olhos de Rosana brilharam maliciosos. As pupilas correram de um lado para outro, numa expressão calorosa. Saltou do carro e correu na chuva para o jardim. Andréa estremeceu acreditando que ela iria encontrar a chave e não conseguia concentrar-se para calcular o que poderia acontecer entre as duas lá dentro. Algo a impelia com uma força que se revirava dentro dela, deixando-a confusa e insegura. Viu-a remexer nos vasos de plantas e levantar o tapete do terraço. Imprevisivelmente, a voz saiu de dentro dela, numa estranha lassidão:

— No vaso grande...

Ela voltou-se, inclinou-se, fechou a mão vitoriosa, sacudindo-a no ar, aproximou-se da porta e abriu-a. Um minuto mais e acendeu a luz da sala. Andréa estremeceu, surpreendida com o que estava se passando. Saltou do carro e correu exasperada para lhe pedir que se fossem dali.

Rosana puxou-a para dentro e bateu a porta. As duas ficaram se olhando aturdidas. Os olhos de Rosana lampejavam prometedores. Andréa recuava, medrosa como um pobre animal acossado pelo perigo. Queria gritar que não estava certo o que estavam fazendo, que precisavam ir embora, que haveria confusão se ela se demorasse mais. Entretanto, alguma coisa em Rosana a prendia, era como se acreditasse que poderia vencer o poder de Berenice e esquecê-la por alguns instantes, vingar-se dela. Vingar-se! Um desejo enorme de vingança. Mas por quê? Era tudo muito perturbador, e Rosana, agora, já estava muito perto. Recuou, quase perdendo o equilíbrio ao esbarrar numa poltrona.

– Quero apenas pôr em seu pescoço. É para você.

Olhou para a correntinha de ouro com o medalhão pesado. Sentiu-a mais perto. Rosana passou os braços ao redor dos seus ombros e travou o fecho. Fitou-a nos olhos, passou a mão pelos seus cabelos e, arrebatada pelo desejo, prendeu-a num abraço apertado e procurou freneticamente alcançar a boca que se desviava, suplicando que a soltasse, que não queria, que fossem embora. Andréa calcou os cotovelos contra os braços dela, empurrando-a com força para se livrar. Rosana passou a perna por trás das suas, fazendo-a perder o equilíbrio e, para não cair, Andréa segurou-se nela com as mãos, soltando-se em seus braços, sem poder se defender.

Ofegante e febril, Rosana inclinou a cabeça e beijou-a na boca com desespero. Andréa estremeceu ao contacto dos lábios quentes e ágeis, e teve a impressão de que estava imaginando coisas irreais.

Uma curiosidade estranha apossou-se dela. O que poderia acontecer? Nenhuma sensação provara naquele beijo, a não ser um formigamento natural de sexo, pois nunca tivera relações com ninguém. Não era pura, mas nunca chegara a extremos. E o que seria chegar a extremos, além de umas passadinhas de mão? Podia imaginar, mas nunca acreditara que pudesse acontecer consigo mesma. Tinha sonhos eróticos, imaginava coisas, masturbava-se, mas, assim mesmo, a noção que tinha do que era sentir prazer não era por experiência, pelo ato a dois numa entrega total. Tudo o que acontecera a ela, até essa data, haviam sido beijos roubados por rapazes com quem fingia namorar e aquela furtiva experiência com uma coleguinha. Agora, estava ali, com Rosana, e ela parecia sabida, capaz, envolvendo-a com seus braços nervosos, respirando apressado. Ficou quieta onde estava quando ela se afastou e apagou a luz. Esperou que voltasse e seguiu-a quando Rosana a levou pela mão. Tateando no escuro, empurrou-a sobre o sofá. Apertou os dedos com força em seus braços, com medo de que ela fugisse, desconfiando de sua passividade. Nenhuma das duas proferia palavra. Rosana vagarosamente foi estirando-se em cima dela. Andréa percebia o peso dela aumentar e, depois, quando ela se soltou em cima do seu corpo e começou a mover-se, esfregando-se nela, atrevendo-se a outros impulsos, continuou atenta, deixando-a deslizar as mãos por suas coxas, subirem, enfiarem-se pelo decote do vestido e buscarem seus seios, afagando os biquinhos. Estava sentindo alguma coisa estranha e continuava atenta ao que ela fazia. Rosana deslizou o corpo mais para baixo, levou um seio à boca. E se fosse Berenice? Andréa estremeceu, as mãos prenderam os braços de Rosana. Rosana assanhou-se e sugou-lhe os seios com sofreguidão. Estava escuro e era muito fácil continuar imaginando coisas que a faziam vibrar. Rosana percebeu que Andréa estava se entregando, debruçou-se inteira em seu corpo, apoiando-se sobre a perna fora do sofá, calcando o pé no chão; a outra movimentando-se entre as coxas de Andréa.

Rosana afastou o rosto que apertava contra sua face e olhou-a nos olhos. As mãos ágeis e atrevidas tateando, puxou o vestido para cima desnudando-lhe as pernas, deslizou pelo seu corpo abaixo, enfiou a cabeça no meio das coxas e beijou-a lá. Ficou tecendo carícias com a língua até que Andréa se contorceu num gozo demorado. Foi rápido, inominável, uma coisa que não acabava nunca, uma mistura de tudo. Sentiu vergonha. Sentou-se, empurrando Rosana, que caiu do sofá e reclamou com olhar aceso como de bicho contra a luz:

— Andréa, ainda não...

— Vamos embora, por favor, isto é absurdo, uma loucura.

Andréa atravessou a sala e Rosana correu atrás dela. Abriu a porta, Rosana puxou-a. Andréa estava muito nervosa e quase gritou, choramingando:

— Chega, por favor, vamos embora daqui.

O modo como ela falou deixou Rosana com medo de que Andréa ficasse com raiva.

— Está bem, mas você não está zangada comigo, está?

Andréa não respondeu. Saiu na chuva e correu para o carro. Rosana fechou a porta e recolocou a chave no lugar. Quando entrou no carro, deu-se conta de sua irresponsabilidade:

— Que loucura, você viu? Deixei o carro aberto e a chave no contacto. Esse carro nunca mais vai ser roubado, depois dessa. E as luzes estavam acesas.

Andréa pensou que ela se referia à luz da casa, que esquecera alguma acesa, que teria de voltar lá.

— Que luzes?
— Os faróis do carro.

Depois ficaram em silêncio. Andréa parecia indiferente, mas na verdade estava preocupada com o que fizera. Rosana perguntou, quando se aproximavam da casa da avó dela:

— Jura que não está zangada comigo?
— Por favor, não toque nunca nesse assunto.
— Não vai mais falar comigo?

Andréa sentiu pena do tom triste da voz de Rosana, mas apenas respondeu:

— Não sei. Por favor, não insista.
— Respeito você.
— Isso eu sei. Obrigada.

Mal Rosana parou o carro, saltou e atravessou o jardim correndo. Subiu as escadas e foi em direção a dona Júlia, que perguntou, preocupada:

— Onde você esteve?
— Fui ver o carro de uma amiga da minha classe e a chuva nos prendeu. Ela me deixou dirigir um pouco. Vai ser fácil tirar carta.

Riu disfarçadamente e, como se nada de mal tivesse feito, seguiu em direção à mesa de doces e bebidas.

Não poderia haver melhor desculpa. Mesmo assim, a mãe seguiu a filha com olhar preocupado.

CAPÍTULO 19

Como era horrível sonhar! Como fazia mal imaginar coisas perigosas. Lauro sacudiu-a nos braços, olhando-a curioso. Andréa esgazeou os olhos amortecidos e recobrou a noção de onde estava. Parou de dançar, considerando que já não era mais necessário escapar de dona Júlia, que, desde que ela voltara para a festa, tentava aproximar-se e agora estava rindo muito, satisfeita, num grupo de amigas. Lauro seguiu-a, Andréa voltou-se de súbito para ele e falou, com voz de desânimo e cansada:

— Ouça, Lauro, não dá mesmo, sabe, eu gosto de outro. Estou na fossa, na fossa, sabe, muito na fossa porque ele não veio. Olha, vá procurar Munique, que gosta de você, e me deixa, tá? Eu não sirvo pra você, estou muito na fossa mesmo.

Lauro ficou olhando para ela com uma expressão estranha. Andréa deu um suspiro e explicou, tentando desfazer uma má impressão:

— Olha, tudo o que eu quero é que sejamos amigos, viu? Não fique magoado comigo, eu gosto mesmo de outro.

Lauro abaixou a cabeça, reconsiderou rapidamente e como que quis provar a si próprio que estava tudo bem:

— Legal, nada não, tudo bem, desculpe.

— Eu é que peço desculpas.

Rosana aproximou-se, acompanhada por Munique:

— Lauro, vamos dançar? Pedi pra tocar nossas músicas, lembra?

— Só essa?

Lauro olhou para Andréa. Rosana sorriu maliciosa e disse com intenções:

— Não perca tempo aqui, vá.

Os dois se afastaram e Andréa olhou para Rosana, desconfiada:

— O que você disse para Munique?

— Coitadinha, estava morrendo de ciúme. Eu assegurei que você não gosta de Lauro, que gosta de outro.

— Você disse isso mesmo?

— Claro, o que acha que sou?

Nesse meio tempo, Cecília avistou-as e aproximou-se. Andréa não prestava atenção ao que ela dizia. Com indisfarçável ansiedade, procurava ao redor alguém que lhe interessava muito e não vira desde que voltara do *passeio.*

Como se tivesse percebido, Cecília sussurrou baixinho:

— Eles foram embora.

— Eles quem?

— Dona Berenice e o noivo. Ela estava tão esquisita. Nem se despediu de ninguém. Achei esquisito mesmo, porque ela sempre foi tão alegre nas festas e, esta noite, logo que você saiu com Rosana, ela também se mandou.

Andréa e Rosana olharam para Cecília com a mesma expressão indagadora.

— Como sabe que saímos?

— Eu estava conversando com dona Berenice e, ao mesmo tempo que vocês desceram para o jardim, eu e ela saímos para o terraço. O noivo dela tinha ido buscar cuba pra nós. Então nós vimos quando vocês entraram no carro. Aonde vocês foram?

— Olha, Cecília, eu quase não saio, sabe. Rosana comentou a respeito de uns restaurantes e eu estava curiosa, pedi para ela só passar em frente, eu queria ver.

— Ah!, aquele que só gente de teatro e os *hippies* frequentam? Bacana à beça. Já fui lá, comi "picadinho a cocó", uma delícia, e o ambiente é maravilhoso.

Rosana e Andréa entreolharam-se. Rosana perguntou:

— Você está falando de que restaurante?

— Do Piolin, na Augusta. É bacana à beça, foi lá que vocês foram?

Rosana antecipou-se e mentiu, piscando para Andréa:

— É, foi lá, nós vimos quando Sandro e Maria Della Costa chegaram, e os artistas da peça *Mais Quero Um Asno Que Me Carregue*. Nós não entramos, ficamos estacionados na porta um pouco, depois começou a chover e a gente viu o Walmor Chagas.

Andréa só acenava afirmativamente.

— Eu vou sempre com meu irmão e a noiva dele. Quando vocês forem lá, não deixem de entrar e peçam "picadinho a cocó", vocês vão adorar.

— Que propaganda, puxa!

Andréa ficou curiosa em saber o nome do restaurante ao qual realmente haviam ido. Na primeira oportunidade, perguntou a Rosana, que demonstrou estar arrependida:

— Sai dessa, não vou dizer, não.

— Por quê?

— Pra depois você ir lá e uma *fanchona* tirar você de mim?

— Me tirar de você? Uma *fanchona*? Que quer dizer com isso?

Rosana ficou vermelha, passou a mão pelo rosto e gaguejou:

— Eu sei que você não é minha, mas lá não é ambiente e, de repente, vai que dá na sua cabecinha de ir até lá? É um perigo, sabe. Esquece, acho bom nem lembrar que passou em frente. Se eu fosse mais inteligente, se não estivesse pirada como estava, não tinha levado você lá. Você mesma ficou assustada com os tipos que viu na porta. Olha, Andréa, vai por mim, esquece, tá? Vá ao Piolin, lá é outra coisa, mais pra gente legal.

— Está bem, se não quer dizer, não diga. Mas eu não iria mesmo, teria vergonha.

— Mas se você puder, um dia, dar uma escapada e quiser ir comigo, a gente pode dar um pulo na boate. Você vai gostar do *pedaço*. Uma noite dessas, não dá pra você sair? Curtir um som?

— Você costuma ir?

— Às vezes.

Cecília voltou, seguida por Bárbara. Andréa viu Munique dançando de rosto colado com Lauro, que desviou o olhar quando percebeu que Andréa os estava observando. Andréa olhou para Rosana. Não restava dúvida sobre o que estavam pensando a respeito das duas. E não havia um fundo de verdade?

CAPÍTULO 20

As tarefas escolares acumulavam-se. Depois da noite de seu aniversário, Andréa sofrerá uma mudança que não poderia deixar de ser notada por aqueles com quem convivia. Passava a maior parte do tempo trancafiada no quarto, ou então na biblioteca vasculhando livros à procura de explicações que nunca dizia o que era, respondendo laconicamente as perguntas que lhe faziam:

— Estou tentando definir mais adequadamente o sentido de determinadas palavras.

Na realidade, o que lhe interessava tanto eram as palavras relacionadas a sexo.

Rosana emprestara-lhe alguns livros, e ela mudava as capas por capas de livros de estudo para poder lê-los. Eram livros sobre homossexualismo e, lógico, haveriam de querer saber por que razão ela estaria interessando-se por aquela espécie de leitura.

E era durante a noite que o imprescindível vinha confirmar a razão das atitudes estranhas de Andréa. Chegava ao auge de masturbar-se. O vício tomava conta dela, levando-a a percorrer inconscientemente a vereda da loucura. Das sombras da noite desprendia-se o vulto de uma alucinação que vinha fazer com ela coisas bárbaras, recorrendo aos mais torpes meios para saciar seus desejos.

O sangue fervia. Não conseguia dormir. Virava-se na cama e apertava as mãos contra o ventre como se quisesse impedir que a sensação que lhe queimava dentro a fizesse ir além do que a levava a imaginação. Lutava para vencer a ânsia que lhe intumescia o sexo, obrigava a deslizar as mãos para mais abaixo do ventre e acariciar-se para conseguir estancar a sede que a alucinava. Não podendo mais se conter, levantou-se e espiou pelo corredor. Tudo vazio e silencioso. Indubitavelmente, àquelas horas pai e mãe já dormiam pesado.

Desceu as escadas e vacilou antes de entrar no laboratório. Trêmula de medo, pegou a chave e abriu o armário. A porta de metal fez barulho ao correr nos trilhos. Ficou em silêncio por um momento e logo se pôs a ler os rótulos dos frascos. Nomes estranhos e complicados, sem bula. Como poderia saber qual poderia tomar? O estômago contraiu-se.

Dentre todos, encontrou, finalmente, alguns que pareciam muito com o vidro de calmantes de sua mãe. Rápida, abriu-o e tirou algumas cápsulas. Fechou-o e abriu-o de novo, pôs as pílulas dentro do vidro e guardou-o no bolso do pijama. Fechou a porta do armário depois de ter espalhado os vidros em ordem para que o pai não desse falta daquele. Recolocou a chave no lugar e saiu da sala. Subiu as escadas e foi para o banheiro. Fechou a porta e abriu o armarinho espelhado da parede sobre a pia. Pegou o vidro de calmantes de sua mãe e comparou-o com o outro. Eram completamente diferentes os nomes. Apenas o rótulo era igual. Sacudiu os ombros e repôs o vidro no lugar. Abriu o que tirara do laboratório e pegou uma cápsula. Encheu um copo com água e vacilou antes de tomar. A pílula era tão pequena que ela não acreditou que pudesse fazer efeito contra tanto nervosismo e desejo, e tomou mais uma. Como se acreditasse que ainda não era suficiente, levou outra à boca. Seria mais difícil o pai dar pela falta do vidro de comprimidos do que sua mãe perceber, se ela estivesse tomando dos dela? Ouvira-a, uma vez, comentar que estavam faltando pílulas, e os dois ralharam com Buby, que jurara e chorara que não mexera no armário de remédios. Ela acreditara no irmão e dona Júlia ficara preocupada, ensimesmada. Lembrou-se do comentário que fizera: "Será possível que o vidro continha menos pílulas? Passarei a contar as dos próximos". E seu pai retrucara: "É possível, um erro de máquina de laboratório, ou você deixou cair e não viu".

Abriu a porta, apagou a luz e voltou para o quarto. Já no meio do corredor pareceu que tudo girava à sua volta e, de súbito, teve a impressão de que as pupilas lhe corriam dentro das órbitas, de um lado para outro, como se estivesse ficando vesga. Amparou-se na parede e conseguiu, passo a passo, espichando as pernas como se estas tivessem virado de borracha, entrar no quarto. Fechou a porta e atirou-se em tantos outros passos trôpegos sobre a cama. Tudo nela se contraía numa sensação de enjoo; uma sensação mais forte a fazia leve, parecia um corpo vazio, etéreo, flutuando no espaço. Logo, uma convulsão agitou-a; estorceu-se, trincou os dentes, sentiu-se forte, ágil, capaz de correr, de voar, de atravessar a parede e correr sem parar, até chegar aonde? À praça onde morava Berenice. E trincou os dentes, rangeu-os com fúria, murmurando o nome dela. Ah!, se Berenice estivesse ali, contar-lhe-ia tudo, o que sentia, o que era, o que desejava. Desejava-a. Jogou-se na cama. Riu, chorou, chamou por ela em suspiros ofegantes. Gemidos ardorosos escapavam de seus lábios, que ficavam cada vez mais secos, a língua engrossando dentro da boca. Por que tomara o calmante? Para acalmar-se, óbvio. Mas não se acalmava, não adiantava; ao contrário a fúria crescia, parecia que tomara fogo líquido. E foi então que, diante dela, uma visão se formou. Surgiu das trevas, do seu delírio e atirou-se sobre ela. Subjugava-a, ferindo-a, querendo possuí-la, e ela, exasperada, entregava-se e descia mãos frias e nervosas em direção à fogueira que queimava, agora em espasmos sucessivos e intermináveis. Suava, esgotava-se em movimentos histéricos, contorcendo-se, gemendo, rindo, chorando, feito uma doida. Milhões de rostos, sempre o mesmo, a mesma fisionomia desfilava ante seus olhos baratinados. Estava de olhos abertos ou com eles fechados? Tudo girava, ela gritava e continuava num remoinho, como se a tivessem prendido pelas pernas e a estivessem girando vertiginosamente enquanto línguas de fogo deslizavam pelo seu corpo, sugando-a com fúria. Sempre a professora tateando-a com aquelas mãos amadas, que agora se metiam dentro dela e rebuscavam seu ventre como à procura de alguma coisa. Doía, sentia prazer, náusea, parecia que estava sangrando, como se aquela mão que se enterrava em sua vagina lhe estivesse arrancando tudo. Uma náusea mais forte mal lhe deu tempo para debruçar a cabeça para fora da cama e vomitar uma água esbranquiçada. Teve um instante de lucidez, numa contração de vômito. Eram suas próprias mãos que, numa fúria diabólica, lhe arreganhavam o sexo, e seus dedos metiam-se pela vagina, movimentando-se em suas próprias entranhas.

Entre as visões que se embaralhavam, enlouquecendo-a com sensações fortes, em arrebatados espasmos, ia sofrendo a mais alucinante emoção, tão alucinante quanto horrorosa a impressão de que estava sendo vítima do desejo do próprio demônio, que subira ao mundo para possuí-la.

Desfaleceu depois de se contorcer numa vertigem provocada pelo orgasmo que lhe umedecia as coxas. Voltou a si pouco a pouco e, de novo, vagarosamente foi perdendo a consciência num sono profundo.

A loucura terminara, e sonhos paradisíacos, que ela jamais poderia conscientemente inventar, açoitaram-lhe o cérebro, enchendo-o de fantasias. E tudo revirou em fantasias como se ela se tivesse desdobrado em milhares de si mesma e percorrido todas as partes do mundo ao mesmo tempo.

Cedo despertou e tudo lhe pareceu absurdo. Debruçou-se na beira da cama e viu, lá no chão, a prova da noite louca. Passou a mão pela testa e sentiu-se fria, quase sem forças, como se tudo o que se passara naqueles momentos a tivesse aniquilado de tal maneira que o próprio cansaço se converteu numa sensação gostosa, na embriaguez agradável do anestesiante formigando dentro e por sob o couro cabeludo. As pontas dos dedos insensíveis, um gosto amargo e gosmento contraindo a garganta. Levantou-se cambaleando no primeiro passo, pôs-se firme e foi limpar o chão antes que a mãe pudesse entrar no quarto para chamá-la. Depois foi para o banheiro e ligou o chuveiro. Tomaria um banho e tudo voltaria ao normal. Quando foi tirar o paletó do pijama é que se lembrou do vidro de pílulas. Saiu do banheiro correndo e procurou-o entre as cobertas em desordem. Encontrou-o no chão, ao lado da cama. Olhou ao redor, à procura de um lugar para escondê-lo. Durante a noite, iria recolocá-lo no lugar de onde o tirara para evitar que pudesse acontecer algo mais estranho do que aquelas alucinações. Sim, porque só poderiam ter sido provocadas por aquelas pílulas misteriosas que, longe de acalmar, a tinham enlouquecido. Resolveu colocá-lo por trás dos dicionários. Ninguém mexia ali, era muito alto para Buby alcançar, mesmo com o auxílio de uma cadeira. E, assim, tranquila, acabou de vestir-se.

No colégio, Andréa esquivava-se das colegas e mantinha-se afastada, pensativa. Cecília, entretanto, não se cansava de procurá-la, mas não conseguia mais do que trocar duas palavras, pois Andréa desculpava-se, pedia licença e distanciava-se, sem se importar com a preocupação da amiga, que fazia perguntas, se precisava de alguma coisa, se podia ajudá-la.

– Podia, sim, Cecília. Me deixa sozinha, não tenho vontade de conversar com ninguém.

A presença da professora, entretanto, pareceu ter o mesmo efeito das pílulas. O coração disparou, seus olhos lampejaram, ficou trêmula e não podia disfarçar a sensação que lhe percorria o corpo. Estirava os lábios disfarçadamente em gestos lascivos, empinava os seios, corria as pupilas para o canto dos olhos. Sentou-se meio de lado para que ela, ao passar pela ala de carteiras, tivesse de lhe pedir licença. Dona Berenice percebeu suas manobras e esquivava-se, evitando olhar para ela. Afastou-se para o fundo da sala e ficou ditando pontos.

Pontos! Andréa só absorvia a voz dela. As palavras não tinham significado; que lhe interessava saber que a pintura espanhola se destaca com El Greco, que Diego Velasquez é o mais original da escola espanhola, saber de obras como *As Meninas,* a *Rendição de Bredá* e a mais perfeita de todas, *Os Bêbados*; que o criador do teatro Espanhol foi Lope de Vega; que *D. Quixote de la Mancha* foi escrito por Miguel de Cervantes, fina sátira à sociedade feudal decadente da Espanha, com seu estilo dramático-cômico?! Renascimento! As causas do Renascimento – a imprensa e o papel, algumas das causas, desenvolvimento do comércio, ela falava, falava, e sua voz era doce na arte de ensinar. Papo-furado, não queria saber de história, só ouvi-la falar. Renascimento na Itália, França, Inglaterra, Espanha, Portugal, tudo renascendo e a sensação crescendo dentro dela. Se quisesse vê-la, teria de se voltar, porque Berenice estava lá no fundo da sala.

Sentiu raiva. Todos ali, estudando. Escrevendo o que ela ditava.

Manada de imbecis! Começou a escrever, furiosa. Já não ouvia dona Berenice falar.

Dona Berenice parou perto de sua carteira.

– Entregue-me isso.

Andréa tentara colocar sob o caderno as folhas onde estivera escrevendo. Vacilou. Dona Berenice ergueu o caderno e pegou a folha dobrada. E leu. Primeiro para si, depois em voz alta. Havia ironia em sua voz:

Estudem! Estudem! Para quê? Encham a cabeça com dados históricos, datas, revoluções, nomes, política! Aprendam acórdãos, decorem siglas, artigos de direito penal, civil, trabalhista! Ciências pedagógicas, teológicas, tecnológicas!

Descubram a causa das guerras, guerrilhas. Terrorismo! Vietnã! Israel! Confraternização! União Brasil-Portugal! Estudem! Estudem! Equilíbrio, elétrons, prótons, nêutrons.

A velocidade do som superada pela máquina! O homem substituído pelo botão. A vida eletronizada. A açambarcadora cibernética! O polvo que envolveu o mundo! Cartões. Respostas impressas na voz das palavras programadas. Advoguem!

O astronauta não voltou da Lua, perdeu-se no mar das Tormentas buscando o mar da Tranquilidade.

Mente! Gira, gira. Gira! A esfera equilibrada pela Lei da Gravidade! A ideia grita, cresce, desenvolve, a criatura torna-se xifópaga: uma cabeça para pensar, fazer cálculos, perguntas e decorar ciências! A outra para responder, praticar, executar! Buscar mais ciências.

Corra! Suba degraus até o Infinito do Saber. Toga! Beca! Chapéu sem dois Juros. Orelhas encolhem, somem! Na próxima geração, os homens nascerão sem orelhas, e as mulheres, com mais músculos. Pescoço engorda, barriga avulta, as rugas se multiplicam, o cérebro estufa!

Saber mais! Você mais do que os outros! A faculdade! A cola. Surgirão Instituições de Aprimoramento da Arte de Colar. A cola é impresso popular na

Xerox multiplicadora de leis, dados históricos, datas e nomes, e a sua fotografia também! Sorria! Bonito! O sorriso não muda! O que muda é a cor do impresso.

O calor arrebenta! Cada um para sua cadeira! Plateia vazia! Lembra o palco. O professor falando, falando, súmulas, apostilas, provas, médias, pontos. Exames. Fechou! O gol do estudante: Fechooouuu! Doutores! Fulano e Fulana! Sobram títulos, faltam ofícios para tantos sábios.

O pior: corre, mais depressa, não pode parar, buzinas, apitos, palavrões, toca pra frente, não pode descer, não pode entrar, o guarda multa ou o carro de trás atropela. Sempre a contravenção. A CON-TRAVENÇÃO!... O féretro atrapalha o trânsito. Cemitérios abertos à noite?! Invasão ao silêncio.

Lá vai o doutor, comido pelo verme que outro médico não matou. Lá vai outro cirurgião, avental branco, vender acetilsalicílico no balcão da farmácia! Ordenado comum, minguado. Muitos doentes, médicos sobrando, hospitais lotados! A morte sempre chegando. Para que correr tanto? O amor é tudo!

Tome um cálice de vinho rosado Primavera, lá de São Roque.

Vale a pena estudar? Claro! De que jeito poderei ficar rica, ganhar mais dinheiro, ser respeitada, ser chamada de doutora? Comprar meu automóvel, minha casa, satisfazer meus desejos?

Ah!, deliciosa pobreza! As flores, a fome, o céu, o amor sem medo, a cova...

Todos continuaram em silêncio. Andréa encarava-a. Dona Berenice encarou-a também por alguns instantes mais e falou:

— Escrevendo coisas que não têm nada a ver com a aula. Não copiou nada do que ditei. Isto que está escrito aqui é negativismo, desajuste intelectual.

— É a verdade como a interpreto.

— Está sendo insolente?

— Um aluno não pode rebater com seu ponto de vista? Não pode ter a própria opinião a respeito da vida?

— E é isso o que pensa? Que não vale a pena estudar?

— Não é bem isso. Apenas não sou bitolada. Acho que há uma inflação de vocações, um corre-corre à caça de títulos. Todos querem ser os tais.

— Estamos numa era avançada.

— É. Tudo avança, eu mesmo contradigo o que escrevo. São apenas ideias passageiras, eu me reformulo a cada instante. Não se preocupe, minhas ideias são antíteses de si mesmas.

— Mas você não acha bonito para um país que se agiganta cada vez mais que todos, sem exceção, procurem caminhar lado a lado, lutando por ideais, estudando, aprimorando-se para melhor enfrentar a vida?

— É. Há muita argumentação.

As duas continuavam se encarando.

— Por que escreveu tais coisas?

— Porque acho que são verdades.

— O que a faz pensar isso?

— Leio jornais. Ouço conversas. As pessoas vivem aflitas. Eu acho que nem vai sobrar lugar para mim num mundo onde todos serão doutores. Está sendo empreendida uma corrida, neste século, uma corrida acelerada, desenfreada. Tudo parece cheirar a comércio. É uma industrialização geral.

— Você tem ideias muito perigosas para sua idade. Isso é pessimismo, descrença nos valores. Agora, uma advertência: que seja a última vez que escreve durante minha aula coisas que não dizem respeito à matéria. Desta vez, passa. Espero que consiga recuperar o tempo perdido.

Dona Berenice entregou a folha de papel, e Andréa, ainda a encarando, rasgou-a em três pedaços. Dona Berenice olhou-a ainda uns instantes, como se estivesse ensaiando uma decisão. Mas não disse nada mais. Foi até à mesa, ao mesmo tempo que se ouvia o sinal do término da aula.

CAPÍTULO 21

Quase ao final da penúltima aula, avisaram que o período terminaria mais cedo. A chuva amainara, mas continuava. Andréa estava arrepiada. Rosana acercou-se dela na rua, porém ela se afastou, demonstrando que não tinha vontade de conversar com ninguém, e foi tão acintosa na sua atitude que Rosana não teve coragem de insistir. Atravessou a rua e desceu em direção ao ponto de ônibus. O frio cortava, e ela, cruzando os braços sobre o peito, carregando os livros, apoiando neles o queixo, maldizia-se por não ter escutado sua mãe, nessa manhã, e levado um agasalho e guarda-chuva.

Na noite anterior, sofrera terrivelmente, pois tivera de lutar contra o desejo e a necessidade de tomar as pílulas, que haviam terminado. O pai viajara e trancara a porta do laboratório. Contudo, se na noite anterior se exasperara, agora se sentia mais calma, acreditando que se livrara da influência do vício.

Seria horrível aguentar a situação, ver Berenice, pensar nela o tempo todo, imaginar coisas e não conseguir dormir. Nas noites seguintes, o calmante fizera efeito e ela conseguira dormir; só na primeira vez em que tomara tivera aquela reação estranha. Mas os sonhos continuavam. Era mesmo como se se desdobrasse, se multiplicasse, saísse do próprio corpo e assistisse às loucuras que praticava durante os instantes de alucinação. Não fizera mais efeito, ou ela já não sabia mais distinguir a realidade do sonho e vivia todas as noites em doentios delírios? Que importava? Estava se consumindo nas labaredas de uma paixão que nunca teria solução. Precisava superar a si própria e, qualquer que fosse o meio para o qual apelasse para se livrar do sofrimento, estaria agindo certo, pois estava sofrendo muito.

Alguém a chamava. Virou o rosto. Mal podia acreditar. Ao meio fio, o SP2 estava parado, e dona Berenice a chamava, cabeça metida para fora da janela do carro.

— Andréa, venha.

Acercou-se. Estava surpresa, mal soube como perguntou:

— Sim?

A professora se debruçou para o outro lado e empurrou a porta, que abriu. Voltou-se e tornou a falar:

— Entre.

Andréa ficou indecisa, olhando para ela atoleimada, os lábios pendidos no seu jeito sensual. Dona Berenice insistiu:

— Entre, Andréa.

Deu a volta. Parou. Olhou para os lados. Não estava acreditando no que acontecia. Entrou. Sentou-se. Olhou para ela interrogativamente. Berenice fez um gesto com os lábios, ia dizer qualquer coisa, engasgou. O olhar de Andréa queimava. Desviou o olhar e deu partida ao carro. Antes de pô-lo em movimento, tornou a olhá-la.

— Feche a porta.

Andréa puxou-a e bateu com força. Tornou a olhar para dona Berenice com ar indagador, mas não proferiu palavra. O SP2 avançou pela avenida.

Andréa olhava pela janela e percebia as casas afastarem-se, primeiramente entre espaços de terrenos baldios e, depois, de distância a distância, uma ou outra construção, até que nada mais que árvores ladeava a estrada, que se perdia de vista.

— Não trocamos palavra. Por quê?

Andréa não respondeu.

— Você não vai perguntar para onde a estou levando?

A voz dela soou pesada e rouca, profundamente nova, cheia de insinuações.

Andréa voltou-se para fitá-la de frente e apenas acenou que não com a cabeça. As duas prosseguiram em silêncio novamente.

— Para um lugar bem longe. Para minha casa de campo, onde me escondo do mundo, às vezes.

Ficou séria e logo tomou expressão calorosa, como se uma luta entre a razão e a loucura se travasse dentro dela. A mão de Berenice alongou-se num gesto do braço, que se estendeu para Andréa, e tocou-a no rosto. Uma carícia leve, de dedos medrosos que não resistiam mais. Passeou pelos seus cabelos, de súbito segurou-a pelo braço, num gesto nervoso.

Andréa estremeceu, e seus olhos, tremeluzindo lacrimosos, eram uma tocha ardendo em cada pupila. Berenice puxou-a.

— Venha para perto de mim.

Andréa movimentou-se no banco como se hipnotizada.

— Não está com medo? Sei o que é. Sabemos o que somos. Responda, está com medo de mim? Teme alguma coisa? Quer que a leve para sua casa? Que desista?

Andréa apenas acenou negativamente.

Berenice espichou a perna de um jeito que as duas se roçassem, e, ao contacto da perna dela contra a sua, Andréa sentiu um tremor forte e começou a transpirar. Berenice olhou-a de lado, mas de muito perto; seus olhos pareciam ameaçadores, como o olhar de um tarado premeditando um estupro. A língua dela surgiu por entre os lábios e umedeceu a polpa avermelhada, que notou ter mais vida que as de uma jovem da sua idade.

— Eu a desejo, Andréa, e arrisco tudo. Não suporto mais, não aguento mais. É uma loucura que não posso evitar, e eu sei que vou me arrepender.

A voz dela cortou como uma rajada de vento arrasador. Trêmula, áfona, quase perversa, egoísta, exaltando atração sexual, desejo. Seu olhar, contudo, impertinente, aguçado, transmitia algo mais forte, vibrante, poderoso que fazia Andréa esmaecer em ondas de vertigens estranhas.

A mão de Berenice deslizou pelo seu ombro, desceu pelo braço, espalmou-se contra a mão dela. Os dedos movimentaram-se contra a palma da mão dela, num convite malicioso. Um arrepio percorreu-a. Berenice continuava atrevidamente tateando-a, descendo pelo regaço; apertou-lhe a coxa por cima da saia. Tudo sem olhar para ela, dirigindo com a mão esquerda, olhando para a estrada. Ela também olhava pela janela, a cabeça voltada para o outro lado, sem coragem de fitar Berenice. Não se mexia. Deixava-a passear a mão pelo seu corpo. Estava desfazendo-se em arrepios. Sentiu a mão deslizando novamente, subir mais audaciosa, entrar pelo decote da blusa, depois de desabotoar um botão e espalmar-se em seu seio. O corpo de Andréa estava tenso. Olhou para a mão metida no decote da blusa, dentro da concha do sutiã e um tremor mais forte a agitou. Um carro vindo em direção oposta assustou as duas. Berenice retirou a mão e segurou o volante. Por algum tempo, ficou quieta. Só a respiração ofegante e seus olhos incansavelmente se desviando da estrada para olhá-la e se desviando dela para prestar atenção na estrada.

— Você vai ser minha. Não vai?

Andréa estremeceu de novo ao som imperativo da voz dela. Como se atrevia a tanto, desafiando e arriscando tudo? Como era possível que a tratasse assim e ela cedesse, permanecesse quieta, deixando, esperando, querendo, assustada, gostando, febril, louca para que a tocasse novamente? Como seria possível que tudo aquilo estivesse acontecendo? Estaria sonhando? Andréa entreabriu os lábios para falar, e tudo o que fez foi gemer, sussurrar um suspiro, um som sem significado, apenas uma expressão de desejo:

— Ahhhn?

— Não diga nada, não pergunte nada. Você é linda. Não destrua meu sonho. É uma alucinação de todas as minhas noites. Estou louca, sim, não importa. Desde que você apareceu, minhas horas têm sido de tormento. Eu não supero, não resisti vendo-a ali na chuva; teria de ser hoje, não outro dia, nem amanhã, nem ontem, teria de ser hoje, neste momento, nas horas que virão. Não poderia demorar mais. Eu atingi o ápice da loucura. O clímax da falta de bom senso. Está com medo? É como eu? Estou enganada? É lésbica. Tem de ser.

Calou-se aturdida ao som das próprias palavras. Andréa semicerrou os olhos, apertou os lábios, também sofria a mesma obsessão. Ali estava, arrastando-se no banco para ficar mais perto dela, para que ela acabasse com aquela tortura, com aquele desejo indomável. Espremeu-se de encontro ao corpo de Berenice e estendeu a mão para que ela a apertasse contra a sua.

— Você esperava? Queria? Sabia que eu ainda entregaria os pontos? Que faria o que estou fazendo? Que perderia a noção de tudo, da minha responsabilidade, e chamaria você, na primeira oportunidade, para que viesse? Não foi nada premeditado, ou foi? Foi um impulso, uma força estranha que me dominou quando a vi no ponto de ônibus, desagasalhada, com frio, na chuva, desprotegida. Seu pai não viria, era muito cedo, pensei rápido. Não, não podia perder a oportunidade. Meu coração saltou, fiquei com os olhos pregados em você. O carro parou sozinho, não sei como chamei você. Preciso de você.

Compreendeu o que ela queria dizer.

— Você ainda não disse nenhuma palavra. Fale, quero ouvir sua voz, diga alguma coisa.

Andréa inclinou a cabeça. O coração pulsava descontrolado. Ergueu a mão dela e apertou-a contra os seios. Veio-lhe aos lábios um sussurro, e ela compreendeu, no hálito quente e perfumado, fugir como que um gemido:

— Berenice...

Andréa simultaneamente afastou-se, desprendendo-se da mão dela, e recostou-se contra a porta.

— Por que fugiu?

Ela arregalou os olhos, semicerrou-os, passou a mão pelo rosto como se espantasse uma preocupação e perguntou timidamente, como se tivesse medo de ofendê-la com sua curiosidade e receio:

— Para onde está me levando?

— Eldorado. De lá, telefonaremos para sua casa. Falarei com sua mãe. Darei uma boa desculpa. Tem medo?

— Não. Nada me importa.

Ficaram em silêncio longo tempo. Diminuiu a marcha, fez conversão, a água de uma poça espirrou sob o peso da roda do carro em movimento, o vidro ficou sujo de barro e nada se podia ver através dele. Finalmente, Berenice estacionou o carro e desceu. Abriu a porta do outro lado, onde Andréa estava, e chamou-a.

— Venha. Parou de chover, mas vai começar de novo. Desça.

Andréa viu uma casa de tijolos à vista e troncos no meio de vastíssimo gramado e árvores frondosas. Tudo sombrio e cinzento, nublado e úmido. Muito frio. Tremeu. Berenice insistiu no chamado:

— Venha. Você sabe que quer, não tarde mais, venha pra mim. Andréa saltou, percebendo no desejo dela o seu próprio delírio.

Berenice bateu a porta do carro, olhou para o chão e notou os sapatos de tiras, os dedos de fora, esmaltados, os pés molhados. Abraçou-a ali mesmo, num impulso irresistível, suas mãos apertando-a contra si tateavam-lhe as coxas. Andréa arrepiava-se e permanecia em silêncio e passiva, atordoada demais para ter qualquer reação. Berenice puxou-a pela mão:

— Venha.

As duas correram de mãos dadas. Berenice tirou uma chave do bolso e abriu a porta:

— Entre.

Andréa deu um passo, e Berenice avançou atrás dela. Fechou a porta e agarrou-a pela cintura. Andréa sentiu-a nas suas costas, toda colada, espremendo-se contra seu corpo, tateando-a de cima para baixo.

Num impulso imprevisto, desvencilhou-se e correu para o meio da saleta. Berenice caminhou vagarosamente em sua direção.

— Quero você, Andréa, a qualquer preço. Tudo tem um preço na vida, não tem? O tributo da coragem, quando não é uma medalha, é a morte, não é? Você vai ser minha. Nunca mais será de ninguém. Se eu fosse um homem de verdade, pouparia? Deixaria você passar para chegar aos braços de outro mais corajoso? Se eu fosse um homem de verdade, desprezaria seus olhares? Morreria de desejo ou iria procurar uma prostituta? Se eu fosse um homem de verdade, apaixonada como estou, não arriscaria tudo para tê-la ao menos uma vez? Só que eu vou pedir para que você peça, para não haver arrependimento depois. Você vai pedir, não é, Andréa?

Andréa estava se deliciando, mas a preocupação também a atordoava.

— Sim, vou pedir para que telefone para casa, dando uma desculpa qualquer, por favor.

Viu-a pegar o telefone, que estava bem ao alcance de sua mão, numa mesinha do canto. Discou. Sabia o número de cor.

Trocou algumas palavras com a mãe de Andréa. Parecia muito segura de si, como se estivesse acostumada a situações como essa.

Andréa desconfiou, e uma vaga de ressentimento e medo perpassou pelos seus olhos.

— Faz sempre isto com suas alunas?

Berenice acabara de desligar o telefone. Encarou-a com expressão indignada e ofendida. Não respondeu. Bastara olhar daquele jeito, a mágoa que sentiu dispensou palavras, estava tudo bem definido na expressão do seu rosto.

— Bárbara contou-me coisas...

— Bárbara tem imaginação.

— Ouvi falar que...

Berenice cortou, avançando em direção a ela, calma, com uma intenção irresistível:

— Falam muita coisa.

Andréa recuava, Berenice alcançava-a, calma, fitando-a de tal modo que parecia querer hipnotizá-la. Estirou os braços, e as mãos práticas desceram pelos seus ombros, correram o zíper da saia, que deslizou para o chão. Desabotoou a blusa. Andréa cruzou os braços para que ela não a despisse. Berenice choramingou:

— Deixa.

Os braços de Andréa descaíram ao longo do corpo. Berenice tirou-lhe a blusa. Andréa tremia, de calcinha e sutiã.

— Está com frio. Venha.

Levou-a pela mão até o quarto. Andréa olhou para a cama e olhou para os pés.

— Estão sujos de barro.

Berenice abriu um armário, tirou um roupão de toalha azul e jogou-o para ela.

— Primeira porta à direita, quer tomar um banho?

Berenice abriu a porta à direita, no quarto, e Andréa passou para o banheiro. Berenice abriu as torneiras, ligou o chuveiro, passou a mão pelas costas dela e pegou um sabonete, que desembrulhou e entregou para ela.

— A água é quentinha, seu corpo ficará morno, não sentirá mais frio. Ponha a touca de banho.

Berenice saiu do banheiro e Andréa entrou debaixo do chuveiro. Parecia um sonho. Um sonho lindo que ela julgara jamais realizar. O que iria acontecer? A espuma perfumada escorreu pelo seu corpo.

Quando saiu do banheiro, Berenice estava deitada sob as cobertas e estendeu os braços, chamando-a:

— Vem. Depressa. Você demorou muito.

Andréa ficou olhando para ela, enrolada na toalha, e ajoelhou-se na beira da cama. Olhos nos olhos, as duas ficaram em silêncio, fitando-se. Andréa debruçou-se, Berenice recolheu-a nos braços. O rosto aproximando-se, a boca entreabrindo-se, os olhos semicerrando-se. Quase lábios entre os lábios dela, Berenice murmurou:

— Você me enlouquece.

E as bocas se esmagaram num beijo doido e frenético. Num movimento rápido, Berenice deitou-a na cama e estendeu-se em cima dela, esfregando-se, assanhando-a, as mãos percorrendo-lhe o corpo nu.

— Eu vou fazer o que um homem faria. Você é virgem? É? É virgem, Andréa? É?

— Sou. Por quê?

— Tem medo de mim?

— Não.

— O que sente?

— Não sei.

— Eu amo você.

— Eu amo você.

— Eu quero você.

— Eu quero ser sua.

— Sempre sonhei com isto.

— Eu também. Pensei que estava louca.

— Nós estamos loucas.

— Que bom, amor!

— Repete.

— Que bom, amor!

— Posso fazer tudo o que eu quiser?

— Eu quero que você faça tudo.

— Mesmo que...

— Mesmo que o quê?

Sussurravam, trocando beijos, as mãos de Berenice ora descendo, ora subindo, afagando-lhe os seios, provocando-lhe arrepios.

— Mesmo que eu a machuque, que você deixe de ser virgem.
— Isso é possível?
— Se me ama, é.
— Então faça. Faça tudo. Eu quero.
— Pede.
— Me possua.
— Como?
— Do jeito que você sabe, do jeito que quiser, com amor.
— Vai doer.
— Será uma delícia.
— É capaz de imaginar como?
— Não.
— Pensa que vou usar meus dedos?
— Não é?
— Não.
— Então não sei.
— Fale. Fale o que pensa. É preciso falar. Falar fazendo sexo excita, e sua voz me queima. Fale, Andréa, fale.
— Não sei.

Eram gemidos sufocados. Andréa suava sentindo-a roçar em cima dela, as mãos percorrendo-a, os lábios sugando-a, Berenice descendo, passeando pelo seu corpo com língua de fogo, labaredas torturando-a. Depois afastou-se. Prestou atenção em seus movimentos. O que estava fazendo? Pondo uma calcinha? Não, não era. Gestos estranhos. Voltou para a cama e ela viu, teve a impressão de que viu. Berenice estava louca. E ela também. Não se movia. Continuava ali. Por quê? Não tinha forças para se mover e, agora, assustada, indignada, apavorada, sabia o que ia acontecer.

Tentou mover-se, não conseguiu. Berenice deitou ao lado, passou as mãos pelas suas coxas, pelos seus seios. Demorava-se, deliberadamente, provocando, fazendo-a sentir coisas que nunca pudera imaginar que fosse capaz de sentir, com tanto medo, ao mesmo tempo. Depois debruçou-se, enfiou a cabeça entre suas pernas, como Rosana fizera, e chupou-a. Quando percebeu seus primeiros estremecimentos, afastou-se e ficou quieta, ao lado, espiando-a. Andréa estendeu os braços e puxou-a. Não aguentava mais:

— Você está me judiando.

— Pede.

— Faz.

— Eu quero que você diga.

— O quê?

— Você sabe.

— Não sei.

— Eu quero ouvir você dizer que é minha, que quer ser minha, que eu a faça.

— Me faça. Me possua.

— Você sabe como?

— Como se fosse meu homem.

— Nunca serei seu homem, como uma mulher pode possuir outra mulher, mas eu serei tudo, até o impossível.

— Me desvirginando?

— Você é mesmo doida. Está me enlouquecendo.

Berenice ajeitou-se em cima dela. Andréa continuava imóvel, o coração pulsando forte, agora com os olhos arregalados, com muito medo, as mãos geladas, suando, os lábios semiabertos, querendo gritar e só gemendo, antecipando as coisas.

— Abre as pernas.

Andréa demorou. Berenice empurrou-lhe as pernas, separando-as com os joelhos. Andréa estava vendo o que ela ia fazer. Berenice parecia uma tarada munida com aquele negócio esquisito. Andréa percebia todos os seus movimentos e, embora assustada, seu corpo ardia em febre, aguardando que ela a penetrasse.

Alucinada, os olhos desmesuradamente abertos, fitando-a quase incrédula, foi se aproximando.

Andréa imprevistamente cruzou as pernas.

— Não quero isso. Não quero.

Berenice exasperou-se:

— Deixa, deixa, meu amor, quero possuir você.

Debruçou-se sobre seu corpo, sugou-lhe os seios, mordiscou-lhe o queixo, aproximou a boca da sua e pediu:

— Me dá... me dá sua saliva... na minha boca... quero beber você...

Agarrou-lhe a cabeça entre as mãos e suas bocas esmagaram-se num beijo devorador. Berenice derrubou-a para o lado voltando-a de costas, beijou-lhe a nuca, mordiscou-a toda, voltou-a de frente.

— Venha... seja minha agora... eu a desejo... isso como que faz parte de mim, tal a minha alucinação por você... é um sonho... uma loucura que preciso realizar, senão endoideço. Faça de conta que sou seu homem, seu macho, que você vai dar pra mim, que sou um animal, seu bicho, sua amada, que eu a amo, que você me ama. Entregue-se, por favor, dá você pra mim, me dá...

Arreganhou-lhe as pernas outra vez com os joelhos e meteu-se entre elas. Andréa já não oferecia resistência, estava semidesfalecida de desejo, olhos tontos, embriagada de emoção. Berenice tentou penetrá-la, acercou-se, forçou devagar, sentiu a impossibilidade de prosseguir, ficou nervosa, começou a suar. Era preciso fazer. Tinha de fazer? Por que não? Amava-a, a queria, não iria deixá-la para ninguém, nem para outra mulher, quanto mais para um homem. Falava, Andréa estremecia ao som da voz dela, e com medo daquilo que estava tentando fazer e não conseguia. Já ao primeiro cutucão atemorizou-se e tentou escapar. Berenice parecia chorar, sua voz derramava desejo e arrepios em cima dela. Andréa contorcia-se:

— Ajuda, Andréa, force um pouquinho, dá você pra mim, quero fazer você quieta, quietinha. Não vai doer, mova-se um pouquinho, ajeite-se, por favor, por favor, amor, dá...

Andréa sentiu uma dorzinha aguda, gemeu, tentou livrar-se. Berenice prendeu-a, atirou-se espicaçada pela demora, querendo possuí-la, ansiosa por feri-la de uma vez, alucinada por ouvi-la gemer mais e estorcer-se, presa em seus braços, sob sua pressão. Derrubou-se decidida por cima dela, que lutou horrorizada, vendo a grande arma avançando para atacá-la.

— Deixa, vem pra mim, deixa, Andréa.

Desceu duas, três, quatro vezes, forcejando, avançando sem se importar com os gritos dela, sem se preocupar com seus gemidos e súplicas. Continuou movimentando-se ritmicamente, ora com cuidado, ora apressada, acariciando-a num vaivém superficial, mais brando, moroso, percebendo o afogueamento do gozo estampar-se no rosto dela. Penetrava-a aos poucos, pra dentro, mais pra dentro, invadindo-a. Andréa contorcia-se, Berenice parou, escorreu pelo seu corpo, infiltrou a cabeça por entre as coxas dela feito uma cobra, sugou-a. Andréa começou a tremer. Afastou-se.

— Sinto gosto de sangue. Seu sangue. Minha...

Reiniciou a luta. Entrou mais, num baque-baque de entra e sai, e estava tão compenetrada naquilo que fazia que lhe pareceu sentir o canal vaginal contrair-se em torno do membro. Percebeu que ela sentia um gozo de uma voluptuosidade prolongada. Um dia, introduziria o membro nela e aí o deixaria o maior tempo possível, sem fazer movimento. Cavalgá-la-ia por detrás, introduzindo assim o membro na vagina, à maneira dos animais. Com tais pensamentos, Berenice excitava-se; Andréa gemia, sentindo-a penetrá-la, cabriolando em cima dela. Realizava o impensado, e aquilo não era um simulacro, acontecia mesmo.

Contorcendo-se de dor, gemendo de prazer, apertando-a contra si, soergueu as pernas e, como se tivesse prática, abraçou-a com as pernas, auxiliando-a naquele trabalho que a estava matando de gozos sucessivos e intermináveis porque era Berenice quem a possuía de modo tão extravagante, antinatural, mas poderosamente emocional e excitante. Arranhou-lhe as costas.

Berenice cavalgava o sonho, dominava o mundo, atingia a galáxia, invadia os mistérios mais profundos dos oceanos, voava alto, além de outros mundos, despencava em vertigens, em abismos insondáveis.

Andréa revirou as pupilas nas órbitas ficando quase vesga, trincou os dentes, exalou suspiros, rígida, patética, estatelada contra a cama, a mulher galopando em cima do seu corpo, rasgando-a num lancinante espasmo.

A voz escapou de seus lábios lívidos sem força, um tênue fio de voz:

— Para. Chega. Não aguento mais. Para.

Berenice estava ensopada de suor, descabelada, bêbeda, desvairada. Parou. Retirou o membro devagarinho. Andréa contorceu-se sentindo dor. Acariciou-a, beijou-a com ternura, afagou-a apaixonada, com muito carinho, como algo frágil, triste, deixando uma lágrima escorrer de seus olhos, de tristeza, de felicidade, mística, confusa, com medo de si própria.

— Você está bem?

Andréa escondeu o rosto entre as mãos. Berenice beijou-a:

— Minha criança, olhe para mim, diga que não está com raiva.

— Você me fez mal. Você me aprontou.

— Você me pertence. Com você, só poderia ser assim, uma loucura, tudo. Não deixar nada para ninguém.

Berenice olhou para o lençol manchado de sangue.

— Se eu pudesse, penduraria o lençol na janela do meu apartamento para que todos vissem que desvirginei você.

Ficaram abraçadas em silêncio por algum tempo.

Andréa olhou à volta. Perscrutou as paredes, os móveis rústicos espalhados distantes uns dos outros. Cobriu o corpo com a coberta que puxou de baixo de si, ajeitou os cabelos e perguntou de repente:

— Por que me trouxe aqui? Você planejou? Sabia que eu também queria ser sua? Que estava ficando doente de tanto pensar? Me trouxe aqui só para fazer sexo, para me possuir? Só por desejo? Faz isso sempre?

— Louquinha, claro que não. Isto não se faz sempre, faz-se apenas uma vez na vida. Nunca fiz isto com ninguém, é a primeira vez. Nem poderei esclarecer com honestidade por que e como a trouxe, porque foi uma loucura, um impulso, como se eu estivesse sob efeito de uma hipnose. Via-a sair do colégio e calculei tudo rápido; quando percebi e tomei conta do que fazia, a estava chamando. Não me conformo, nós duas aqui, o que fiz. Eu sonhava, vivia pensando, via você sob meu corpo e eu agindo no seu corpo.

— Jura que nunca usou isso com ninguém?

— Juro.

— Mentira. Claro que usou. Com quem? Com quantas? Quantas alunas desvirginou?

Andréa estava chorando, enciumada, nervosa por tudo.

— Nenhuma. Juro. Creia em mim. Não vê que estou perplexa? Que olho meus dedos com paixão, que estou alucinada, que enlouqueço com o que vejo?

— O quê?

— Há vestígios de sangue neles, do seu sangue. Machuquei você?

— Está doendo. Faça uma carícia.

O olhar de Andréa esgazeava.
— Com beijos?
— Com beijos.
Berenice beijou-lhe o corpo todo, lambeu-a, sugou-a, fez com que ela sentisse mais e delirou quando Andréa gozou em sua boca.
— Berenice...
— Sim?
— Pensava em mim de noite, como eu pensava em você? Imaginava mesmo, calculou tudo isso? Queria que tivesse sido premeditado.
Berenice recostou-se no espaldar da cama e respondeu, volvendo o olhar para distante, como se estivesse se concentrando num momento qualquer de dias passados.
— A todo instante, a via passar diante dos meus olhos provocando-me. Cheguei a odiá-la, nunca ninguém mexeu tanto com meus nervos, nunca mulher alguma excitou-me a ponto de chegar a isto, de engendrar coisas absurdas para possuí-la, fazer coisas que nunca fiz antes. E aqui estou, meditando sobre a enorme diferença da idade que há entre nós.
— Não pense nisso, eu a amo, amo, sabe? Já lhe disse?
— Disse?
— Então digo agora. Amo, amo, amo, amo, estou louca.
Berenice beijou-a com sofreguidão.
Andréa perguntou:
— Onde você adquiriu isso?
— Foi uma amiga que comprou pra mim em Amsterdã.
— Você estava com ela, lá? Foi uma amiga, mesmo?
— Estava. Era uma simples amiga. Foi uma brincadeira.
— Não está mentindo?
— Não.
— Se não pretendia usar com ninguém, por que isto estava aqui?
— Porque guardei aqui. No cofre. Quando você foi tomar banho, peguei. Pensei. Não resisti. Foi uma loucura, já disse. Peguei e deixei numa toalha, ao pé da cama. O resto você sabe como aconteceu. Ou esqueceu?
— Fale a verdade. Usou em outra?
Berenice não respondeu. Andréa ficou triste.

– Esquece. Pense apenas que você é minha, que desvirginei você.
– Mas usou em outra.
Berenice ficou em silêncio.

CAPÍTULO 22

As vozes confundiram-se em apaixonantes colóquios. Os corpos esmagaram-se em frenéticos desvarios. Palpitaram êxtases em convulsões inesgotáveis.

As horas correram, e o estômago contraiu-se. Sentiram fome e recobraram o raciocínio.

Andréa saltou da cama, foi a primeira a perceber a loucura que estavam cometendo:

— Que farei, meu Deus? Que explicação darei a minha mãe? Já é tão tarde. Ela vai olhar pra mim, e eu sentirei medo.

— Medo do quê?

— De tudo. Do que sou. Do que fizemos. O que será de mim?

Andréa sentou-se na beira da cama outra vez. Berenice tomou-a nos braços:

— Está arrependida. Está triste. Não me ama. Eu me enganei.

— Não, não estou arrependida, eu a amo, sim. Foi um momento de fraqueza, entende? Isto nunca aconteceu. Nunca imaginei assim. Sonhava com você, queria ser sua, mas nunca acreditei que acontecesse realmente, e agora tenho certeza de que só serei sua, sempre, de ninguém mais, por toda a minha vida.

Berenice encarou-a:

— Você já teve "caso" com alguém?

— Caso, não.

— Caso, não; então o quê?

— Ah!, não sei.
— Como não sabe? Você ficou vermelha.
— Fiquei?
— Está escondendo algo. Quem? Com quem? O que fizeram? O que houve entre vocês? Ah!, eu sou uma idiota, como poderia imaginar que você nunca tivesse amado, que nunca tivesse pertencido a ninguém antes de mim.
— Foi uma coisa idiota.
— E com quem aconteceu essa coisa idiota?
— Com...
— Fale.
— Não. Pra quê? Não troquemos perguntas sobre o que já fizemos, não será melhor assim?
— Uma menina de 18 anos...
— E o quê?
— Dando-me lições.
— Que lições?
— Nada, esquece. Não adianta. Quero saber. Com quem?
— Rosana.
As duas ficaram em silêncio. Berenice sentiu o sangue fugir do rosto. Andréa percebeu que ela afrouxou, apertou-a nervosa:
— Não fique assim, por favor. Já disse que foi uma coisa idiota.
— O que ela fez?
— Por favor, Berenice. Não faça tais perguntas, fico nervosa, tenho vergonha.
— O que ela fez?
Andréa contou, numa só palavra. Berenice suspirou fundo.
— Você gosta dela?
— Não. Amo você. Eu estava com raiva. Por isso deixei. Você estava com seu noivo. Queria magoar você. Foi na noite do meu aniversário.
Berenice quis saber minuciosamente. Andréa respondia e corava. Berenice ora a apertava, ora a empurrava; tornava a abraçá-la, o ciúme a endoidecia. Estava realmente apaixonada por Andréa.
— Não quero que fale com ela.

Berenice passou a mão pela testa. Sentiu que estava sendo incoerente, exagerada, que não podia se deixar vencer e dominar por emoções negativas. Esboçou um sorriso e tentou refazer-se:

— Não liga, não, querida, esquece, o importante é que me ame, o importante é o irremediável da loucura que cometi. Não sei se devo pedir que me perdoe, mas não consigo me arrepender, não tenho medo, não temo consequências e faria tudo de novo. Vá, vista-se depressa, antes que eu reinicie tudo, até que mate você de tanto *te* fazer...

Parou, levantou-se, foi para a sala e recolheu as roupas dela, que estavam espalhadas pelo chão. Antes de entregá-las, aproximou-se e pôs a mão no ombro dela. Apertou com força. Andréa gemeu. Berenice sorriu deliciada, como se tivesse comprovado que Andréa era real. Deslizou a mão suavemente até os seios, contornou-os, desceu, tateou o corpo todo sentindo-a arrepiar-se e, puxando-a finalmente num abraço, esfregou-se nela, excitando-a. Andréa pendeu a cabeça para trás, lábios entreabertos, olhos semicerrados, pedindo com voz extenuada e trêmula:

— Faz... faz tudo de novo... outra vez...

Berenice deslizou pelo corpo dela, Andréa curvou-se para trás, cambaleou, Berenice a segurava pelas coxas. Andréa estirou-se de costas sobre a cama, Berenice estendeu a mão, apanhou algo. Tudo ao mesmo tempo. Penetrou-a. Andréa gemeu alto, de prazer ou de dor?

— Dói?

— Sim... mas não pare...

Beijou-lhe as coxas e aproximou a boca, grudou-a lá como uma ventosa. Andréa contorceu-se. Tudo ao mesmo tempo. Não, faltava alguma coisa, mas Berenice se conteve, freou seus instintos, que se animalizavam na exploração do corpo daquela menina.

***

Já escurecera quando alcançaram a cidade. Agora permaneciam afastadas dentro do carro como se, de súbito, mútuo ressentimento as impedisse de falar ou manifestar seus sentimentos. Andréa olhou de soslaio para Berenice. Berenice sentiu o olhar dela pousado sobre si e perguntou:

— Está preocupada?

— Com o quê?

— Com o que vai dizer em casa? Não se preocupe. Assim que chegar em casa, diga que eu vou telefonar. Direi que ficamos repassando matéria. Os exames estão próximos, não quero que a filha de um amigo meu repita por negligência, preciso demonstrar meu interesse.

Andréa percebeu tristeza na voz dela, preocupação, alguma coisa que falseava.

— O que você tem? Está arrependida?

— Triste. Porque a amo e você é filha de um amigo meu. Isso explica tudo, não é? Infelizmente, o que você me provoca é mais forte que tudo.

Fitaram-se temerosas, acovardadas. Andréa sorriu e estendeu a mão para a mão dela:

— Não esquenta. Estamos numa era avançada, não disse? Qualquer que seja o meio pelo qual uma mulher perde a virgindade, é questão de prazer. O importante é não morrer sufocando desejos que torturam, nosso meio é esse... nosso método... Interessa é sentir-se amada por quem a gente ama, fechar os olhos e pensar num arrepio que corta a alma: Berenice me aprontou, foi ela quem me fez... fez... fez...

E, voltando-se numa expressão afogueada, perguntou:

— Vai fazer de novo?

Berenice não tinha voz para responder; fascinada, olhava para aquele rosto bonito sentindo que aquela loucura nunca teria fim.

E, de súbito, estremeceu, vendo Andréa recuar, suspirar e dizer maldosamente, fria, calculista, o quê?

— O que aconteceu passou. Pare o carro. É melhor chegar de táxi. Saltarei aqui. Olha, Berenice, não se sinta dona de mim, porque eu também não vou controlar você e suas alunas...

— Que quer dizer? Por que... isso, agora?

Andréa sentiu prazer pelo desespero dela, ao mesmo tempo que sagazmente se prevenia, lembrando Bárbara, dona Cristina e, possivelmente, outras alunas. Tinha de ser forte e não deixar que Berenice pensasse que a derrotara, a tinha feito um carneirinho porque a desvirginara. E ainda reforçou seu pensamento com palavras que fizeram Berenice olhar para ela indignada e incrédula:

— Não se sinta responsável, eu queria de todo modo deixar de ser virgem, ser deflorada por uma mulher. Sou lésbica, isso para mim foi um ritual, meu corpo é livre. Vibrei com você, saí de casa pura e volto como uma puta.

A mão de Berenice, simultaneamente à revolta que lhe ferveu o sangue, desceu numa bofetada violenta contra o rosto, que ficou com quatro dedos marcados. Andréa pestanejou.

Berenice abriu a porta do carro, debruçando-se por cima dela:
— Desça.

Andréa desceu, encarou-a ainda vitoriosa e disse, com raiva:
— Não vou participar do seu harém.

Berenice entendeu tudo e riu. Andréa interpretou mal sua risada e voltou-se de costas, atravessando a rua correndo, sem se importar com a voz de Berenice chamando-a:
— Não, Andréa, não é o que você está pensando.

* * *

Da esquina, pela janela do táxi, viu a mãe nervosa no portão, olhando para os lados. Buby apanhava algo do chão e logo correu pela calçada quando a viu descer do táxi. Dona Júlia, entretanto, demonstrou calma quando perguntou:
— Por que Berenice não telefonou, avisando que você ainda estava com ela?
— Ela não explicou que ia me dar aula? Repassou os pontos, não quer que eu seja reprovada. Diz que é amiga de papai, está preocupada. Ela ia me trazer, mas chegaram outros alunos, então vim de táxi.
— Precisamos agradecer.

Com isso, Andréa sentiu-se segura e tranquila. Dona Júlia não suspeitava de nada, não via nada estranho em seu rosto, nada diferente. Andréa era a mesma de quando saíra pela manhã. Entretanto, parecia regressar de uma longa viagem. O sol do amor a queimara, arrepios estavam grudados em sua pele e mil línguas de águas cristalinas lamberam seu corpo. Uma espada em brasa a penetrara e seu sangue fora sugado pela boca de uma vampira; tornara-se escrava dela, hipnotizada, um robô.

Buby corria na frente dela. Foi até a cozinha e voltou com uma toalha de mesa. Estava gentil.

— Venha jantar, Dré. A comida hoje está uma delícia. Mamãe guardou seu prato.

Ela ia dizer que não tinha fome, mas sentiu que precisava se alimentar. Olhou para o irmão comovida. Dona Júlia acabou de pôr os talheres e foi se sentar no sofá. Estava na hora da novela e não havia tempo a perder, portanto se concentrou na televisão.

Como era tarde! Quanto tempo ficara fora de casa. Fazendo amor com Berenice, dando-se para ela, amando, deixando-se possuir, entregando-se feito uma louca, realizando sonhos que não haviam chegado ao clímax da realidade. A realidade era outra coisa. Buby falava com ela, tentou escutar, forçou atenção, riu da sagacidade do menino:

— Presta atenção, Dré, faz um mês que a novela não sai disso, a gente deixa de assistir e não perde nada, é só ligar de novo que está tudo na mesma. Um ensaio daquele só pra Tarcísio Meira dar um beijo na Glória Menezes, e a mamãe ligadona. Veja, está no *tape* junto com eles. Olha, mana, como ela torce as mãos. Puxa, acho que está apaixonada pelo Tarcísio.

Buby cruzou os braços em cima da mesa e, com o queixo apoiado sobre as costas das mãos, ficou a olhar para a mãe embevecido.

— Então, ela já esqueceu o Francisco Cuoco?

— Ah!, ela é volúvel.

Andréa riu. Dona Júlia olhou para os dois e perguntou:

— Estão falando de mim?

Buby sacudiu a cabeça:

— É. Vou contar pro papai, agora é a vez do Tarcísio Meira. Puxa, a senhora tá com cada olho arregalado olhando pra ele, cuidado que a Glória Menezes sai da tela e vem brigar com a senhora.

Dona Júlia jogou o chinelo na direção dele, brincando:

— Seu pilantra.

Andréa tomou um gole de laranjada, depositou o copo sobre a mesa, enxugou os lábios com o guardanapo, largou o garfo ao lado do prato e perguntou, desconfiada da maneira como Buby a estava encarando:

— O que foi?

— Nada... estou olhando para você.
— Eu estou vendo, mas por que me olha desse jeito?
— Você está diferente. Não brigou comigo, me deu atenção. Qual é a obrigação? Não perguntou o que fiz hoje. Acho que você está doente. Seu olhar está esquisito.

Andréa deu uma risada forçada. Os comentários do irmão afligiram-na. Olhou para a escada e perguntou, a princípio querendo parecer preocupada e, depois, ao perceber no rosto do garoto desenhar-se uma expressão de receio, realmente desconfiada:

— O que você aprontou dessa vez lá em cima?

Buby levantou e correu da sala, subindo as escadas numa disparada.

Andréa saiu em sua perseguição e viu-o invadindo o seu quarto. Alcançou-o a tempo, antes que ele batesse a porta.

— Oh!, que horror!

Seus olhos arregalaram-se diante do rebuliço das coisas. Tudo espalhado pelo chão, numa confusão indescritível.

— Eu ia começar a arrumar, mas não sabia por onde começar.
— Meu Deus! Por quê? Por que toda essa bagunça?
— Eu estava procurando uma pista.

Andréa adiantou-se para o meio do quarto, começando a recolher algumas peças de roupa, e depois correu para a estante. Suspirou tranquilizada ao ver intacta a última prateleira, onde o vidro de *calmantes* estava escondido.

— O que você estava procurando? O que foi que disse?

Sentou-se na cama, largando-se num total desânimo diante da desordem. Buby acercou-se, temeroso, desconfiado. Vendo que ela não se movia, sentou-se na beira da cama e ficou olhando para ela como se estivesse muito intrigado:

— Pensei que você tinha fugido de casa. Eu não acreditei que você tinha ficado todo esse tempo na casa de uma professora estudando. Eu não, isso é pros trouxas. Achei que, naturalmente, teria deixado uma carta, uma pista, qualquer coisa.

Andréa apoiou-se nos cotovelos para olhar o irmão. Aquele diabinho era bem capaz de saber tudo da vida, muito mais que todos eles juntos.

— Que tolice, Buby. Imagine se eu deixaria a carta escondida. E por que haveria de fugir de casa? Para onde iria? Que absurdo! Não acredito que você seja tão tonto.

Riu, apesar da raiva ao ver tudo em desordem, olhando ao redor:

— Nossa mãe, como você conseguiu desarrumar tudo?

— Você está apaixonada? Está doente? Está tramando alguma coisa? Matar-me devagarinho, aos pouquinhos?

Voltou-se surpreendida pelas inesperadas perguntas do garoto. Olhou para aquele rostinho muito sério e mal acreditou que era ele quem assim falava. Tão precoce, tão perigosamente preocupado. Puxou-o, prendendo-o num abraço e, lançando um olhar para longe, respondeu aturdida:

— Não, queridinho, eu não estou apaixonada, não estou doente e não estou tramando nada. Por que essa ideia, agora?

— Ouvi a mamãe comentando com a vovó. Elas gostam muito dele, e eu também.

Andréa afastou-o e, desconfiando, quis continuar:

— Mas de quem?

— Do Lauro... "espanador da Lua".

— Do Lauro? Espanador da Lua?

— É, sim, a mamãe e a vovó gostaram quando eu pus esse apelido nele. Ele é comprido e magro.

Andréa riu com o irmão. Levantou-se e disse, enquanto começava a recolher as coisas espalhadas:

— Ajude-me, ande, seu moleque.

Buby movimentou-se a volta dela. De repente, parou e mediu-a com um olhar que gelou Andréa, como se ele a estivesse acusando pelo que fizera:

— É. Você está diferente.

Andréa bufou, pôs as mãos na cintura e insistiu, irritando-se:

— Bem, sabichão, diferente como?

— Não sei. Sabe, Dré, você é esquisita, às vezes tenho a impressão de que é duas, minha irmã e uma outra que nos engana.

— Credo, Buby, que coisas esquisitas entram nessa cabecinha. Você parece um capeta!

Andréa ficou preocupada com o que ele acabara de dizer. Aquele menino era indubitavelmente precoce, e um perigo. Como podia ter tamanha percepção das coisas? Olhava para ele e parecia estar diante de uns olhos que vasculhavam, que liam seu interior. Estava assustada, pensando que seu irmão era inteligente demais. Precisava contornar a situação, ludibriá-lo, não se deixar desnudar assim, que ele seria bem capaz de dizer de repente, com a naturalidade de uma criança que fala verdades que os adultos, com medo, escondem: "Já sei: você é lésbica".

Aspirou como se fosse revelar alguma coisa e precisasse tomar fôlego, e achou conveniente torná-lo seu confidente.

— É, sim, Buby, acho que você é mesmo um crânio, acertou. Eu realmente gosto do Lauro, sabe, mas a Munique também gosta. Nós somos amigas e eu fico preocupada. É chato roubar o namorado de uma amiga, você não acha?

Como uma pessoa inteligente, ele não respondeu de imediato. Ficou olhando para ela como se analisasse aquela confiança que subitamente Andréa depositava nele. Mordiscou os lábios de leve, encarou-a numa expressão indecifrável e, finalmente, disse:

— Você não está doente, não está apaixonada por Lauro. Você não quer contar, é muito sabida e pensa que me engana.

Andréa ficou com raiva daquela sagacidade e jogou um sapato nele. Buby deu um pulo e dependurou-se na porta do guarda-roupa. Antes que ele caísse, Andréa correu e segurou-o:

— Você é louco, menino? Quase quebra a porta. Isso não aguenta seu peso.

A porta desconjuntara-se e os dois tiveram um trabalho exaustivo para recolocá-la no lugar. Andréa olhou-o carrancuda. Buby esquivou-se e tentou fazer graça:

— Tá bem, tudo bem, você está ferrada pelo Lauro, vai puxar o carro daqui com ele, então eu vou ser seu damo de honra.

Andréa franziu o sobrecenho. Sabia que ele estava fingindo e fez-se de boba:

— Não é damo de honra, seu palhaço.

— E você acha que eu não sei? Por que você finge que eu sou um nenenzinho, hem, neném?

Andréa apertou a cabeça com as mãos:

– Chega! Vai assistir televisão, que eu arrumo o resto. Não me enche mais o saco.

– Você tem?

– Cala a boca, seu demônio. Fora daqui, já.

Pegou-o pelo braço e empurrou-o para fora do quarto. Ele fez um muchocho e, antes de se afastar, provocou-a:

– Tá certo, dupla personalidade!

Andréa bateu a porta com raiva. Ouviu-o gritando pela casa. De repente, dona Júlia ralhou com ele e, depois de alguns resmungos do garoto, tudo silenciou. Andréa ouviu dona Júlia gritar da escada, dizendo que a professora de piano telefonara avisando que ia viajar e que só voltaria dentro de dois meses. Recomendara outra para esse meio tempo. Andréa apareceu na porta e disse que não era necessário, estudaria mais tarde, durante as férias, quando ela voltasse; estavam próximos os exames, estava cansada.

Dona Júlia acabou concordando.

Sozinha, outra vez, no recolhimento de seu quarto, mentalmente voltou ao instante em que Berenice a deixara ou que ela havia deixado Berenice, quando haviam se afastado. Berenice gritando: "Não, Andréa, não é o que você está pensando". E o irmão asseverando, numa sapiência absurda: "Dupla personalidade!" Televisão! As revistinhas! O menino era produto vivo da época, cabeça alargando conhecimentos; entendia de tudo, sabia de tudo, os pequenos gênios do Hoje! Um monstrinho, o cérebro computando tudo! Precisava tomar cuidado ou acabaria mesmo ouvindo Buby gritar, na sua ingenuidade perigosa: "Já sei. Você é uma lésbica!"

CAPÍTULO 23

Era tarde demais para recuar, e só restava uma solução para não se tornar vil demais: pertencer a ela exclusivamente, conquistá-la, prosseguir contra tudo ou contra todos, sendo sua amante, já que estava completamente dominada por aquele sentimento.

Milhões de pensamentos inquietaram-na enquanto, sem se dar conta do que fazia, pôs o quarto em ordem e, absorta, debruçou-se na cama. Estava esgotada. As sensações que provara nessa tarde revolveram-se todas dentro dela, e deixou-se enlevar em sonho vertiginosamente, como se estivesse vivendo cada instante outra vez.

Tarde, dona Júlia procurou-a. Reservara-lhe um sermão de hora e meia, que ela ouviu sem pestanejar, sem responder. A preocupação de sua mãe resumia-se nos seus estudos, no seu futuro, queria que ela se aplicasse e dizia que ficava muito desagradável uma professora como dona Berenice perder seu precioso tempo para que seus pais não a julgassem mal porque ela não se interessava pelos estudos, principalmente por história. Pobre ingenuidade! Andréa encarou dona Júlia procurando em seus olhos uma pequena sombra de desconfiança e só viu ingenuidade mesmo, preocupação, nada mais.

Quando ela se retirou, repetindo um conselho para que se aplicasse um pouco mais e prestasse atenção nas aulas, que fizesse as lições, Andréa suspirou exausta, preparou-se para dormir. Apagou a luz e tentou escapar do pensamento que, persistente, queria derrubá-la da emoção para a realidade. Revirou-se numa luta atordoante e, vencida pelo cansaço do grande dia que vivera, acabou por adormecer depois de chorar copiosamente, entristecida e envergonhada, maldizendo-se por não conseguir se libertar do pertinaz desejo que nem por um minuto deixava de prometer que todos os dias de sua vida teriam de ser iguais a esse para satisfazê-la.

***

A manhã surgiu radiante nos cálidos raios de sol. Tão cedo e a cara brilhante do iluminador do mundo sorria lá no alto, escondendo sua forma esférica atrás do próprio fulgor.

Andréa atravessou a avenida em direção ao colégio. Os passos dificultavam-se com o temor que a possuía. Foi difícil vencer a falta de coragem e transpor os portões de ferro negro. No pátio, a algazarra de sempre. Logo que a viu, Cecília correu para encontrá-la, acompanhada por outra jovem.

Andréa cumprimentou-a amavelmente. Cecília entregou-lhe uma folha de papel que tirou da pasta:

— Tome. É a lição de matemática. Só falta você assinar seu nome. Tentei imitar sua letra, mas não deu.

Andréa comoveu-se com a gentileza da amiga. Correu os olhos pela lição e não soube como se expressar para agradecer. A jovem que acompanhava Cecília, Neide, adiantou-se:

— Se quiser, eu lhe empresto os cadernos de pontos e faço o desenho da próxima aula. Eu gosto de desenhar, sempre faço uma lição a mais. Aqui, a gente troca favores; não que eu precise de algum, mas, entende, tudo é questão de camaradagem. Amigo é pra essas coisas, não é? Na próxima aula vai haver prova, tenho xerox das colas que fiz, tudo reduzido, letra pequenininha. Você enxerga bem? Olha, vê se dá.

Andréa pegou a cola e lembrou-se do que escrevera. Já vira muitas circulando de mão em mão; nunca fizera por desinteresse, por não precisar, mas agora tinha de seguir os outros.

— Puxa, Neide, você é bacana, eu sequer sabia que aulas teríamos hoje, e justo prova de geografia. Puxa, tá tudo aqui?

— Tudo o que possivelmente poderá cair. Eu vou explicar como está a ordem dos pontos pra você não se atrapalhar. É fácil, é só colocar entre os dedos e ir desdobrando a sanfoninha, depois vira do outro lado que eu colei outra, é fácil.

Andréa prestou atenção nas explicações e "folheou a cola" registrando a disposição dos pontos, certa de que não guardaria nada na cabeça. Mas havia sempre a esperança de ser bem-sucedida na arte de colar.

— Ando tão atordoada ultimamente, não tenho ânimo para estudar. Meus pais me obrigam, acho que estou com estafa de fazer coisas obrigatórias. Às vezes penso que é melhor ser bicho mesmo, não se preocupar com nada, ser livre. Ficar enchendo a cabeça, isso me aniquila, eu não tenho vontade nem de pensar.

— Quer dizer que você não tem nenhum ideal, Andréa?

— Às vezes, sei lá, ainda não descobri seguramente minha vocação.

Neide sorriu e argumentou:

— Perguntei porque, pelo que você escreveu, demonstrou espírito revolucionário. Olha, se a gente não tem espírito forte e fica pensando naquilo, adeus vocação. Acho que só o que pode empurrar a gente mesmo é um dom, um ideal, a vocação no sentido de já nascer com a gente, não a aspiração de se tornar um grande nome numa escolha de profissão que apenas promete e a qual, às vezes, sequer nos agrada. Tudo só porque é preciso saber, graduar-se, enriquecer, fazer nome.

Andréa viu Bárbara aproximar-se. Pela primeira vez, sentiu verdadeira raiva e antipatia, e exultou por ter conseguido o que a outra tanto desejava. Tinha certeza de que ela não vacilaria em se entregar, se Berenice a quisesse de verdade. Será que já não teria havido algo entre as duas? Teve vontade de lhe perguntar se não seria certa sua suposição de que ela e Berenice tinham *intimidades*.

Durante a aula puxou conversa, mas não teve jeito de tocar no assunto que a atiçava. Na hora da prova passou-lhe a cola depois de a ter usado; tentava conquistar Bárbara para arrancar dela o que queria saber. De qualquer maneira ela haveria de contar, surgiria uma oportunidade. O olhar de Bárbara a irritava com seu jeito sofisticado, apertando as pestanas no canto dos olhos, amortecendo a expressão numa languidez falsa. Era mesmo uma oferecida.

Depois da penúltima aula, no intervalo, quando atravessavam o corredor em direção ao pátio, Bárbara fez um comentário que atingiu em cheio as expectativas de Andréa. Bárbara exalou um profundo suspiro de emoção:

— Ela é toda minha.

Andréa acompanhou seu olhar, que parava, e viu-a. O coração saltou. Lá estava a professora de história, saindo da sala de aula em frente à diretoria. Num impulso instintivo, escondeu-se rapidamente debaixo da escada que conduzia para o primeiro andar. Um rubor intenso subiu-lhe às faces e ela receou que Bárbara notasse, mas a moça estava tão embevecida olhando para a mestra que nem percebera o gesto de Andréa.

Quando dona Berenice sumiu pela porta da diretoria, as duas recomeçaram a andar. Bárbara não fez segredo dos sentimentos e prosseguiu com seus devaneios:

— Ela é minha. Bem, acho que não há segredos por aqui, não é mesmo? Rosana deve ter falado muita coisa.

— Você já saiu com ela?

A pergunta saiu com dificuldade, porém direta. Bárbara não a olhou para responder com uma pergunta maliciosa e intencional:

— Com quem? Rosana ou...?

— Ou.

— Claro. Vou encontrá-la hoje.

— Onde?

— Ora, no apartamento dela.

— E... e o que vocês fazem?

Bárbara deu uma gargalhada e estalou os lábios:

— Ora, que pergunta ingênua!

Andréa sentiu uma tontura de ódio sufocá-la. Um tremor agitou-a e mal conseguiu disfarçar o que sentia. Bárbara, entretanto, não notou o nervosismo dela e continuou com seus enlevados pensamentos.

Num arroubo inesperado, sem conseguir se conter, Andréa voltou para a sala de aula, pegou os livros, guardou-os dentro da pasta e saiu.

Caminhou apressada pela avenida, como se estivesse fugindo, para que não a vissem. Não queria falar com ninguém. Tudo o que desejava era desaparecer, sumir. Tudo dentro dela se contraía de dor, numa mistura de raiva, ódio, revolta, ciúme, desespero.

Dona Júlia estranhou ao vê-la de volta para casa tão cedo. Andréa mentiu que não teriam a última aula porque faltara o professor. Buby logo apareceu e ela mordiscou os lábios preparando-se para enxotá-lo, lágrimas quase pingando pelas pontas dos cílios, engolindo, esforçando-se para retê-las nos olhos já transbordantes. Entretanto, o garoto voltou para o tanque onde brincava com seus barquinhos de madeira, deixando-a em paz.

Durante o almoço, Andréa permaneceu cabisbaixa, pensativa, remoendo pensamentos terríveis. Dona Júlia, preocupada, quis saber o que se passava com ela. Andréa respondeu vagamente e, para escapar a novas investidas, entabulou conversa:

— Quando papai vai voltar, mamãe?

— No fim da semana, provavelmente. Desta vez, ele vai trazer vários acessórios do laboratório de Ribeirão Preto, e até mesmo alguns empregados. Interessante que, com tanta gente tirando diploma, com tanta faculdade, ainda é difícil conseguir um bom químico, um auxiliar competente.

— É a teoria, mamãe. A prática só mesmo em exercício da profissão, e todo mundo quer explorar os pobres estagiários. Querem que trabalhem de graça e que logo de cara sejam sumidades. Veja lá se assim alguém pode se tornar alguma coisa e vencer na vida. É preciso perder muito tempo e passar fome, a menos que seja um abonado que não precise, a princípio, tirar proveito do seu trabalho, e então leve isso como uma verdadeira escola, o mais importante aprendizado.

— A senhora está muito sabichona.

— É verdade, mamãe. Papai não precisava buscar ajudantes fora de São Paulo, ele poderia empregar estagiários, pagar bem. Estaria contribuindo, ajudando, fazendo mais gente capaz. Desse modo, procurando só peritos que, temendo a concorrência dos que podem trabalhar de graça, aceitam qualquer proposta, a coisa sempre irá mal, desanimadora. Ainda por cima, querem que a gente creia no futuro e torre a pestana estudando.

— Mas onde a senhora anda?

— Jornais, revistas, a gente ouve queixas dos estudantes dos cursos superiores e dos irmãos dos alunos do colégio. O papai é rico, que tal deixar que eu seja autodidata, estudando o que gosto, me aprimorando para vencer num ideal que nasceu comigo?

Dona Júlia riu, mas olhou para a filha com visível preocupação:

— E que ideal é esse, sobre o qual nunca falou antes?

— Ser filósofa, a "Grande Pensadora". Fazer poesia, criar máximas, dar conselhos, ser realista, dizer a verdade sem medo: "Olhe, Cole, Decore, O Futuro Depende da Boa Memória e da Xerox!"

— Isso é ignominioso!

— Apenas uma brincadeirinha, mamãe, mas é o que se faz, ninguém perde tempo queimando as pestanas, todo mundo cola.

Buby deixou cair o pão dentro do prato, espirrando sopa para todos os lados. Andréa ergueu-se, sacudindo o vestido respingado onde um pedaço de cenoura caíra. Dona Júlia ralhou com o filho descuidado e foi limpá-lo com o guardanapo:

— Você não tem modos, seu moleque. Só serve para deixar a gente nervosa.

Andréa bateu com o punho cerrado sobre a mesa e sentou-se outra vez, olhando feio para ele. O relógio marcou hora. Sentiu crescer a raiva. Não teria mais ninguém no colégio. *Ela,* por certo, teria passado mais de uma vez pela avenida, querendo encontrá-la. Tinha certeza disso e teve vontade de blasfemar alto.

O ciúme não estava em seus planos para agora se manifestar tão furiosamente. Era horrível. Era realmente martirizante.

CAPÍTULO 24

Andréa recorreu ao "calmante". Estranhou a reação. Ficou de olhos arregalados, deitada em cima da cama, numa letargia esquisita. Parecia uma morta-viva. Pensamentos os mesmos, a mesma dor, só o corpo formigando na sensação de leve anestesia, o cérebro funcionando ativamente na angustiante tensão. Não estava fazendo efeito. Queria dormir, delirar, enlouquecer, judiar do corpo e apagar o espírito, deixar de ser ela própria para não sofrer tanto, mas era tudo ilusão, o psicotrópico não agia nela, não fazia efeito.

Esvaziou o vidro. Ficou com medo. A boca secava, a língua engrossava, o coração disparou. Dormira, desmaiara, perdera a noção de tudo. O que fizera?

O vulto da mãe esgazeava-se em ondulantes movimentos na sua frente, e a voz parecia vir de muito longe, chamando-a. Não conseguia responder. O pensamento gritando "me acuda, mamãe, não estou fingindo, estou despencando num abismo", e a voz da mãe, longínqua, desistindo:

— Está bem, preguiçosa, mas amanhã não tem desculpa, você vai pro colégio de pijama, dormindo, nem que for pra empurrar sua cama até lá.

Que dia passou, arrastando-se feito uma sonâmbula, remoendo seu ciúme, sua saudade, o medo de perder Berenice, a vontade de ofendê-la enervando-a. Precisava dizer-lhe coisas que pensava, que era uma ordinária, que desencaminhava alunas, acusá-la, matá-la.

Sim, teria coragem de matá-la! O sentimento convertia-se em lágrimas, depois em apatia, e refugiava-se no quarto.

Foi outra longa noite e, na manhã seguinte, ainda parecia um corpo elástico, esforçando-se para andar. Nessa manhã, sequer viu dona Berenice no colégio. Não teve aula dela, e Bárbara estava estranha, intrigando-a mais ainda. Toda vez que lhe dirigia a palavra, como se de propósito a outra se esquivava, dizendo que estava fazendo um trabalho qualquer, lições atrasadas que precisava pôr em dia para se preparar para os exames.

Nos intervalos, como que desaparecia. Andréa exasperava-se. Estaria conversando com Berenice? Andava pelos corredores e não encontrava nenhuma das duas. Cecília abordou-a com perguntas. Se procurava alguém. Rosana fez as mesmas perguntas. Andréa nem se preocupava com as respostas que dava, e afastava-se.

À noite, estava abatida, descontrolada, de novo sentindo necessidade das pílulas para se livrar do nervosismo. Buby aborrecendo-a o tempo todo, gritando atrás dela, a mãe querendo que assistisse a Chico Anísio – era "vidrada" nele, "Chico City", os vários tipos que o ator fazia, era o maior! Ouvia as risadas da mãe e ficava irritada. Televisão! Rosana telefonou. Ela mesma fora atender porque dona Júlia nem ligou quando ouviu os toques de chamada. Ficou surpresa. Como sabia seu telefone! Pergunta besta, achara na lista, ora! Não, não estava doente, tudo bem, apenas estafa, já dissera. De quê? De pensar, de não ter vontade de nada, de estudar, de falar, vontade de morrer. Por que falara isso? Não deveria ter falado. Rosana ficara curiosa, espichava assunto. Queria que saísse. Não podia. Por quê? Porque não, simplesmente não. Era isso mesmo, não queria sair, não tinha vontade. Boate? Que boate? Ela?! Que absurdo! Não podia. Nem sonhando! "Entendidos"? E pra que ela iria ver mais gente idiota? Idiota, sim. Estava com raiva de ser assim. Não, não estava magoada com ninguém, ninguém a ofendera ou dissera algo desagradável, ela era assim mesmo, depressiva.

– Estou encucada.

– Não fique. Isso passa.

– Então não quer ir mesmo? Olha, você espera o pessoal dormir e sai na ponta dos pés. Eu fico perto da sua casa, esperando no meu carro, e a gente dá uma voltinha, só pra distrair. Passaremos em frente ao restaurante, à boate, deixa de ser boba, Andréa.

— Não tenho vontade.

— Depois você se anima.

— Eu não me animo por nada e com nada.

— Olha, tem uma boate joia, a gente entra só um pouquinho, você vai gostar, pode dançar mulher com mulher, só pra ver, "Ultima Noite".

— Não será nem última nem primeira. Não vou sair, Rosana, não quero, amanhã a gente conversa.

— "Ultima Noite" é o nome da boate. Não vou insistir mais. Em todo caso, lá pelas onze e meia vou ficar parada perto da sua casa. Se você quiser, é só dar uma escapadinha.

— Não perca tempo.

— Não será perda de tempo. O fato de parar em frente à sua casa, como faço muitas noites, me ajuda a viver.

Andréa ficou em silêncio. Rosana chamou:

— Alô?

— Fala.

— Pensei que tivesse desligado.

— Olha, desculpe, Rosana, não queria ser indelicada, mas preciso desligar mesmo.

— Está bem, mas abra pelo menos a janela e dê uma espiadinha na rua. Mesmo que não olhe hoje, qualquer noite, eu fico sempre *te* rondando feito cachorrinho.

— Não fale assim, Rosana.

— Por favor, às onze e meia.

— Você faz mesmo isso todas as noites? Fica parada em frente à minha casa?

— Dando volta no quarteirão. Às vezes paro um pouco, fico com medo que alguém me veja e na esperança que você apareça de repente. Hoje não resisti, por isso telefonei. Quero que saiba o que faço. Quem sabe, assim você dá uma espiadinha só e eu posso ao menos vê-la de longe. Às onze e meia, tá?

— Boa noite.

— Até...

A voz de Rosana estava triste.

Mais tarde, no quarto, seu refúgio, debateu-se querendo espantar os pensamentos que a azucrinavam. Imaginava Bárbara nos braços de Berenice e sofria. Era preciso aplacar tanta angústia. Foi até a estante e procurou o vidro. Estava vazio. O laboratório, fechado. Sentia-se atraída para aquilo, querendo acreditar que as pilulinhas poderiam exterminar suas torturas, mesmo que fosse a arrazando mais ainda. Por quantas horas sofreu o desespero da insônia? Amanhecia, e ela ainda estava acordada. Estava pálida e trêmula. Ofegante e irritada.

Saiu do quarto e cruzou com a empregada no corredor:

— Nossa, dona Andréa, tão cedo e a senhora já está de pé?

— Vou tomar um banho, prepare meu café.

Quando desceu para a sala, de passagem forçou o trinco da porta do laboratório. Seria inútil tentar. Estava realmente trancada, e seu pai levara a chave. Vira-o guardá-la no chaveiro, junto com muitas outras. Com Buby solto, sem sua vigilância, não se esqueceria de fechar aquela porta nunca. Andréa foi até a cozinha e, sentindo cheiro de café fresco, ficou com apetite.

Depois subiu para o quarto e vasculhou cadernos. Teria tempo para aprontar algumas lições. Pegou o livro de francês e resolveu os questionários. Iniciou a composição de português, quando a mãe a chamou e se surpreendeu ao vê-la pronta. Andréa guardou o material na pasta, despediu-se e saiu. Embora não tivesse dormido a noite inteira, não sentia sono e teve a impressão de que nunca mais dormiria, se não conseguisse as pílulas.

Pelo caminho, foi se preparando para enfrentar a professora. Com toda certeza, teriam de se ver nessa manhã. A tal pensamento, se contorcia num arrepio de temor. Como poderia olhar para ela? Teria de fingir, teria de ser forte e parecer indiferente.

Horas mais tarde, Andréa aproveitou quando a professora de ciências ficou de costas para escrever na lousa e voltou-se para Bárbara, não suportando mais a curiosidade:

— Você se encontrou com ela?

Bárbara debruçou-se para a frente e respondeu maliciosa, deixando transparecer intenções nas reticências:

— Claro...

Antes que tivesse tempo de sofrer pela resposta afirmativa, a professora surpreendeu-a e chamou-a, recriminando-a:

— Levante-se, dona Andréa. Aqui não é sala de visitas.

Andréa levantou-se envergonhada. A professora fez pergunta sobre o ponto que estava explicando:

— Quais são as qualidades do som?

Andréa enrubesceu, pois não prestara atenção. O rapaz mais próximo de sua carteira, Moacir, soprou e ela repetiu gaguejando:

— Altura... as qualidades do som são: ...altura, intensidade e timbre.

— Alguém soprou? — perguntou, olhando ao redor.

Evidentemente, ela respondeu que não. A professora prosseguiu:

— Diga algo sobre o que expliquei.

Andréa sentiu-se pega numa armadilha. Ouviu, entretanto, Moacir soprar enquanto Bárbara tossia para disfarçar. Felizmente, a professora não percebeu e ela engasgou, acovardando-se, porém prosseguiu:

— A repetição de um som produzida pela sua...

Não compreendeu a palavra, Moacir repetiu, ela completou:

— ...reflexão num obstáculo... de qualquer espécie denomina-se eco. O eco pode ser simples ou múltiplo.

— Muito bem, a senhora tem facilidade para decorar, mas por que recapitulei isso?

Andréa raciocinou rápido e deu a resposta óbvia:

— Porque tudo é fundamental para melhor compreender o ponto de hoje.

— Muito bem — comentou com ironia e mandou-a sentar-se.

Andréa escorregou no banco, suando, envergonhada. Assim que teve oportunidade, olhou depressa para Moacir e agradeceu com um sorriso. O rapaz piscou para ela malicioso e envaidecido. Percebeu, então, que agora teria de tratá-lo com alguma consideração. Nunca prestara atenção nele, muito embora o rapaz estivesse sempre a observá-la com certo sorriso. Abanou o caderno e ela compreendeu que o estava oferecendo para copiar o ponto. Reparou como todos sentiam prazer em ajudarem-se mutuamente naquela classe, pois viu Rosana passando a cola preparada desde cedo, para os próximos exames, para um dos colegas.

Findas as aulas, Andréa tornou a sentir-se nervosa, pressentindo que dona Berenice ia cercá-la na rua. Moacir acercou-se dela, considerando que merecia a oportunidade, e Andréa agradeceu-lhe por ter soprado. Moacir olhou para Lauro vitorioso. Lauro distanciou-se pela avenida, fingindo não ligar, mas de relance podia-se ver que estava despeitado.

Os dois atravessaram a rua. Andréa estava ansiosa. Sabia que a qualquer momento a professora haveria de surgir no seu SP2, pretendendo abordá-la, ficaria decepcionada vendo-a acompanhada e não se atreveria a chamá-la.

Passou um ônibus lotado. Andréa fingiu querer subir e recuou quando um homem mais precipitado que ela avançou na frente, quase a derrubando.

Moacir segurou-a pelo braço e esbravejou furioso:

– Ê!, cavalo! Vê onde pisa!

– Ah!, vá pro inferno. Seus moloides, aprendam a subir em ônibus.

A porta automática fechou e Moacir meteu o pé furioso, querendo provocar briga. O ônibus deu partida chocalhando-se e se afastou, enquanto uma algazarra de vozes animadas gritava lá dentro.

Andréa riu, desacostumada àquele espetáculo. Moacir caminhou para perto dela, reclamando:

– Lata velha, Mercedes de pobre!

Andréa olhou para o meio da rua. Por mais que estivesse prevenida, não conseguia impedir que o coração disparasse num sobressalto. A intuição era precisa: o SP2 passou vagaroso. Berenice olhava para ela descaradamente. Seus olhos faiscavam ameaçadores e, por instantes, acreditou que fosse descer do carro e avançar para agarrá-la, mas o SP2 prosseguiu na mesma marcha, sem que Moacir notasse.

Andréa percebeu o aceno que Berenice fez para que ela fosse até a outra esquina, descartando-se, logicamente, de Moacir. Deliberadamente, Andréa ficou de costas para o lugar onde Berenice estacionara. Estava nervosa, ansiosa, satisfeita e vingada. Conseguira, estava conseguindo! Berenice haveria de rastejar.

Nesse ínterim, chegou outro ônibus e, num rápido impulso, Andréa correu, despedindo-se de Moacir, e subiu no coletivo.

CAPÍTULO 25

A satisfação com o que fizera animou Andréa a estudar e preparar lições. Em seu quarto, preparou exercícios, fez colas e deliciou-se fazendo principalmente as de história, datas, siglas e seus significados, fatos. Fechou os cadernos, guardou as colas, vestiu o pijama e foi para a janela.

Olhou para a rua e empurrou mais as persianas. A noite estava clara e tépida. Debruçou-se, calcando os cotovelos no parapeito. Passou os olhos por cima das árvores, analisou as sombras refletidas nas calçadas, dando-lhes formas. Olhou para o céu à procura de uma estrela. Estava límpido, acinzentado, e os reflexos meio apagados de uma lua escondida atrás de nuvens pareciam transmitir estranhos fluidos. No ar, vibrava uma cálida sensação de coisas misteriosas. Parecia exalar das distâncias do Infinito um aroma excitante que lhe penetrava a carne, fazendo contrairem-se as fibras todas, o corpo reclamando, sedento por alguma coisa dilacerante. Estremeceu aterrorizada, como se tivesse visto, através daquela esfumaçada renda que cobria a lua, um sorriso malicioso de um ser hediondo convidando-a, provocando-a.

Bateu as persianas e saiu dali, ofegante como se tivesse corrido. Precisava encontrar um meio de abrir o laboratório. Precisava adquirir outro vidro daqueles. Porém, como? Os lábios ressecados contraíam-se, estorceu as mãos, caminhou de um lado para outro. Olhou para o relógio de cabeceira. Onze e meia. Abriu a porta do quarto e saiu. Lá do alto da escada teve um sobressalto. Estremeceu incrédula. Pela porta entreaberta do laboratório, uma fresta de luz deslizava pelo assoalho encerado.

Ficou ainda um instante ali, parada, depois desceu vagarosamente e aproximou-se.

Lá dentro, dona Júlia remexia na estante dos arquivos.

Andréa empurrou a porta e avançou um passo. Dona Júlia voltou-se e disse:

— Oh!, é você? Seu pai telefonou, pedindo que procurasse um caderno de notas de capa preta. Nele estão escritas umas anotações e o telefone de Raul, o químico. Tenho de telefonar ainda hoje para ele, venha ajudar-me a procurar.

Aproximando-se, Andréa perguntou, ainda surpresa:

— Ele não levou a chave?

— Sim, mas sempre deixa uma comigo para que façamos a limpeza.

— É este? — e, puxando de dentro de uma gaveta que abrira o caderno de capa preta, estendeu-o para a mãe, que exclamou:

— Bem no meu nariz, mas seu pai, como sempre, nunca sabe onde guarda as coisas, disse que tinha certeza de que estava no arquivo. Deixe-me ver...

Dona Júlia folheou o caderno.

— Venha, Andréa, faça uma ligação para Ribeirão Preto.

— Andréa foi até a escrivaninha e pegou o telefone. Dona Júlia sentou-se no sofá e ditou os números. Andréa ergueu o fone do gancho e discou. Enquanto a mãe esperava a ligação efetuar-se, ela disfarçadamente foi se aproximando do armário.

Já com a mão estendida para o trinco, estremeceu quando dona Júlia a chamou:

— Andréa, venha tomar nota do que vou repetir.

Andréa voltou para o lado dela e pegou a caneta e o caderno de notas. Estava trêmula.

Dona Júlia ditou, e ela começou a escrever:

— Pedir a Raul que faça uma xerox das anotações daquele caderno e que vá entregá-las o mais breve possível ao doutor Ricardo.

Andréa folheou o caderno para marcar o número das páginas que sua mãe ia citando, após ler os títulos para o marido.

Quando terminou, doutor Américo quis falar com a filha. Depois de cumprimentá-la, perguntou se já começara a ir à autoescola.

– Puxa, papai, esqueci. Irei amanhã logo cedo tratar com o instrutor, como o senhor me explicou. É que estou em época de provas e ando estudando. Tenho ido bem.

Ele despediu-se, enviando um abraço para Buby e avisando que só poderia regressar dentro de mais alguns dias.

Andréa desligou o telefone e voltou-se para dona Júlia:

– A senhora vai ligar agora para o doutor Raul?

– Vou. Ele terá de vir buscar o caderno amanhã cedo. É desagradável telefonar a uma hora dessas, mas o que vou fazer?

Enquanto a mãe fazia o telefonema, Andréa ficou ao lado, olhando de soslaio para o laboratório. O coração saltava descontrolado, quase não se continha de ansiedade. Entretanto, não conseguia fazer um único movimento. Percebeu que a oportunidade escapava-se e não tinha coragem. Sua mãe transmitiu o recado e repôs o fone no gancho. Adiantou-se para sair do laboratório, chamando Andréa.

– Você não vai subir para o seu quarto? Vamos.

– Vou tomar um copo de leite.

Dona Júlia encostou a porta do laboratório e disse-lhe que fosse para o quarto, que ela lhe levaria o copo de leite.

Andréa preferiu acompanhá-la até a cozinha e esperou que a mãe a servisse.

Por nada a deixaria agora. Queria ver se conseguia fazê-la esquecer-se de fechar a porta à chave, e começou a falar desbragadamente. Dona Júlia perguntou a respeito das aulas. Andréa sacudiu os ombros e respondeu que estava tudo bem.

Ficaram conversando por algum tempo, e dona Júlia, lembrando que precisava levantar cedo na manhã seguinte, chamou-a para que fossem dormir.

Passaram pela sala e subiram as escadas. Dona Júlia disse boa noite, beijou-a no rosto e foi para o seu aposento, do outro lado. Andréa fingiu entrar e esperou que ela fechasse a porta. Ficou alguns instantes à espreita. Dona Júlia, entretanto, não se resolvia a apagar a luz. Andréa fechou a porta e sentou-se na beira da cama. Já não suportava mais aquela situação. Estava nervosa, esgotada e não tinha coragem de sair para buscar a única coisa que acreditava que poderia livrá-la daquele delírio.

Abriu a janela e ficou olhando para o céu. A lua continuava escondida. Parecia afogueada, consumindo-se num estremecimento de gozo. Andréa abaixou os olhos e perscrutou a rua deserta e silenciosa. Na esquina, surgiram dois vultos abraçados. Ficou escondida como a lua, como se soubesse o que iria acontecer.

Eram um homem e uma mulher. Os dois pararam sob a árvore bem debaixo de sua janela. Contudo, alguns galhos atrapalhavam, e ela mal podia vê-los. Estirou-se, debruçando-se para fora, e teve um arrepio de satisfação. Os dois se beijavam, agarrados num abraço estremunhado, aproveitavam a sombra da árvore, o silêncio da noite, a solidão da rua, amando-se ali, sob o céu, enquanto a lua permanecia escondida como se não quisesse testemunhar cenas como aquela. Andréa viu-o erguer o vestido da moça e apertá-la contra o tronco da árvore. Ouviu-a protestar e vasculhar ao redor, com medo de que alguém os surpreendesse.

Lá fora, sussurros abafados ergueram-se. Andréa espichou-se mais para vê-los, cambaleou, as pernas vergaram-se e ela quase caiu para a frente, empurrando as persianas, que bateram contra a parede.

Os dois, lá fora, soltaram-se apavorados e, recompondo-se aturdidos, fugiram pela rua abaixo, de mãos dadas, ele na frente, arrastando a moça aos trambolhões.

Nervosa e com medo de que sua mãe também tivesse escutado, correu dentro do quarto, atirando-se na cama e cobrindo-se rapidamente.

A noite tempestuosa avançava, e Andréa não se atrevia a fechar a janela. Lá no alto, no céu escuro, a lua continuava escondida, espalhando o clarão em volta das nuvens como se fosse a causadora de tudo o que se passava no mundo naquelas horas cansadas da noite misteriosa.

A manhã estremeceu pela janela e Andréa despertou sacudida pelas mãos de dona Júlia, que a chamava para ir ao colégio.

Andréa levantou preguiçosamente e foi para o banheiro. Voltou fogo em seguida para o quarto e vestiu-se. Saiu e desceu as escadas.

Sua mãe estava na cozinha, fazendo recomendações à empregada sobre o que deveria ser feito naquela manhã.

Andréa calculou, olhou ao redor, esperou alguns instantes e, rápida, entrou no laboratório, fechando a porta atrás de si sem fazer ruído.

A tentação persistira. O que estava procurando com aquilo? Novos estímulos? A dissolução do quê? A diminuição dos problemas desagradáveis? Rasgar as ideias que lhe atravessavam o cérebro? Parar de torturar-se? Mas parecia que tudo, ao efeito das pílulas, adquiria intensidade maior! Então, por que aquela necessidade? Arrasar inibições? Descentralizar-se? Multiplicar-se em quantas? Apagar a noção de tudo?

Pouco depois ela saía, escondendo algo no bolso embutido da saia. Em seu rosto desenhava-se uma expressão mais serena. Estava realmente menos preocupada, satisfeita, como se tivesse sonhado, naquela noite, o mais belo dos sonhos.

CAPÍTULO 26

Logo ela entrou na sala.

Olhou para todos e seus olhos ligeiros passaram por Andréa sem se fixarem, temerosos de não conseguirem depois se livrar do fascínio que o olhar da aluna emitia.

As duas temiam-se, as duas estavam nervosas, arredias, evitando uma o olhar da outra. Os lábios de dona Berenice estiraram-se trêmulos, vacilaram, e o nome dela saiu rápido durante a chamada. Rápida e tentando encará-la com indiferença, como se não tivesse sido ela quem estremecera em seus braços, respondeu à chamada.

– Presente.

Nesse mesmo instante, Bárbara bateu de leve em seu ombro. Andréa recostou-se na carteira para ouvi-la.

– Você não acha que a professora está mudada?

Andréa fez um gesto vago de quem não percebia em que poderia estar diferente.

– Está mais sensível, embrutecida, deliciosamente irritada e nervosa, mais humana, menos calculista e mestra. Não está aqui somente para dar aula, carrega problemas, nota-se. Antigamente, via-se nela uma enciclopédia, parecia não ter outros pensamentos que não fossem pontos de história, e nada mais. Não está simulando. Vê-se perfeitamente o que ela é. Está de acordo com seus traços andróginos. Nada feminina. Parece que se libertou dos medos e está sendo ela mesma. Está apaixonada, perdidamente apaixonada, capaz de uma loucura.

Dona Berenice caiu da pose de mulher invulnerável, está desmoronando, é só dar um assoprão e ela cairá de quatro aos pés de alguém.

— Aos seus pés? — perguntou, açoitada pelo ciúme e pela cegueira do amor.

Bárbara soltou uma risadinha fina e irritante.

A professora levantou-se, aproximou-se das duas, e perguntou enérgica:

— Do que a senhorita está rindo?

Bárbara ficou vermelha de vergonha. Abaixou a cabeça e não conseguiu enfrentá-la. Dona Berenice olhou para Andréa. Havia uma expressão estranha em seu rosto.

— Qual foi a piadinha? Não pode esperar o intervalo? Saia da sala.

Andréa ficou atônita. Parecia pregada na carteira. Não conseguia levantar-se. De repente, sentiu como que uma labareda de ódio subir pela garganta, espalhar-se pelo seu rosto, chamejar pelos seus olhos e, sem proferir palavra, depois de encarar dona Berenice até que ela desviou o olhar entontecido e assustado, levantou-se e saiu.

Andréa ouviu a voz de Rosana, irritada, defendendo-a:

— Por que a senhora não pergunta quem é que estava falando? Não era Andréa, ela limitava-se a ouvir. Há gente covarde nesta sala.

— E intrometida também. Não vou mandá-la sair, Rosana, mas pode aguardar, não quero mais conversas.

A voz de dona Berenice estava irritada e forte. Andréa caminhou pelo corredor. Por que não pegara os livros? Iria embora, não voltaria nunca mais para o colégio, dona Berenice nunca mais a veria. Depois do que fizera! Como podia tratá-la assim? Foi até o banheiro. Sentou-se perto da pia. Estava sofrendo horrivelmente. Não fizera nada! Dona Berenice, agora, estava com raiva dela. Estava com medo que a acusasse, que a culpasse de tê-la desvirginado. Queria livrar-se dela, por certo. O que fazer? Morrer? Que dor no peito, dilacerava-o. Como pudera ser tão má depois de demonstrar tanto amor? Ou estaria nervosa porque a estava evitando? Ela tentara aproximar-se; afinal, era ela quem estava esquivando-se sempre, provocando, querendo demonstrar que não sentia nada, que não a amava. Tudo por ciúme. Por quê? Por infantilidade.

Enfiou a mão no bolso e sentiu o vidro. Num gesto instintivo, apertou-o entre os dedos. Tirou a mão do bolso e lentamente foi estirando os dedos. Olhou demoradamente para as pílulas.

Uma sensação forte agitou-a. Uma sensação perigosa que parecia transformá-la num outro ser. Olhou para a pia, aproximou-se, abriu a torneira, girou a tampa do vidro. A água corria, fazendo barulho nos canos, pingando dentro de uma lata colocada embaixo do sifão furado. Andréa olhou ao redor, tornou a olhar para as pílulas, inclinou o vidro. Pela boca estreita, algumas pílulas caíram para a palma da outra mão, que permanecera à espera.

Andréa estava estática, vítima de uma obsessão. Os olhos lampejavam, os lábios tremiam ressecados e lívidos, as mãos vacilaram numa agitação incontrolável. Os nervos faciais contraíram-se. Toda ela vibrava como se sofresse tiques nervosos, retesando nervos, repuxando o canto da boca e dos olhos. Levou a mão à boca. O braço moveu-se lento, a mão foi subindo outra vez, o vidro aproximando-se da boca trêmula.

— Andréa, as aulas terminaram, vamos.

Ela voltou-se aparvalhada, engoliu as pílulas e guardou o vidro num gesto tão rápido que Cecília não notou nada estranho.

Pegou os livros, que Cecília trouxera para ela, e saíram. Despediu-se da amiga na esquina e adiantou-se pela avenida como se não soubesse que rumo seguir. Passou pelo ponto de ônibus e continuou caminhando, com medo da reação que poderia manifestar-se a qualquer momento. Por que tomara tantas pílulas? Queria morrer. Estourar o cérebro, arrebentar o coração, desaparecer. Era fraca. Não tinha forças para lutar contra um sentimento tão grande e sufocante. Nunca pensara que fosse destruir-se assim, sempre se julgara invencível, dura, capaz de enfrentar qualquer coisa, e estava derrotada porque Berenice a desprezara. Traíra-a com uma boçal, andava com todas as alunas para satisfazer suas taras, seus desejos animais. Uma louca, má, pervertida corruptora, queria vê-la morta, por trás das grades, e rir dela.

Ah!, que dor dilacerante! Saudade, desejo, vontade, tudo.

As ideias embaralhando-se, os pensamentos confundindo-se, os olhos anuviando-se, parecendo flutuar em vertigens que ameaçavam derrubá-la.

Atravessou a rua larga. Um carro buzinou insistente, e ela correu para a outra calçada, foi instintivo. Olhou para trás e viu-a. Automaticamente parou. Ela saltou do SP2, acercou-se olhando para os lados, com medo que a surpreendessem.

Quis afastar-se, quando Berenice chegou mais perto e agarrou-a pelo braço, puxou-a com brutalidade, nervosa, aturdida:

— Venha.

Quase arrastou-a para o carro, empurrou-a para dentro, deu a volta e entrou. Antes de arrancar dali, percebeu algo anormal naquele olhar vidrado que parecia sumir, escondido sob as pálpebras que se estendiam por cima, pesadas e mortiças.

— O que você tem? Faz tanto mal assim o meu desespero?

Andréa trincou os dentes e parecia fazer força para continuar de olhos abertos, olhando para ela.

Curiosa e preocupada, pôs o carro em movimento.

— O que há, Andréa? Você está estranha. Está se sentindo mal?

Andréa não respondeu. Continuava com aquele olhar estranho, amortecido mas brilhante, lânguida, amolecida, num relaxamento esquisito, caindo para o lado dela como se estivesse desfalecendo de sono ou como se estivesse despertando de uma vertigem.

Viu as mãos trêmulas, as faces tornando-se mais coradas, os lábios, que notara tão lívidos, tomando uma cor mais acentuada, o olhar esgazeando-se feito os de uma louca a premeditar algo terrível. De súbito arrastou-se no banco com uma expressão diabólica, remexendo-se sensualmente e, num tom completamente novo, provocante, rouco, falou depressa, numa inflexão histérica:

— Vamos... vamos para lá, depressa, mais depressa.

Berenice olhou-a aturdida, desconhecendo-a e desconfiou daquele olhar, daqueles modos, da cor dos lábios dela, do tremor das mãos. Parecia que estava sofrendo uma perturbação mental.

— Vou levá-la para casa, mas antes quero conversar com você. Não quero que seus pais desconfiem ou que comecem a implicar com você por aparecer tarde em casa, por isso preste atenção ao que vou dizer...

— Não quero ouvir nada.

Andréa interrompeu-a ao mesmo tempo que estendia a mão e enterrava as unhas no braço dela.

— Andréa! O que há com você?

— Não precisa preocupar-se com o que acontece em casa, sei muito bem conduzir as coisas, não sou nenhuma criança. Não tenha medo, não vou contar pra ninguém o que você fez, não vou implicá-la, se é isso que teme. Aliás, você até que me fez um favor. Não é chato ser uma simples menininha virgem? Não é muito mais interessante e bacana ter sido desvirginada de um modo tão original e diferente, incomum, antinatural, como atacada por uma louca? Você. Por você! Já tem bastante prática. Quantas deflorou? Não tem medo? De mim, não precisa.

— Cale-se, você está falando muita asneira. Não tenho medo de nada e faria tudo de novo. Você não quer entender que eu também estou desnorteada, nervosa, louca mesmo, louca, isto só pode ser uma loucura que tomou conta de mim...

— Que sempre toma conta de você. Você não presta. Anda com todas as alunas. Deve ter um de cada tamanho para meter nelas, sua desgraçada. Eu sei que saiu com ela, que me traiu com ela, que a levou lá...

Andréa convulsionou-se em desesperado choro, estremecendo inteira. As lágrimas saltavam de seus olhos e as mãos irrequietas faziam gestos desencontrados. Berenice tentou acalmá-la. Andréa gritou descontrolada. Ela pediu que se controlasse, os outros que passavam nos carros poderiam ouvir.

— E o que me interessa? Que todos saibam o que você me fez, o que faz com suas alunas, que me traiu com ela.

E Andréa, num assomo de raiva, avançou para ela dando-lhe socos nos braços com os punhos cerrados. Berenice estacionou o carro e segurou-a pelos pulsos, chamando-a, nervosa, para que se acalmasse:

— Meu Deus, querida, com quem eu trairia você?

— Com Bárbara.

— Com Bárbara?! Que absurdo! Que loucura? Quem lhe pôs semelhante besteira na cabeça? Como pode pensar uma coisa dessas, que ando com todas as alunas? Isso é mentira, minha menininha boba!

— Não negue. Hipócrita. Você até me pôs fora da sala, quando sabia muito bem que quem estava rindo e falando era Bárbara. Ela estava falando de você, viu?

— Você me exaspera, me faz perder a cabeça. Pus você fora da sala porque estava desesperada, queria falar com você, agarrar você, dizer que amo você, que não paro de pensar em você, que estou louca, mesmo, mas só de amor por você, entende? Tinha de me controlar, você estava me perturbando, achei conveniente mandá-la sair.

E, suspeitando de repente daquele estado de Andréa, aproximou-se para cheirar sua boca. Andréa desviou o rosto ainda com raiva:

— Você bebeu? É isso? Bebeu?

— Não. O que pensa que sou? Me larga. Vamos embora. Me leva daqui agora, ande, vamos embora.

Andréa gritava. Berenice estava atônita. Pôs o carro em movimento. Como aquela menina poderia chegar em casa naquelas condições? Teria bebido? Olhou para ela tentando entender.

Andréa tornou a investir contra ela, que mal podia se livrar de suas garras.

— Pare com isso, Andréa, você vai fazer com que eu perca a direção e dê uma trombada.

— Que importa! Ah!, eu queria morrer...

Berenice empurrou-a com força. Andréa rolou no banco para o outro lado, caindo de costas. Imediatamente, Berenice fez uma curva, evitando que Andréa se levantasse. Assustada com a curva fechada no carro, que tombava para o lado onde estava, Andréa, ao tentar segurar-se, olhou pela janela e reconheceu de relance onde estavam:

— Estamos no jardim!

Ao ver a estátua, no centro do gramado, um sorriso aflorou sinistro nos lábios de Andréa, que, subitamente, em frações de segundo, se tornou calma e enlevada:

— A estátua! Eu! O vento, a chuva, você e eu. Você beijou a estátua? Beijou? Foi olhar de perto?

Berenice indignou-se:

— Que estátua?

— Aquela estátua, no centro do gramado. Dizem que é parecida comigo. Eu vim ver, na noite do meu aniversário.

Os olhos dela esgazearam-se maliciosos, sinistros, vidrados. Berenice não quis se demorar no pensamento rápido que aguçou uma estranha desconfiança de que algo anormal a transformava. Quis analisar sua expressão, seus gestos, seus trejeitos, suas atitudes e se perdeu naquele olhar escravizante que a excitou e lhe trouxe perversas ideias, atiçando-lhe os sentidos, convertendo-a num perfeito animal, só instinto, arrepio, desejo.

Ela tornou a perguntar. Embevecida, Berenice tartamudeou:

— Sim, ela é muito parecida com você. Desejo você. Vou levá-la comigo agora, e que me importa o que possa acontecer, se esse sentimento é mais forte do que eu.

Andréa sorriu deliciada e aproximou-se, espremendo-se contra ela, genuflexa sobre o banco, os seios roçando-lhe a face, oferecendo-se, e perguntou estremecida, olhar derramando desejo, os lábios entreabrindo-se, famintos de beijos:

— Você também a beijou?

A professora franziu a testa e olhou para ela interrogativamente. Andréa explicou:

— Rosana beijou a estátua. Fingiu que era eu. Ela fica toda noite parada na porta da minha casa só para me ver. Na noite do meu aniversário, ela...

— Já sei. Aquela palhaça ainda vai...

Berenice parou. Andréa estimulou-a:

— Ela mesma. Vai o quê? O que você vai fazer?

— Nada. Que posso fazer? Detesto-a, aquela estúpida mascarada. Nem sabe ser uma homossexual, não sabe nem ser gente, ainda. E você? O que sente por ela?

— Prazer por você ter ciúme dela.

— Você tem saído com ela? Fala com ela? O que fizeram?

— Nada. Ela só beija mesmo a estátua.

— Pois eu não me contento com isso, agarro você noite após noite, incansavelmente. Faço coisas que ninguém será capaz sequer de imaginar. Você é um fogo que arde sempre. É gozo. Será minha, só minha, custe o que custar. Você precisa ser minha, senão enlouqueço.

Andréa atirou-se com braços em torno do pescoço dela. Berenice desvencilhou-se.

— Eu quero. Não aguento mais. Eu quero ser sua, que me faça. Aonde vamos? Aqui? Pega-me aqui.

— Louca!

Foi tudo o que Berenice conseguiu dizer. Desprendeu-se da fúria de seus abraços e apontou:

— É ali que eu moro.

Berenice desceu do carro primeiro. Andréa mal conseguia ficar de pé. Berenice olhou-a preocupada e tornou a perguntar o que se passava com ela, mas, de súbito, como se readquirisse a mais pura calma, Andréa caminhou ao lado dela, respondendo:

— Estava um pouco tonta e bêbada de ciúme e vontade, não tenho nada, não.

Entraram no edifício. Subiram no elevador, a porta automática correu nos trilhos fechando-se. Andréa saltou para ela, esfregando o corpo no dela feito uma gata, insinuante, sem-vergonha. Berenice afastou-a, respirando difícil.

— Diga uma coisa, você andou com Rosana, com Lauro, com Moacir, com os alunos, com quem? Você fez com eles? Com outra?

As mãos de Berenice marcavam-se nos braços dela. Andréa gemeu, um gemido de prazer, seu rosto cheio de volúpia, e gritou, transformando-se imprevistamente, nervosa, irritada, preparando mãos para arranhar. Berenice segurou-a pelos pulsos.

— Não, você sabe, foi a primeira a usar meu corpo, a entrar em mim. Você me fez, me aprontou. E me traiu! Usou em outra.

— Não.

O elevador parou, a porta abriu, desceram no oitavo andar. Atravessaram o corredor, no fundo do qual ela abriu a porta do apartamento.

— Entre.

Avançou pela saleta e olhou ao redor. Tudo muito bem arrumado. Enumerou os móveis. O sofá, duas poltronas, a mesa de centro, a televisão, vitrola, estante de discos, barzinho de tijolos à vista, uma falsa lareira sobre a qual estavam alguns troféus. Finalmente, viu o telefone e lembrou-se.

— Minha mãe vai ficar preocupada.

Berenice adiantou-se e ergueu o fone do gancho, estendendo-o para ela.

Andréa ligou para casa.

— O que digo?

— Que vai almoçar na casa da Cecília.

Andréa fez o que ela mandou. Dona Júlia não gostou muito, mas acabou concordando.

Berenice a abraçava pela cintura e esfregava-se nela, mordiscava-lhe a orelha, passava a língua, suspirava, gemia, dizia palavras excitantes. Andréa arrepiava-se. Voltou-se quando desligou. Berenice estendeu os braços para agarrá-la, Andréa desvencilhou-se e correu, rindo:

— Não quero. Você vai me machucar. Você me machucou da outra vez, não quero. Mas é gostoso, você vai fazer de novo? Acho que ainda sou virgem, você não fez direito, não?

Berenice caminhou em direção a ela.

— Venha, Andréa, venha para mim.

Andréa correu pela sala. Enveredou pela primeira porta que encontrou e se trancou. Estava afogueada, alucinada pela ideia. Não fora suficiente. Precisava mais para chegar ao fim. Que fim? Que pensava? Agia, não pensava. Os gestos eram mecânicos. Precisava das pílulas. Abriu o vidro, ofegante meteu pela garganta todo o resto. Recostou-se na porta. Excitava-se mais ouvindo Berenice chamá-la do outro lado, remexendo no trinco, girando a maçaneta, ameaçando-a. Andréa deslizou a mão pelo corpo. Uma fúria assaltou-a de súbito, abriu a porta e saiu atiçada pelo pensamento. Os olhos chamejando, algo a azucrinando. Avançou para ela que, nesse instante, se afastara e jogava a jaqueta sobre a poltrona.

— Você também a trouxe aqui?

— Mas quem?

— Bárbara me contou. Trouxe também seu noivo, não é? Quero ir embora, não quero mais você. E a professora de matemática? Ela é seu caso, todos sabem. Veio aqui? É aqui que vocês se amam?

— Tudo bobagem. Quanto a Cristina, não sei dela há semanas por sua causa. Você é um demônio, apareceu para infernizar minha vida, para me fazer perder a cabeça e cometer loucuras.

Berenice recuava, analisando as atitudes de Andréa, preocupada com seu olhar faiscante e parado, ameaçador. Andréa alcançou-a, estendeu os braços. Berenice puxou-a num abraço, seus lábios desceram ávidos e esmagaram-se contra a boca sedenta da moça. Andréa esmaeceu, relaxou-se, entregando-se. De súbito, deslizando as mãos, foi envolvendo-a, perversa, maldosa, atiçada por uma fúria de raiva.

Enterrou as unhas, arranhou-a de alto a baixo pelas costas, pondo a blusa quase em frangalhos.

Quando Berenice gemeu, assustada, pega de surpresa, reclinou-se contra seu peito alucinada, vencida, chorando:

— Eu a amo... eu a amo... estou sofrendo...

— Querida — Berenice perdeu a voz —, por que bebeu?

Um silêncio de beijos envolveu-as. A moça desprendeu-se. Andou vagarosamente pela sala, parecia flutuar, braços estendidos, como numa dança nas nuvens. Berenice aproximou-se, ela pediu:

— Espere.

E jogou longe a blusa, que arrancou ligeira.

Mulher vivida, experiente, farta de aventuras, convencida de conhecer toda classe e tipo de mulher, surpreendia-se com aquela jovem, que a atiçava como se tivesse o demônio no corpo. Diante da cena em que ela se despia com gestos sensuais, exibindo o corpo com movimentos maliciosos, ficou aparvalhada, observando-a, sentindo quase próximo, numa contorção clônica, o êxtase final. Excitada, avançou para ela, que, apenas de tanguinha, estirava-se no tapete vermelho imitando a pose da estátua, os braços estendidos, o corpo meio dobrado, fazendo sobressaírem os seios, as mãos abertas, deslizando carícias pelo ventre, os dedos movimentando-se sinuosos, chamando-a.

De perto, ouviu-a ofegante, as narinas arfando, os olhos sôfregos, os lábios úmidos, os seios rígidos, endurecendo-se, apontando para cima, a pele arrepiada e reveladora.

— Dispa-se... tire a roupa... venha nua em cima de mim...

Em poucos gestos, Berenice ficou nua e ajoelhou ao lado dela.

Andréa sorriu diabólica, provocante. De súbito, abraçando-a num impulso de loucura, caiu em desesperado choro. Parou, riu, esfregou-se nela, mordeu-a nos ombros, suplicou afogueada que a possuísse logo, empurrou-a, puxou-a novamente e, num repente, outra vez afastou-se. Levantou-se, derrubando-a para o lado, e, em pé, ficou a olhá-la enquanto, aturdida, Berenice se arrastou para derrubá-la. Andréa caiu; queda amortecida pelos braços nervosos de Berenice, que se jogou em cima dela, beijando-a toda com fúria. Andréa gemia, histérica, medrosa. Esperneou, ficou quieta e prosseguiu gemendo e se remexendo nos braços dela, em contorções arrebatadas.

Palavras desconexas fugiam-lhe dos lábios:

— O azul entra em mim, o vermelho do tapete me queima, me beija e me come, eu sou da lua e da areia, vê que estou molhada? Estou molhada, molhadinha de suor. Não, não é suor, é vontade que vira rio e corre dos meus poros. Eu sou toda cor, veja o verde? Está nos meus olhos? É folha. É frio. Tenho frio, me cobre, me esquenta. Eu sou aquele lustre, me segura, eu vou cair, estou despencando.

Andréa desmoronava num turbilhão de emoções, sem conseguir concentração mental, a visão escasseando, tudo ficando nublado e, de repente, as pupilas como que arreganhando-se para absorver toda a luz do mundo e sentir-se penetrada por cores e sons, o coração disparando em uma ânsia terrível que a atiçava.

Agarrando-se a Berenice, frenética, chupando-lhe o queixo, mordiscando-lhe as orelhas, arranhando-a mais num arroubo, pelo prazer sádico de ouvi-la gemer. Queria que ela sentisse dor, que gemesse de prazer, que se arrastasse com ela naquela loucura, no paroxismo do mais arrebatado êxtase. Para que desfalecesse consigo no mesmo gozo:

— Me bate.... tenho vontade de apanhar, que você me machuque, que... me morda... bate, Berenice, bate... quero chorar de dor... meu corpo arde... essas cores invadindo meu corpo... invadindo.

— Louca, minha menina doida...

— Doida... é uma doidura mesmo. Está certo? Doidura? O que é? Por que me olha e me aperta? Por que não faz fogo?

— Fazer o quê?

— Me fode.

Berenice parou. Estremeceu. A palavra adquiria força. Excitava. Naquela boca, proferida assim, queimava-a. Ficou estática, sem forças para mover-se. Aquela menina era uma loucura.

— O que você disse?

— Me trepa. Não é isso? Me faz. Vá buscar. Põe em mim outra vez. Penetre-me como naquela vez. Faça tudo. Machuque meu corpo.

Berenice não se movia.

— Você deixou lá? Deixou? Não trouxe? Não tem outro aqui? Eu quero. Me chupa... Me faz tudo...

Berenice deslizou pelo corpo dela.

— Que boca quente. Está me devorando. Eu vou sentir.

Berenice meteu-lhe os dedos. Estafada, ela revirou numa vertigem. Enterrava-se nela, num final de estremecimento que a derrubou como que num desmaio sobre o corpo de Andréa, numa vergastada lancinante do espasmo.

— Você me mata.

— Quer mais? Quer que eu ponha em você?

— Quero. Está tudo ficando roxo, meu corpo dói e não sinto nada. Não sinto meu corpo, só o gozo, é esquisito, você me devora. Quero que faça sempre, no meu quarto, aqui, no gramado, na sala de aula, lá na sua casa, onde me desvirginou, quero morrer e está doendo, essas faíscas de cores que me picam o corpo...

— O que você tem, Andréa? Fala coisas estranhas, está tremendo tanto...

— Me faz... faz... faz... faz...

Berenice mergulhou numa vertigem de carícias e excedeu-se tanto, atiçada pela fúria de Andréa, que novamente a viu sangrar.

Seus olhos pareciam dilatados como os de uma louca, olhando para os dedos úmidos de *vermelho*.

CAPÍTULO 27

Não importava nada. Absolutamente nada.

Estavam ambas irremediavelmente apaixonadas. Berenice estava assustada com Andréa. Por que aquelas reações estranhas, aquele olhar esgazeado, vidrado, pupilas dilatadas, por que seus olhos tão claros, translúcidos, adquiriam aquele brilho cortante, magnetizado, fixo, paralisado como sob efeito de um entorpecente? Era como se estivesse com a percepção sensorial alterada, numa confusão intelectual com ideias fantásticas e rápidas. Lembrava bem as palavras desconexas, sem sentido, ou formariam um sentido que ela não compreendera, empolgada pelo entusiasmo do momento?

"As cores penetram-me, sinto-me invadida pelo azul, o vermelho do tapete me queima, arde, essas faíscas, o frio cortante de espadas que me rasgam." Andréa parecia mesmo sensível aos estímulos visuais e auditivos, e depois aquela letargia, um verdadeiro descontrole motor.

Quando ela se fora, parecia arrastar-se sem forças e, pelo modo como apertava os olhos, percebera que sofria diminuição da visão. Por quê? Perguntara o que sentia e Andréa respondera, numa voz pastosa e elástica como se tudo nela, todos os seus movimentos fossem difíceis:

— Com tanto som e tanta cor me devorando, penetrando minha carne, como acha que devo estar? Você não vê as fagulhas que me picam?

— O que significa isso, Andréa? O que tem?

— Amor.

— Você está estranha, esquisita, o que sente?

— Tudo o que eu quero é dormir, morrer num desfalecimento total dos sentidos.

Berenice vestia-a, intercalando carícias, fazendo perguntas, preocupada, sem conseguir compreender que Andréa sofria efeitos do tóxico barbitúrico. Esteve perto de acertar:

— Você bebeu?

— Não. Já perguntou isso. Não entende? Estou amando, estou possuída pelo demônio, e tudo e todas as coisas querem ser absorvidas por mim. Não vê como meus poros se arreganham? É fome, eu vou engolir o mundo! Vê aquela margarida que vem despencando do lustre? Eu sou aquela margarida. Não, não é uma margarida, como foi que aquela borboleta transparente e tão verde, fosforescente, entrou aqui nesta sala? É você, Berenice? Não brinque comigo, deixe de ser borboleta, não voe para todas as flores. Você é flor, borboleta, pássaro, peixe, areia, água ou uma nuvem? Não, nada disso, você é um bicho!

Berenice estava aturdida e acompanhou os arrebatamentos de Andréa, acreditando que ela tergiversava perturbada por uma emoção de amor e medo.

— Somos duas traças — disse a professora.

— Traças? Por quê? Eu não quero ser traça, prefiro ser um cogumelo branco do mato, você já viu? É tão lindo, tão branco, parece um pompom de algodão, mas é venenoso...

— Eu sou a traça, pertenço à família dos tineidas e dos tisanuros, talvez do gênero lepisma. Sou aquilo que destrói pouco a pouco, não vê o franjar das minhas asas e as unhas em forma de cascos?

— Não são cascos! Prefiro que você seja uma cigarra.

— Traça. Sou traça! Tentando passar despercebida entre os outros, sinto-me como a traça que se esconde entre as costuras dos livros para, no fim, morrer esmagada entre suas páginas.

— Ah! você não é nada, está sumindo, tudo está sumindo. Como vou poder chegar em casa, se não lembro o caminho? Minha mãe vai me ver assim, nessa cor azul, e perceberá que estive com você, que você me deflorou. Como vou apagar o vermelho das minhas coxas? Você não está vendo, Berenice? Está escorregando sangue pelas minhas pernas, você me machucou e meus pais vão se matar de desgosto por isso. Buby vai sair gritando que sou uma lésbica e que você me penetrou, que horror! Não posso ir para casa, prefiro ficar aqui, me deixa dormir no tapete vermelho. Por que você trocou o tapete? Era vermelho e agora está verde. Mas que boba sou! Desculpe, Berenice, pensei que estivéssemos no seu apartamento e estamos no jardim, não é? No gramado do jardim. Você sentiu prazer possuindo-me no gramado do jardim?

— Andréa... você fala de modo tão estranho...

— Não ama?

Berenice ficou sem compreender.

***

Dona Júlia viu a filha chegar, e que adiantaria fazer perguntas, se ela, feito uma sonâmbula, fora diretamente para o quarto, de certo modo explicando tudo:

— Estudar... morrer de tanto estudar e cair na cama para não ser levada para a guilhotina. Mãe, cuidado com os homens das camisas pretas e com as traças, nunca mais volte ao colégio. Preciso de dinheiro para fazer xerox das colas que fiz para passar para os meus amigos, preciso retribuir. Ah!, cabeça! Para que encher tanto a coitadinha? Eu só gosto de poesia!

Dona Júlia ficou olhando para a filha, pensando que ela estava mesmo cansada de estudar. Foi fazer um chá, mas, quando entrou no quarto para levá-lo, Andréa dormia pesadamente. Fechou a porta e saiu, seria melhor que ela descansasse.

Pensamento mais rápido que a palavra, Andréa fragmentava frases com declarações que, se dona Júlia ouvisse, talvez compreendesse o que se passava com sua filha, que, de bruços sobre a cama, presa do impacto emocional da droga, empreendia sua viagem transpondo barreiras, descortinando horizontes, flutuando entre cores e sons e todas as coisas que sua alma romântica e apaixonada absorvia nas suas divagações poéticas, enterrando-as no fundo da psique para dar vazão, por instantes, a outras fontes de prazer.

Imagens, caminhos. Andréa continuava empreendendo sua viagem, para depois cair num relaxamento total.

***

Levantar cedo, vestir-se e sair, enfrentar professores, preocupar-se com as matérias do dia sempre a aborreciam. Nessa manhã esfumaçada, entretanto, em que havia aula de história, ela saltou radiante, apressada e esmerou-se nos preparativos pessoais, como se precisasse parecer mais bela do que nunca.

É que nessa manhã "não haveria aula de história" porque dona Berenice não compareceria, e não precisaria preocupar-se com falta, pois iria encontrar-se com ela. No apartamento dela. Era, na realidade, o verdadeiro primeiro encontro. Marcado, programado, combinado. O compromisso ao qual ela jamais faltaria.

Como se tivesse feito milhares de vezes, ela saltou do táxi em frente ao edifício, entrou no elevador e saiu no oitavo andar. Avançou pelo corredor e tocou a campainha.

Passos arrastaram-se lá dentro num *tlaf-tlaf* de chinelas e, ansiosa, Berenice abriu a porta: Andréa entrou.

O olhar das duas aprofundou-se através das pupilas. Apenas uma noite, e parecia que não se viam havia semanas. Saudade que, apressada, atirou-as uma nos braços da outra para carícias e loucuras, promessas e confissões dos sentimentos que as perturbavam.

A manhã correu célere, apressada, egoísta como todas as horas de êxtase e aventura proibidos.

Extenuada, Andréa gemeu que não aguentava mais, já não podia continuar, não tinha forças e, se prosseguisse, poderia até morrer. Berenice riu e acariciou o rosto cujo olhar cheio de encanto estava paralisado, fixo no seu, provocando arrepios que haviam, como britadores terríveis, demolido sua personalidade, sua segurança, seu autocontrole, tornando-se um objeto para as mãos daquela menina.

Os lábios queimavam insaciáveis de beijos. O corpo ardia afogueado pela fúria do desejo e das carícias que se haviam feito.

— Hoje eu tenho certeza de que não sou mais virgem, e agora sou sua para sempre. Tenho a impressão de que estou estraçalhada e nunca deixarei de sangrar, de que todas as vezes o nosso amor será comungado com o meu sangue.

— Não quer que eu use mais... isso?

— Eu quero que faça tudo... sempre... tudo o que quiser... meu corpo é seu... agora estou tão fatigada... tão cansada... tão suada... não posso mais... creio que vou morrer...

— Não, amor, agora não, a gente morre outro dia, tá?

— Juntas?

— Juntas.

Berenice olhava para Andréa, analisava. Não era a mesma da tarde anterior, tão calma, embora tivesse vibrado loucamente em seus braços durante o ato sexual, tão meiga, todas as palavras formando frases inteiras. Estava curiosa, alguma coisa a obrigava a pensar nas atitudes anteriores de Andréa. Desespero? Ciúme? Medo? Insegurança? O quê? Nada disso, havia alguma coisa mais. Seria uma perturbação mental? Não. Não queria admitir, não podia, isso não. O que, então?

— Andréa, você ontem...

Parou.

Andréa ficou em silêncio. Sabia o que ela ia perguntar, o que estava pensando a seu respeito. Teria de arranjar uma resposta e, ao lembrar o que sentira, a viagem estranha, as cores e sons vagamente cutucando-a numa ideia semiapagada, numa mudança inesperada sentiu os lábios ressecarem, a língua como que engrossar dentro da boca, o estômago contrair-se, o coração pulsar mais fraco, cada vez mais fraco, como se fosse parar de bater, numa necessidade incoercível de tomar a droga.

— Você estava tão estranha... o que aconteceu com você, ontem?

— Eu estava feia?

Andréa conduzia a conversa, saberia fugir.

— Não, estava fulgurante, maravilhosa, linda!

— Então?

— Não era isso. Seu jeito, estava estranha, as coisas que disse, como agiu...

— Eu estava louca, alucinada, tremendamente apaixonada, morrendo de vontade de você, de ser sua. Estava embriagada de amor, foi uma bebedeira emocional, de todos os meus sentidos. Eu queria estar com você em toda parte, ser tudo para você e receber tudo. Eu estava estranha, sim, torturada de ciúme, magoada, perturbada — carregou o sobrecenho numa expressão preocupada e, inteligentemente, mudou assunto. – Você não se preocupa por não ter ido ao colégio hoje?

– Preciso dar uma oportunidade ao substituto, não acha? Há muita coisa atordoando-me, não seria conveniente dar aula nas condições em que me encontro. Você me arrasou, menina, mudou tudo em mim, derrubou-me, a fortaleza foi atingida por uma rajada certeira. A invulnerável Berenice, que só tinha história na cabeça – a enciclopédia, como diziam –, é só sentimento. Preciso reabilitar-me, já não consigo sufocar e esconder o que sinto quando a vejo. Tudo transparece em meu rosto, revela-se em meus olhos. Compreende que é necessário que me afaste alguns dias?

– De mim? – Andréa ficou aflita e apertou-se contra ela.

– Não, tolinha, do colégio. Se eu me afastar de você, será pior.

– Então... o que pretende?

– O que há nessa pergunta desconfiada?

– Quer cansar de mim, enjoar, me usar bastante e depois voltar para suas menininhas, não é? Voltar grande, indiferente, glacial, objetiva como antes, é isso?

– Não, amor, isto não vai acabar nunca, vou amar você até o resto dos meus dias, não compreende? Mas é preciso controlar a situação. Eu já me justifiquei no colégio, não irei nesses três próximos dias.

– E eu? Que devo fazer? Vai dizer que não poderei faltar, senão desconfiarão, não é isso?

– Você terá de ir. Assistirá às principais aulas, depois virá até aqui me encontrar, nem que seja só por alguns minutos. Mas precisará tomar cuidado para que não a vejam. Verá como tudo se arranja.

Andréa ficou em silêncio, fazendo círculos. Soergueu a cabeça, fitou-a muito séria e disse:

– Você não vai me deixar.

– Claro que não. Nunca.

– Eu tenho medo. Vou ser reprovada, eu sei. Não consigo estudar, não poderei prestar exame no fim do ano. Tenho medo de voltar para casa, tenho medo de tudo. Tenho medo de mim, das coisas que faço. Tenho muito medo de mim. Tenho mesmo medo de mim.

– Por quê? – perguntou depressa, esperando uma confissão, reparando nela, que pretendia dizer algo, por que tinha medo de si própria. Talvez explicasse suas estranhas atitudes. Agora estava ali, completamente diferente da tarde anterior, lúcida, séria, sem aquela euforia, cariciosa, sem a excitação nervosa, delicada, frágil, não sádica e atormentadora como demonstrara ser.

Ela abaixou as pestanas, esfregou as mãos uma na outra, tornou a desviar a conversa:

— Você me ama?

— Você não respondeu à minha pergunta.

Andréa ficou em silêncio, depois levantou, e afastava-se quando Berenice puxou-a, perturbada e nervosa:

— Por que você se transforma assim, de um momento para outro, Andréa? Por vezes, desconheço-a, não posso crer que a Andréa de hoje esteja sentindo as mesmas coisas de ontem, pois estava eufórica, alucinada, esquisita, como se estivesse sob efeito de algo.

Andréa cobriu o rosto com as mãos, ficou assustada, começou a chorar e negou:

— Que maus pensamentos tem a meu respeito só porque a amo. O que pensa? O que quer dizer? Que estava bêbada? Sentiu cheiro de álcool na minha boca? Claro que não, eu não bebi, não bebo.

Sentiu-se abraçada fortemente, Berenice pediu desculpa.

— Eu explico, não foi por mal, é que já andaram passando certas coisas lá no colégio e, às vezes...

Berenice embaraçou-se, Andréa se fez de ingênua:

— Que certas coisas?

— Fumo, sabe, "bolinha", coisas assim, gente sem escrúpulo. Um aluno viciado, coitado, já saiu, mas nunca se sabe. O pai internou-o num sanatório, não sei o que pensar, parecia que ele estava mentalmente perturbado, falava coisas desconexas, até que um dia alguém falou. Alguém viu o tubo de droga, fez de conta que queria e espalhou a coisa, uma confusão.

— E estava pensando isso de mim?

— Não, não era isso.

— Que eu estava mentalmente perturbada...

Andréa exasperava-se. Berenice tentava desfazer o que provocara. Não queria que Andréa ficasse ofendida. Talvez estivesse julgando mal o temperamento da moça. Ela era assim, estranha, e daí?

Sagazmente, Andréa considerou que seria conveniente não ficar tão ofendida e desesperada, e ludibriou-a:

— Você não gostou de *mim* de ontem? Eu quero ser assim para você, fazê-la viver em pouco tempo as mais fortes emoções. Não sou uma menininha boba, eu amo com loucura e faço loucuras, você não gosta? Não gosta das minhas loucuras de amor? Você não acredita que é o amor que me faz assim? Não acredita? Não? Não gosta?

— Gosto, gosto sim, você é uma loucura, mesmo.

A mentira baseada na verdade pareceu-lhe terrível, e Andréa chorou mais nervosa.

— Não, não chore assim, meu bem, magoei você, sou uma estúpida. É que o caso daquele rapaz desnorteou-me. Preocupei-me, é que você é diferente. Não chore, desculpe, amor, desculpe.

Tartamudeava febril, sofrendo a angústia que a arrebatava. Andréa descontrolava-se, tudo revirou numa vaga de medo, agarrou-se contra o corpo de Berenice e continuou chorando.

— Que faço, que farei, Berenice? Eu estou enlouquecendo, meus pais não compreenderão nunca, não quero ir mais ao colégio, não quero voltar para casa. Sinto-me uma criminosa, mas quero viver, quero viver o que sou, tenho o direito de ser feliz, de viver esse amor. Não me deixe, me leve com você, vamos embora daqui. Se me ama, terá que pensar algo. Não pode me abandonar, e a gente continuar se encontrando às escondidas, eu não tenho forças para enfrentar nada, não tenho forças para...

O telefone tocou. Ficaram se olhando sobressaltadas. Quem seria? Berenice ficou indecisa se atendia ou não. Olhou para o relógio suspenso na parede. Meio-dia e cinco. Foi atender.

— Sim... Não, não pude ir ao colégio hoje... porque... porque não pude... não posso, não venha agora, estou de saída... espere, eu...

Andréa saltou nua para o lado dela. Desconfiada, aproximou a cabeça do fone, unindo a face à dela. Ouviu do outro lado uma voz feminina reclamando:

— Ou você vem falar comigo, ou eu vou aí.

Andréa olhou para Berenice com uma expressão rancorosa. Berenice pôs a mão sobre o fone e explicou:

— É Cristina.

Aproximou-se de novo e escutou: "Vou, sim... vou agora... precisamos resolver muita coisa".

— Venha. Venha mesmo. Eu vou atender você — gritou Andréa, enciumada e com raiva. Berenice empurrou-a, a outra bateu o telefone e Berenice desligou.

— Criança, o que você fez? Não percebe que loucura praticou?

— Está com medo de perdê-la, não é? Pois fique sabendo que eu acabo com a vida das duas. Você é minha, você me aprontou, agora tem que ficar comigo, tem que me levar com você, entendeu?

Gritava e chorava, tentando agredir Berenice, que recuava assustada. De repente puxou-a, derrubando-a no sofá, prendeu-lhe os braços e, debruçada em cima dela, fitando-a no rosto, excitada pelo nervosismo e ciúme de Andréa, beijava-a arrebatada:

— Amor, já nada mais poderá existir entre mim e Cristina. Ela não virá. Eu a conheço muito bem.

— Não virá hoje, não é? Ela já deve estar acostumada com suas traições. Traz alunas aqui, depois ela perdoa porque você conta uma história bem bonitinha, não é? Por isso está calma, eu sei que é isso, você trouxe Bárbara aqui, trouxe outras.

— Não. Isso que aconteceu hoje nunca aconteceu. Naturalmente, vou ter que falar com Cristina, mas será para pôr término ao nosso "caso", tenha certeza. Por favor, amor, acredite em mim.

— E se ela vier aqui, agora? Fará um escândalo? Verá que sou eu, irá contar para minha mãe.

— Ela não virá.

— E se vier?

— Não abriremos a porta.

— E se ela insistir?

Berenice revirou os olhos zombeteira, como quem não encontra uma solução. Andréa beliscou-a. Olharam-se abrasadas de amor. Berenice sussurrou, de encontro ao beijo:

— Chamaremos a polícia.

CAPÍTULO 28

Dona Cristina parou na frente dela e chamou-a para que fizesse o exercício na lousa. Depressa, Andréa respondeu que não sabia. Não estudara, não havia comparecido às últimas aulas e ainda não aprendera aquelas equações, nem sabia sobre o que ela estava falando. A professora calou-se diante da sua inesperada e acintosa franqueza, abriu o livro de chamada e marcou ponto a menos.

Andréa sacudiu os ombros em pouco caso. Mais irritantes haviam sido as aulas de história, ela e Berenice fingindo, evitando olhar uma para a outra, disfarçando, com medo. Berenice só não comparecia ao colégio quando Andréa também não ia, para se encontrarem no apartamento. Assim as semanas tinham se passado, as duas cada vez mais sentindo a necessidade de se verem todos os dias.

Há cinco dias Andréa não pudera deixar de ir às aulas porque doutor Américo regressara de viagem e ia levá-la e buscá-la, como sempre.

Apesar das discussões, Andréa conseguia enganar dona Júlia e sair todas as tardes para se encontrar com Berenice. Dona Júlia estava desconfiada e insistia para que Andréa convidasse suas amigas para estudar com ela em casa, em vez de sair todos os dias; deviam revezar algumas vezes. Uma situação desagradável ia-se formando entre mãe e filha. Andréa queria ter liberdade, e não viver a dar satisfações de todos os seus passos, e ouvir perguntas irritava-a. Já se fartara das admoestações, estava emagrecendo, abatida, visivelmente esgotada, com olheiras. Dona Júlia teria de esperar o resultado dos esforços da filha, que estava se matando de tanto estudar, e acreditar no que ela dizia. Ocultava do marido suas preocupações, pois ele andava cheio de compromissos e muito atarefado.

Buby, depois de espernear e suplicar algumas vezes, conseguira que Andréa o levasse junto, porém o deixara na casa da avó e se fora para a casa da tal amiga, voltando dessa feita mais tarde. Por isso, Buby não saíra outras vezes em sua companhia.

Andréa mordiscou os lábios, não aguentava mais aquela aula chata. Olhou ao redor. Voltou-se para Moacir e perguntou:

— Que horas são? Quanto tempo falta para terminar a aula?

— Não trouxe relógio, tá na relojoaria, custa mil cruzeiros.

Sem vontade de rir, esboçou um sorriso e saltou rapidamente quando a sineta tocou. Não tivessem seus livros e cadernos esparramado-se pelo chão, teria sido a primeira a sair da sala.

Do outro lado do corredor, irrequieta, atrapalhada, querendo que parecesse natural sua presença ali, dona Berenice esperava ver Andréa passar. Olharam-se rápida e furtivamente.

Andréa desceu a escada, saiu do colégio e atravessou a rua. Estremeceu de decepção ao ver o carro do pai se aproximando.

Parou à espera. Viu no portão do colégio a professora, observando-a disfarçadamente se afastar, provavelmente em direção ao estacionamento próximo, onde guardava o seu SP2.

Doutor Américo cumprimentou-a carinhosamente, e os dois se foram em silêncio.

— Estou com um formidável apetite. E você?

— Papai está sempre com fome — gracejou ela, sorrindo. Doutor Américo fez uma fingida careta e voltou-se para ela:

— Andréa, sabe o que Buby fez hoje?

Ela ficou a olhá-lo, esperando que contasse a façanha do irmão.

Doutor Américo enfiou a mão no bolso, tirou um pedaço de papel e estendeu-o para que ela visse.

Andréa desdobrou-o e compreendeu, então, por que Buby a fizera, na noite anterior, escrever aquela frase. Era o mesmo papel, porém antes não tinha aquele desenho que Buby fizera, contornando a sua pequenina mão com lápis.

Ela sorriu e leu em voz alta:

— "A mão negra ataca." Fui eu que escrevi, papai.

— Eu sei, ele teve coragem de pedir primeiro para eu escrever. Como estava ocupado, mandei-o procurá-la. Hoje encontrei isso no meu bolso e compreendi por que ontem ele estava fuçando nas minhas calças e no meu paletó.

— E o senhor não ralhou com ele?

— Não. Queria ver o que ia acontecer. Outra vez, encontrei uma lagartixa de borracha e fiquei prevenido. Porém, esqueci de verificar o que seria dessa vez.

— Mas qual o significado desse desenho, afinal? Isso não assusta.

— Mas desfalca. O maroto surrupiou-me todos os trocados.

Andréa riu e doutor Américo, que se mostrava preocupado com a nova traquinagem do filho, pôs-se a rir também.

Quando chegaram, o menino já os esperava preparado para as perguntas.

Doutor Américo aproximou-se e, pondo-se de cócoras na frente dele, perguntou pausadamente:

— Quanto? Quanto você tirou?

— Três cruzeiros em moeda.

Doutor Américo continuou a fitá-lo, fingindo estar muito bravo. Buby continuou:

— Dez notas. Uma de vinte e mais 50 cruzeiros.

Doutor Américo estendeu a palma da mão aberta e pediu, sério e decidido:

— Devolva-me tudo.

Buby inclinou a cabeça e ia dizer qualquer coisa quando doutor Américo insistiu, sem deixar alternativa, empurrando-o:

— Vá, vá buscar tudo e já, imediatamente.

Buby deu-lhe as costas, enfiou a mão no bolso da calça. Ficou em silêncio, quieto alguns instantes e, depois, voltou-se, estendendo a mão rechonchuda que deixava escapar por entre os dedos as notas amarrotadas.

— O resto eu gastei.

Doutor Américo pegou as notas e exclamou indignado:

— Três cruzeiros? O que você fez com todo aquele dinheiro?

— Comprei figurinhas de futebol e uma bandeira do Corinthians.

— Ah!, malandro! Pois hoje você vai ficar de castigo por ter feito algo muito sério.

O pai prosseguiu passando-lhe uma severa reprimenda e dessa vez não perdoou, pondo-o de castigo e recomendando a dona Júlia que não o deixasse sair do quarto aquela tarde inteira e não assistisse à televisão, para que nunca mais repetisse aquilo.

— A mão negra ataca! Era só o que faltava! Quem será que pôs essas ideias na cabeça desse moleque?! — saiu exclamando, muito preocupado.

***

Da janela do quarto, Andréa viu o carro do pai distanciar-se. Correu para o guarda-roupa e começou a escolher o vestido. Nesse ínterim, dona Júlia abriu a porta e entrou:

— Andréa, vou deitar-me um pouco porque estou muito cansada. O tempo está horroroso. Parece que não vai parar de chover nunca mais. Creio que, hoje, você não vai sair, não é?

Andréa inclinou a cabeça. Era horrível ter de responder, e ficou em silêncio. Dona Júlia ficara indisposta, triste, com dor de cabeça, como todas as vezes em que Buby era castigado.

— Telefone para sua amiguinha e diga-lhe que não vai sair hoje. Se quiser, pode convidá-la para vir aqui, já lhe disse isso muitas vezes. Hoje você não vai sair.

— Mas eu preciso, mamãe, eu preciso ir.

— Você não vai a lugar nenhum.

— Toda vez que Buby apronta uma, quem paga mesmo sou eu.

Dona Júlia encarou-a, não disse nada e saiu do quarto batendo a porta. Ouviu-a gritar uma ordem para a empregada, que ficasse de olho nela. Ia trancar a porta, mesmo assim não confiava nela, Andréa andava tão esquisita que seria bem capaz de pular a janela. Estava desnorteada, os filhos iam acabar com sua vida. Resmungou um pouco mais e depois tudo tornou ao silêncio.

Andréa exasperava-se, andando de um lado para outro dentro do quarto. Era impossível que estivesse lhe acontecendo semelhante coisa. Proibida de ir ao encontro do seu amor. Trancada feito uma prisioneira. Abriu a porta do quarto; talvez, se falasse com a mãe, se insistisse. Desistiu. Sabia bem que, quando dona Júlia decidia algo, ninguém conseguia demovê-la e, depois, muita insistência levantaria suspeitas. Seria perigoso.

A chuva continuava implacável. Odiou aquela umidade fria que caía em gotas pesadas fazendo um barulhinho irritante. Os minutos se contaram longos e perversos. As horas passaram e o tempo não mudou de aspecto. Frio, irritante, martelando naquela cantilena descompassada contra a vidraça.

O telefone tocou. Correu para o corredor, olhou do saguão e esperou quando a empregada atendeu. Andréa perguntou, em suspense, como se esperasse:

— Quem era?

— Ninguém. Desligaram sem falar nada. Alguém que não tem o que fazer.

A empregada começou a desfilar uma série de fatos semelhantes, trotes que passavam através do telefone só para fazê-la atrasar o serviço e irritá-la. Andréa desceu as escadas e foi se sentar perto da mesinha do telefone. Sem dar atenção à empregada, que falava sem pestanejar, interrompeu-a:

— Pode voltar para os seus serviços. Eu atenderei aos chamados.

A empregada afastou-se e, como Andréa esperava que acontecesse, logo o telefone tocou outra vez. Ansiosa, falando claro para que Berenice reconhecesse sua voz, atendeu:

— É Andréa que está falando, alô?

Do outro lado, a voz dela respondeu, invadindo-a.

— Por que você não veio?

Ela olhou ao redor, antes de responder. Explicou o que se passara. As duas ficaram mais de quarto de hora trocando palavras saudosas, fazendo promessas, confessando amor, o que sentiam uma pela outra.

Dona Júlia abriu a porta do quarto. Andréa apressou-se a disfarçar:

— Por que você não vem aqui, Cecília, mamãe mandou convidá-la. Eu não posso ir, está chovendo muito... estou um pouco resfriada.

Berenice compreendeu que alguém se aproximava de Andréa. Despediu-se apressada e pediu que telefonasse mais tarde, se houvesse oportunidade. Andréa repôs o fone sobre o gancho e dona Júlia aproximou-se sorrindo, acreditando na filha:

— Amanhã, se o tempo melhorar, você poderá estudar com Cecília.

A promessa de dona Júlia não desfez a expressão do rosto de Andréa, que se afastou feito uma autômata, levando dentro o som da voz amada que, através de um fio, a penetrara tão fundo.

Quando se aproximava da porta do quarto, ouviu a voz de Buby chamando-a. Voltou para atendê-lo e percebeu, no rosto do irmão, vestígio de lágrimas. Andréa condoeu-se e ajoelhou perto dele.

— Pilantra, papai está muito zangado, e com razão. Quem foi que lhe ensinou a roubar? Sabe que é muito feio?

— Foi brincadeira. Eu pedi pra mamãe, e ela não me deu. Só faltavam vinte figurinhas para encher o álbum. Veja, já está completo, e depois eu queria tanto uma bandeira do Corinthians.

Andréa folheou o álbum e perguntou:

— Para que você me chamou?

— Eu queria que você preenchesse um envelope para o Pelé. Escrevi uma carta para ele, quatro palavras, sabe, mas a letra é muito feia e fica melhor você fazer o envelope.

Andréa olhou curiosa para o irmão, que estava com cara de choro.

— E por que, e o que você escreveu para o Pelé?

— Ele não fala na televisão que quer receber uma carta de "você também"? Então, é pra mostrar que eu sou bom brasileiro e sei escrever.

Andréa abraçou o irmão e riu, tentou desconversar:

— Mas por que você, então, é corintiano?

— Por quê? Quem é corintiano não é bom brasileiro? Eu sou corintiano por que gosto das coisas difíceis, porque sou mesmo, e uma coisa não tem nada a ver com a outra. Pelé é o rei, e daí? Eu sou corintiano pra fazer corrente...

— Fazer corrente? Não entendi.

— Puxa, mana, você é mesmo desligada. Para fazer força de pensamento e ele ganhar. Quero acreditar que a união faz a força, e você não vai pedir pro papai deixar eu assistir televisão? Um pedido só e ele te atende. Vai ver a gente tem que se unir, qualquer hora que você precise eu ajudo você e encho o saco da mamãe para ela deixar você sair.

Andréa riu do irmão, pegou a caneta que sempre prendia na blusa, enfiando o prendedor na casa do botão, e preencheu o envelope conforme Buby ditou.

— Acho que ele vai receber a carta, não vai? A televisão vai mandar pra ele, não vai?

— Claro que vai, você já está bastante espertinho para sua idade, mas agora volte para seu castigo.

— Você põe no correio para mim?

— Ponho.

— Vai pedir para o papai me perdoar e deixar assistir televisão? Diga que eu jurei não fazer mais isso, que compreendi que é muito feio, que não se deve fazer dessas brincadeiras. Você vai falar com ele?

— Vou.

Buby deu um passo para frente e, passando os braços ao redor do pescoço da irmã, deu-lhe um beijo nas faces.

— "Bigado".

— Obrigado, não coma letras. Por que você uma hora fala certo, outra hora fala errado?

— Porque é gostoso.

Ela deu um tapinha no rosto do moleque e afastou-se com pena de deixá-lo só, trancado no quarto. Entretanto, era necessário castigá-lo para que não se tornasse um menino de maus vícios. Vícios! Ela estremeceu, refletindo sobre tal pensamento. Viciada! Isso era ela. E como livrar-se? Parecia que, quanto mais se aterrorizava, mais a atraía o vidro de pílulas. Há quanto tempo se tornara escrava daquelas cápsulas! Os dias passados mergulhavam-se em trevas, em cenas fantásticas em que ela se via rodeada por fantasmas e seres terríveis. Do inferno de sensações que a consumiam, era sempre Berenice que surgia, como galho emergindo de pantanal lúgubre e nevoento. Agarrava-se a ele querendo salvar-se, porque sentir Berenice e concentrar-se em seu amor, vibrar com ela, lembrá-la apenas era o mesmo que realizar sonhos, ser de alguém do seu verdadeiro mundo.

Presa de poderosa emoção, entregou-se mais uma vez ao vício que a dominava. Indiscriminadamente ia roubando vidros e tubos de laboratório, e tomando toda a sorte de pílulas que encontrava. Motivo esse de as reações serem as mais estranhas e imprevistas.

Entretanto, para ela tudo tinha o mesmo efeito e resultado, porque o que ela queria era vencer o sentimento forte que a estava dementando.

Dessa vez, estorceu-se na cama e revirou em loucos gemidos abafados, esbugalhou os olhos, aterrorizada diante das visões que desfilavam, horrendas, querendo assaltá-la. Aqueles vultos, aquelas cenas, o apavorante espetáculo que se descortinava em sua mente dilatada venceu-a numa última reação, derrubando-a num profundo sono. Adormecida ou desfalecida, não acordou para o jantar. Nem diante da insistência de dona Júlia, que chamou doutor Américo, preocupada.

Ele aproximou-se da cama e olhou para o rosto da filha. Tomou-lhe o pulso e acercou-se mais. Ergueu a pálpebra e recuou intrigado. Dona Júlia puxou-o pelo braço:

— Não será melhor chamar um médico?

Ele balançou a cabeça negativamente, coçou o queixo e, ensimesmado, perguntou:

— Ela se queixou de alguma coisa, hoje? Por acaso você lhe deu algo, um remédio qualquer? Ela não está menstruada e tomou uma dose excessiva de novalgina, não?

— Não... a não ser que...

— Que o quê?

— Que ela tomasse uma dose excessiva do remédio que você lhe trouxe. Era calmante, não era? Não poderia ter esse resultado?

— É possível, mas teria que tomar muitas pílulas e, então, já seria um problema. Por que ela haveria de tomar mais do que o recomendável? Com que intenção? Será que Andréa está tendo algum problema, Júlia?

Dona Júlia foi verificar e voltou com o vidro. Andréa sequer o abrira.

Doutor Américo debruçou-se sobre a filha e sacudiu-a violentamente. Andréa abriu os olhos assustada:

— O que foi? O que aconteceu?

Os olhos arregalados, a boca mole, os lábios soltos e a voz frouxa, engasgada. Ela olhou, aturdida, para os dois. Doutor Américo sentou-se perto dela.

— O que você tem, Andréa? Seu sono não me pareceu normal.

Ela, a custo, conseguiu se sentar:

— Papai, não dormia assim havia várias noites, preocupada com meus estudos. Parece que hoje desforrei, tenho a impressão de que o sono finalmente me nocauteou.

Prevenção e medo venceram o torpor do corpo, respondera rápido e precavida, livrando-se da terrível suspeita.

Ainda preocupado, doutor Américo deixou-a momentos depois. Dona Júlia demorou-se mais, fazendo-lhe companhia enquanto Andréa jantava.

Sozinha, depois, sentiu o perigo que estreitava o cerco a largas passadas. Inevitável seria que, num dia muito próximo, o pai perceberia a falta dos vidros no armário do seu laboratório. Lembrar-se-ia dessa noite e concluiria que era ela quem assaltava os tubos de pílulas.

Essa foi a mais horrível noite de sua vida. Qualquer ruído a sobressaltava, acreditando que a qualquer instante o pai invadiria seu quarto enxovalhando-a de perguntas.

Teria de se livrar daquele vício, que a arrastava para a perdição. Tinha de pôr um ponto final à horrível angústia, precisava livrar-se das pílulas. Num assomo repentino de terror, levantou-se e foi buscar o vidro de rótulo amarelo. Abriu a janela com cuidado e estendeu o braço para fora, mas não abriu a mão. Não poderia. Se o vidro se espatifasse no jardim ou na rua, talvez o próprio pai o encontrasse na manhã seguinte. Ainda o medo reteve o causador de suas loucuras fechado dentro da mão, apertando-o com força.

CAPÍTULO 29

Quando Andréa desceu para a sala, avistou, de passagem para a copa, doutor Américo à mesa, lendo jornal, enquanto dona Júlia o servia, indo e vindo da cozinha até a copa.

Andréa acercou-se e beijou-o no rosto. Logo em seguida, cumprimentou dona Júlia.

— Estou surpresa por vê-la pronta para ir ao colégio. Pensei que hoje não estivesse disposta.

— Se eu continuar faltando, provavelmente serei reprovada.

Doutor Américo pôs o jornal de lado e suspirou satisfeito. O cheiro agradável de café fresco abria o apetite.

— Sabe, Júlia, conseguimos acertar a fórmula para a nova vacina contra a febre que vem se propagando de uma cidade para outra nefastamente, obrigando a fechar diversos institutos de ensino, devido ao seu perigo. Hoje, começaram a fazer as primeiras aplicações públicas. Estamos satisfeitos com os resultados primordiais. Não resta dúvida de que exterminaremos essa tropa de bacilos nocivos que vem marchando pelas cidades querendo derrubar a todos.

— Era por isso que o senhor andava tão preocupado, papai?

— Exatamente. Leia essa notícia na primeira página. Só agora estão publicando, mas há muitos dias já a febre atingiu a capital. Os primeiros estudos da vacina começaram a ser feitos há questão de duas semanas, no meu laboratório e em outros. Só agora posso falar por que obtivemos êxito.

Dona Júlia correu a ler o jornal. Com orgulho, viu nas primeiras linhas o nome do marido destacando-se como o descobridor da vacina contra a febre infecciosa. Comovida, inclinou-se para abraçá-lo enquanto Andréa, por sua vez, curiosa, pegou o jornal para ler a reportagem.

Seus olhos brilharam envaidecidos olhando para o pai, orgulhosa por ser filha dele. Também se levantou para abraçá-lo e beijá-lo.

Doutor Américo levantou-se, afastando-se da copa, seguido por mulher e filha.

— Não agucem a minha vaidade, que isso é a perdição de muita gente. Depois de tantos anos, estou conseguindo alcançar o lugar que sempre almejei na vida. Vejo que os meus estudos não foram inúteis, e estão tendo resultados e recompensas os meus esforços. Não fiquei marcando passo. Já consegui, com meus testes e análises, apreender milhares de tóxicos que estavam sendo vendidos abertamente nas drogarias como sedativos e aprovar outros tantos remédios. Não existe um só medicamento que, ao passar por nosso laboratório, não seja submetido a inúmeros testes para depois poder entrar em circulação ou ser condenado. Com isso, se evitará, naturalmente, a falsa medicina, que só prejudica e retarda a cura das doenças, facilitando, assim, com a aplicação adequada e realmente boa, a cura dos que precisam recorrer a uma farmácia, sem efeitos outros. Tive a oportunidade de observar criaturas que se tornaram verdadeiros toxicômanos pelo uso excessivo de sedativos, na maioria das vezes recomendados pelo próprio médico. Uma dorzinha qualquer, e logo recorrem à pílula, depois outra e mais outra. O efeito vai-se tornando fraco, insuficiente, vão aumentando a dose, até que passam para outro mais forte, assim chegando às reações do tóxico barbitúrico. Tornam-se escravos da pílula, viciados, verdadeiros toxicômanos. Tenho, em meu poder, amostras dos mais perigosos tubos apreendidos.

Doutor Américo voltou-se para a esposa, que o ouviu atentamente. Do outro lado, Andréa permanecia em silêncio, lívida, atordoada diante da conversa que vinha enfrentá-la como uma advertência ou uma terrível acusação. Seus olhos paralisados, distantes, não escondiam o horror que as palavras do pai estavam provocando. Tremia, transpirava e chegou a sentir fraqueza de vertigem. Doutor Américo prosseguia com seus comentários, sem prestar atenção à transfiguração da filha, que se debatia num desespero interior.

Andréa ergueu-se de súbito e saiu apressada. Subiu as escadas de dois em dois degraus e entrou no quarto.

Lá embaixo, atentos que estavam no assunto que abordavam, dona Júlia e doutor Américo não fizeram caso da súbita retirada de Andréa, que normalmente agia assim. Fora, por certo, buscar os livros do colégio. Não notaram sequer a cor pálida do seu rosto quando ela voltou, pouco depois, e, da porta, chamou o pai para que se fossem, senão perderia a hora.

Doutor Américo entrou no carro e logo se distanciaram pelo costumeiro caminho. Andréa meditava. Mil perguntas subiam-lhe à garganta, porém o medo a retraía. Poderia condenar-se, se demonstrasse que estava interessada naquele assunto, se mostrasse muita curiosidade.

Doutor Américo, entretanto, disposto a falar como nunca fizera antes, facilitou para que a preocupação dela tivesse resposta, prosseguindo com seus comentários.

— Hoje, a essas horas já saíram as primeiras ambulâncias com enfermeiros para irem aos institutos de ensino fazer aplicações da vacina. Depois, também seguirão para outros estabelecimentos, percorrerão bairros do centro e do subúrbio. Será uma maravilhosa obra, e sinto-me responsável. Deus permita que o efeito da vacina seja milagroso para todos, que o mal seja vencido.

— Tão grave a febre, papai?

— Terrível. Mata depois de longas horas de delírio.

— Do que provém?

— Da própria água, da chuva. Pode começar num resfriado, numa indisposição, e os moradores dos bairros da periferia são naturalmente os primeiros a serem atacados. Transmitem numa sala de aula, num ônibus fechado, em qualquer lugar onde se demorem, já com os sintomas da febre. O micróbio logo se multiplica, alimentado pelo sangue de sua vítima. Os problemas da propagação das doenças são quase sempre os mesmos. Foi por isso que fiquei tão preocupado com você, mas graças a Deus logo vi que *não* se tratava da febre. Ela apresenta sintomas que não confundem.

Então, fora por essa preocupação que ele nada desconfiara e não fora fazer uma vistoria no armário do laboratório. Doutor Américo nem de longe suspeitava o que se passava com ela.

Andréa abordou-o com a pergunta, fazendo-se de ingênua:

— Papai, o que é um toxicômano?

O que ela queria saber realmente era se também seria uma toxicômana, como poderia se livrar daquilo, o que fazer.

Doutor Américo diminuiu a marcha do carro e olhou-a atentamente.

— Toxicomania é a necessidade anormal que manifestam certos sujeitos por substancias tóxicas ou drogas cujos efeitos, eufórico ou dinâmico, conheceram de modo acidental ou procurando deliberadamente. A necessidade se converte num hábito tirânico que leva a pessoa a aumentar cada vez mais as doses. Essas substâncias são tóxicas por sua grande nocividade própria, tais como os alcaloides do ópio ou da coca, e provocam, mais cedo ou mais tarde, a decadência física e mental do sujeito. Os estupefacientes sintéticos são perigosos no uso excessivo e prolongado – o álcool, o fumo, há tantos. Na maioria das vezes, trata-se de uma criatura de índole fraca, tímida, sem personalidade, sem caráter formado, uma criatura frustrada, infeliz, que o destino levou a isso, como disse Ball, "pela porta da dor, do prazer ou do pesar"; atirado à margem dos seus ideais, o sujeito se deixa vencer e entrega-se ao vício.

— E é fácil curar esses toxicômanos?

— Depende. Por que está tão interessada? Está-me forçando a dar aula?

Andréa notou as rugas que se formavam na testa do pai. Teve vontade de beijá-las. A preocupação retratava-se nelas. Um homem que lutava sem descanso, todas as horas de seus dias, por um ideal maravilhoso de salvar criaturas, por humanitarismo.

— Coitados dos ratinhos. Foram eles as cobaias para seus estudos do câncer?

— Sim – foi a limitada resposta.

Enquanto doutor Américo se concentrava nos seus empreendimentos, Andréa martirizava-se. Como pudera chegar a tanto? Diante dos esforços do pai, ela não suportava o remorso por reconhecer-se uma ingrata, a desmoralizadora, uma abjeta toxicômana. Ela estava podre. Corrompida, perdida, irremediavelmente perdida. Mas nem mesmo diante de todos os pensamentos que a açoitaram ferozmente, condenando-a, nem mesmo diante do semblante sábio e caridoso do pai, ela conseguiu jogar o vidro que carregava no bolso pela janela do carro, numa atitude, numa iniciativa que poderia ser o começo de sua recuperação. Nada conseguia destruir tampouco a violenta paixão por Berenice e a vontade de ser dela, o desespero de chegar logo ao encontro marcado. Teve vontade de pedir perdão ao homem que agora lhe estendia o rosto para que ela beijasse numa despedida, mas ele perguntaria por que e ela jamais responderia.

Um sorriso calmo embelezou os lábios do homem íntegro, notável pelos seus feitos em prol da humanidade. Um brilho de lágrimas revelou-se nas pupilas da moça, que se distanciou apressada, carregando os livros nos braços trêmulos, enquanto um nó lhe contraía a garganta e ela toda se horrorizava, reconhecendo-se vil, indigna.

Parou do lado de fora do grande portão e esperou que o carro do pai sumisse no fim da avenida. Atravessou de novo a rua e foi para o ponto de táxi.

Chegando ao apartamento, tocou a campainha três vezes e outras tantas. Ninguém atendeu. Onde estaria Berenice? Todos os pensamentos possíveis trouxeram respostas. Afastou-se pelo corredor, desistindo, e entrou no elevador. Apertou o botão para o térreo. Distraída, saiu. Alguém esbarrou nela, na porta do edifício, e logo esse alguém voltou, agarrando-a pelo braço e chamando-a pelo nome. Imediatamente reconheceu Moacir. Empalideceu diante dele e vacilou antes de responder à pergunta:

— Minha tia mora aqui. Vim visitá-la.

— Deixe disso, Andréa, está cabulando como eu, eu sei. Resolvi não ir hoje, fui até o ponto de ônibus só pra despistar. Meus pais saíram, não tem ninguém em casa, então não perdi oportunidade, vou voltar e me enfiar sob as cobertas, os velhos só vão voltar à noite. E você, aonde vai? Não vai me dizer que vai ficar zanzando por aí, com esse tempo? Depois vou dizer que não houve aula por causa da febre. Ei!, será que esse tal doutor Laclete é o seu pai?

Andréa acenou que sim. Moacir sorriu e cumprimentou-a, salientando que estava muito orgulhoso por ser amigo da filha de tão notável homem. Desceu as escadas com ela e perguntou, obrigando-a a parar, segurando-a outra vez pelo braço:

— Posso lhe fazer companhia? Poderemos cabular aula juntos. Poderemos ir... bem, depois veremos...

Moacir falava animadamente. Andréa pensava. Berenice não pudera faltar. Decerto haviam telefonado do colégio, a substituta não pudera ir, alguma coisa muito urgente deveria tê-la obrigado a negligenciar o encontro. Precisava crer nisso. Não podia deixar que Moacir desconfiasse de para onde realmente ela se dirigia. Teria de aceitar a companhia dele, fingir que estava mesmo cabulando aula. Mas era tão difícil sorrir. E o vidro de pílulas apertado dentro da mão, queimando-a. Uma necessidade impertinente de tomar as pilulinhas, de sentir o efeito, fosse qual fosse.

— Hoje à tarde vai haver treino, você vai?
— Não sei.
— Todas as garotas vão. Gostaríamos de tê-la na torcida.

Moacir falava e gesticulava, contando a respeito dos jogos e de como ele e Lauro haviam-se destacado e conseguido os primeiros lugares entre os campeões. Eles teriam de lutar para conservar o troféu do campeonato colegial, e aí então salientou que os treinos estavam se retardando porque dona Berenice andava faltando muito ultimamente e não marcava jogos com outros colégios: ela era a encarregada.

— Eu já fui até o apartamento dela, procurá-la, ontem, duas vezes, para saber por que faltara, porém ela não atendeu. Talvez tivesse saído, não sei... O caso é que eu vi luz lá dentro. É estranho, porque ela nunca faltou em quatro anos, pelo menos.

Andréa compreendeu por que Berenice não faltara nessa manhã. Moacir convidou-a para se sentar num dos bancos do jardim. Andréa parou e olhou ao redor. Dali, poderia ver, caso ela resolvesse voltar depois da primeira aula.

Moacir ficou em pé com uma perna apoiada sobre o banco, o cotovelo firmado na coxa. Largou os livros de lado e continuou, entusiasmado.

Andréa quase não entendia o que o rapaz tanto falava. Sabia, entretanto, que estava descrevendo uma de suas façanhas numa das partidas de vôlei, pois gesticulava e se movimentava fingindo arremessar a bola e pular para alcançá-la, e depois dobrava-se como se fosse atirar-se ao solo para não deixar a bola cair.

Andréa voltou a cabeça para o lado e viu a estátua. Ficou distraída a olhar para ela. Em dado momento, Moacir sorriu malicioso e comentou:

– É boa, não? Tal e qual.

– Quê? – surpreendeu-se, já compreendendo o comentário do rapaz.

– Você já sabe. Cecília e Rosana já lhe contaram. Até dona Berenice concordou comigo, quando eu comentei com ela.

– Vocês conversaram sobre isso?

– Eu vim com ela da cidade, uma vez que me ofereceu condução, e estávamos falando de como seria a festa de fim de ano. Sempre escolhemos uma rainha, e achamos que não poderia haver outra senão você. Ela é bacana paca, a melhor professora, só que falam coisas dela, sabe, coisas estranhas. A gente não acredita, afinal ela até está noiva, parece que vai casar. Acho que são coisas das alunas desse tipo, entende? As fanchonas, elas estão por toda parte, é uma desgraça, você sabe o que é? Parece praga. Rosana é uma, mas é legal paca. Se todas fossem que nem ela, não tinha problema. Ela disputa com classe, parece homem, a gente fala que tá de olho na mina, e ela desafia: será de quem conquistar, aí um sai da jogada. E ela não se intromete mais, mesmo.

Andréa ficou indignada e curiosa:

– Como é que é o negócio? Vocês discutem quem vai conquistar quem?

– A mina, a garota. Uma vez, eu gamei numa menina, mas a Rosana estava de olho. Tiramos par ou ímpar pra ver quem ia cantar a boneca primeiro. Ela ganhou, mas estava levando muito tempo pra se aproximar, e eu, que não tinha nada a temer ou a perder, fui firme na conversa. Ela deu o contra. Só entendi que Rosana era mais sabida do que eu e estava salivando a garota num flerte das quebradas, entende? Era preciso dar um tempo, ela falou, eu me manquei e saí dessa, a menina ficou com a Rosana, mas não durou muito. Sabe quem é? E depois eu consegui uma beiradinha, um namorico rápido, mas valeu a pena. Foi a Bárbara. Você acha que eu falo muito?

— Não, que é isso, você explica bem.

— A Rosana te cantou, não é verdade?

Andréa olhou firme nos olhos do rapaz, pra responder como se fosse a mais solene verdade:

— Nunca! Eu nem entendo dessas coisas!

— Eu bem que disse, mas o Lau estava muito complexado por causa das derrotas que teve para a Rosana. Ela é filha da mãe, vai papando tudo, os caras ficam só de bobeira. O Lauro não sabe enfrentar a situação. Eu não, eu encaro tudo com naturalidade. Se Rosana quer assim, eu vou em frente como se ela fosse um outro amigo qualquer, não acha que estou certo?

De súbito, ele estirou o braço apontando o outro lado da avenida.

— Veja. Estão dando vacina naquele ambulatório. Vamos até lá? Será bom se formos vacinados, afinal tenho que prestigiar seu honorável pai oferecendo o meu braço para uma picada.

Andréa acompanhou-o, mas, quando chegou a vez dela, recuou. Moacir riu e avisou:

— O pai dela é o doutor Laclete, creio que ela já foi vacinada, não?

Andréa envergonhou-se diante dos enfermeiros, que a rodearam fazendo alusões ao fato, cumprimentando-a. Moacir arregaçou a manga da camisa e estirou o braço musculoso. A enfermeira apalpou-o maliciosa:

— Aqui o micróbio não se atreverá. Fortão, hem?

Moacir riu satisfeito e, logo, os dois retiraram-se, voltando para o jardim.

— Andréa, vamos até em casa? Estou com fome, a gente toma um copo de leite ou guaraná, bate um papo, ouve uns discos, você faz hora até ter que ir embora, que tal?

— Não fica bem, Moacir.

— Por quê? Tem empregada lá em casa e minha irmã, a gente não vai ficar totalmente sozinhos. Depois, está começando a chover, veja cada pingão.

Andréa viu as rodelinhas de chuva pintalgarem o chão e um pensamento rápido lhe ocorreu. Estava com sede e não haveria nada demais entrar na casa de Moacir para esperar Berenice chegar.

Muito melhor do que ficar ali no jardim, correndo o risco de ser vista por mais alguém.

— Eu vou, se você nunca disser pra ninguém que me viu hoje.
— Eu juro.
— Vou acreditar.

CAPÍTULO 30

Moacir fechou a porta, e o barulho da chuva aumentou, seguido de trovoadas.

Andréa olhou ao redor pela sala, até o sofá. Moacir ficou parado, observando-a. Estava tudo muito silencioso, e Andréa, desconfiada, não perguntou onde estava a irmã dele ou a empregada, para não apressar os fatos.

— Quer um copo de leite ou guaraná?

— Guaraná.

Moacir sumiu por uma porta e Andréa prestou atenção se ouviria vozes ou qualquer ruído vindo de outro canto da casa, para certificar-se de que havia mais gente lá. O silêncio perdurava. Seria Moacir um pilantra, sem-vergonha, capaz de iludi-la para tomar alguma atitude atrevida?

Ele voltou com dois copos. Estava muito sério e nem parecia o garotão que gesticulara tanto falando de vôlei. Ao contrário, reparou bem na sua fisionomia, teria uns 24 anos, mais ou menos, e o ar de criança acentuava-se somente quando ele sorria. Assim, sério, parecia um homem, um homem com intenções estranhas.

Ele estendeu o copo de guaraná para ela e repuxou o lábio, num sorriso esquisito.

— Sabe, Andréa, eu estava pensando, veja se pode concordar comigo.

Ele ficou em pé na frente dela, numa pose insinuante, as pernas separadas, punhos cerrados apoiados nos quadris. Se ela se levantasse, de todo lado ele bloqueava o caminho, era só fazer um simples movimento. Andréa tomou um gole de guaraná, num gesto rápido e hábil a pílula passou dos seus dedos para sua boca sem que Moacir percebesse. Ele passou a língua pelos lábios.

— Você não acha que Rosana é assim porque nunca experimentou homem? Ela tem tipo esquisito, másculo; os rapazes, de modo geral, não se interessam por ela como se interessam por você. Se ela tivesse encontrado um cara que lhe desse uns amassos e uma prensa bem dada, não acha que entraria nos eixos? E, depois, essas menininhas se embeiçam por ela por quê? Porque ficam com vergonha de fazer com rapazes certas coisas, e fica mais fácil acontecer com uma fanchona disfarçada que vai dormir com elas sem que ninguém pense nada. E então é aquele esfrega e roça e faz coisas que, com homem, seria melhor.

Andréa inclinou a cabeça. Ficou envergonhada e já reparara nos movimentos das pernas dele e em algo se avolumando nas calças muito justas. Parecia que ele as usava assim só para se exibir, mostrar que era bem servido. As calças de brim desbotadas pareciam espremê-lo.

— Você está achando que eu estou sendo grosseiro?
— Não, mas acho que já devo ir embora.

Ele esticou a perna para a frente, enfiando-a entre os joelhos dela atrevidamente, pedindo com ar cínico:

— Não, não ainda, quero conversar com você, eu sei tanta coisa.
— Acho que não me interessa o que você sabe. É melhor que eu me vá, acho que está bem tarde, muito obrigada pelo guaraná.
— Rosana chupou você.

Andréa ficou lívida. Olhou para ele com uma expressão atônita, mal acreditando no que ouvia. Não conseguiu dizer nada, apenas fez um gesto para levantar-se. Ele inclinou-se para ela:

— Foi ela que contou. Na noite do seu aniversário. Contou tudo. Você precisa livrar-se disso, não pode se deixar levar por mulheres como ela e dona Berenice. Eu sei que você veio à casa de dona Berenice. Bárbara também vinha, dormia com ela, faziam sexo, outras alunas vieram. É uma cambada de mulheres alucinadas, você não pode cair nessa.

E Moacir empurrou-a para que se deitasse no sofá, estirando-se em cima dela de modo tão imprevisto que Andréa se viu totalmente presa sob o corpo agitado do rapaz. As mãos dele percorriam-na, Andréa queria mover-se, empurrá-lo, gritar, mas ficou imóvel como se estivesse se entregando. As palavras dele feriam-na. Berenice levara Bárbara no apartamento, levara outras garotas, fizera as mesmas coisas com elas. Moacir continuava falando, remexendo-se e aspirando ar como se estivesse recortado de arrepios.

– É isso mesmo, Bárbara contou tudo pra mim. Berenice faz coisas, Rosana também, mas o bom mesmo é ficar embaixo de um homem. Você precisa sentir, precisa experimentar, deixa eu fazer, não vou desgraçar você, só vou esfregar um pouquinho.

E levantava a saia dela, espremendo-a, enfiando a língua no ouvido dela, lambendo-a. Andréa sentia algo cutucando-a nas coxas. Ele levantou-se, certo de que ela não ofereceria resistência, de que não haveria luta porque ela não iria fugir. Na frente dela tirou as calças, olhando para ela feito um louco porque realmente Andréa não se mexia, estava quieta, os braços ao longo do corpo, estirada no sofá, as pernas separadas como ele separara com suas pernas, metendo-se entre elas.

Moacir estava surpreso. Olhava-a incrédulo, despindo-se com gestos mais lentos. Debruçou-se em cima dela, enfiou as mãos sob a saia e puxou a tanguinha, que jogou longe. Beijou-a na boca e não teve nenhuma reação, nada que pudesse provar que ela estava viva, a não ser o calor do corpo, a respiração e o pulsar do coração.

Moacir estava arquejante, nervoso, nu em cima dela, transpirando, o sexo duro, espetando-a sem encontrar o lugar onde meter-se. Assanhado, esfregava-se, excitava-se, queria que ela se mexesse um pouquinho e sacudiu-a. Talvez mordiscando-lhe os seios ela não resistisse. Remexeu nela para deixá-la nua e, sem que ela ajudasse ou evitasse, ele despiu-a. Puxou o sutiã e desceu a boca ávida para os biquinhos. Estavam arrepiados, sinal de que ela, por mais que se fizesse de durona, estava sentindo alguma coisa. Chupou-os e foi se ajeitando. Não queira pensar em nada, ter medo de nada, o cérebro estava todo na cabeça do seu sexo, que agora ia procurando a boca que o engoliria todo.

Não era!

Andréa não era!

Espaçados, os pensamentos vinham e, num vaivém que o molhava, lubrificando-o num gozo que crescia aos poucos, metendo-se na vagina que se abria e se fechava em torno do membro, ele fazia a descoberta:

Virgem!

Andréa não era virgem!

Empurrando e se afastando, entrando e saindo, esperava que ela gemesse, que suspirasse, que tivesse um gesto. Ele estava quase sentindo, pulsava, parecia que ia cuspir fogo, apertado, estrangulado na vagina que o sugava em contrações. Ela estava agindo, estava mexendo-se, aos poucos, lentamente, soerguendo as pernas, envolvendo-o inteiro com as pernas e braços para que ele enfiasse mais fundo. Moacir forçou, calcou, gemeu, os dois cavalgavam juntos e Andréa apertou-o com mais força porque não aguentava mais a excitação do rapaz, forcejando em cima dela, molhando-a, machucando-a para que ela gozasse. Gozar de ódio. Ódio e vingança. E remexeu-se mais, empurrando-se para ele, puxando-o com mãos e braços nervosos e pediu, deixando-o mais louco:

– Põe tudo, tudo, mete fundo.

Moacir estrebuchou, rangeu os dentes, apertou-a brutalmente, sacudiu-se no ar, arrancou de cima dela e caiu extenuado ao lado, enquanto Andréa apenas sentia que ele a deixara molhada.

CAPÍTULO 31

Aproximou-se da porta e tocou a campainha. Viu uma sombra desenhar-se no olho mágico. Em seguida, a porta abriu.

Andréa avançou para dentro apressada, sem notar a expressão de Berenice. Quando se voltou para olhá-la, depois de a porta ter sido fechada, atirou-se nos braços dela toda trêmula.

Inadvertidamente, Berenice empurrou-a, sua expressão estava carregada. Perguntou, temendo a resposta:

— Que foi?

Simultaneamente, uma bofetada coloriu o rosto de Andréa.

— Por quê?

— Você saiu do apartamento de Moacir. Esteve com ele. Eu sei.

— Que pensa que sou?

Andréa negou, disse mil coisas, e se perguntou interiormente o que era, o que a fazia agir de maneira imprevista, a ponto de se entregar a um sujeito como Moacir. Fora o que ele dissera. Não, não só isso. Uma apatia estranha, que a deixara inerte para que ele fizesse com ela o que bem entendesse. Depois, alguma coisa mais inexplicável e, agora, era como se não tivesse feito nada, apenas destruído um pouco de si mesma, e isso não era nada, pois vinha-se destruindo havia muito tempo, não era nada mesmo!

Andréa começou a chorar e Berenice abraçou-a fortemente, acreditando que fizera mal julgamento dela.

— Eu vim doida para encontrá-la. Saí em meio à segunda aula. Deixei tudo, sem mais nem menos, os aluno nem tiveram tempo de perguntar se eu voltaria à sala. Que horror, Andréa. Que coisas absurdas venho praticando por sua causa! Não tenho ido lecionar à tarde e nem à noite. Não tenho feito outra coisa senão pensar em você e desejá-la. Isto não acabará nunca. Precisamos resolver esta situação. Eu estou enlouquecendo.

Berenice continuou a apertá-la nos braços. Andréa ergueu para ela o rosto banhado em lágrimas. Berenice beijou-a muitas vezes e depois arrastou-a para o quarto.

— Berenice, eu tenho medo, não quero mais voltar para casa, você não sabe, não pode imaginar o quanto sofro.

Berenice estreitou-a carinhosamente e procurou beijá-la na boca. Andréa esquivou-se. Estava decidida. Teria de lhe contar. Berenice precisava saber, para ajudá-la, para livrá-la das loucuras que vinha praticando. Estava há alguns degraus da decadência mental, senão como poderia explicar seus atos terríveis, como o que fizera havia pouco? Estava mesmo enlouquecendo. Apenas uma pílula, que tomara pela manhã, e praticara um ato tão vergonhoso: como uma prostituta, deixara-se possuir por Moacir. O que a aguardava depois disso? Que mais iria fazer? Certo que agira assim sob efeito da "droga".

— Preciso contar algo pra você, Berenice, você precisa me ajudar.

Andréa escondeu o rosto entre as mãos. Não. Não tinha coragem para falar. Seria horrível. Ela poderia repudiá-la, sentir vergonha da sua fraqueza, da sua falta de personalidade. Olharia para ela como se fosse uma marginalizada, uma viciada. Pensaria que seu amor fora sempre falso, que tudo o que fizera fora atiçado e provocado pelo vício. Como seu pai dissera, os toxicômanos eram criaturas frustradas que se aproveitam das drogas para terem coragem de se expandir, para fugir de alguma coisa perturbadora, e acabavam se enterrando. Não. Não podia contar para Berenice, não devia.

Berenice tirou as mãos de Andréa que cobriam o rosto.

— O que foi? Conta?

E a mentira veio encobrir sua verdade dolorosa:

— Eu andei simplesmente especulando a seu respeito. Não pode calcular como fiquei triste com o que soube. Não posso acreditar em você, não posso confiar.

— Mas o que disseram?

— Que você trouxe Bárbara aqui, que trouxe outras alunas, que fazia coisas com elas, as mesmas que fez comigo.

— Não acredite. Eu não me exporia tanto, isto que acontece entre nós não tem repetição, nem antes, nem depois, é uma loucura.

— Então jure, jure que você é só minha.

— Eu sou só sua.

— E Cristina?

— Simplesmente acabou tudo. Tivemos uma discussão. Ela chegou a ameaçar-me.

— Sabe que sou eu?

— Sabe.

— Conte. Como foi?

— Ela alertou-me para a diferença de idade entre nós, que eu estava praticando uma loucura, que ia me envolver numa enrascada, que, se o seu pai soubesse, ia ser o meu fim, que ia telefonar e ter uma conversinha com ele, que ia falar também na diretoria do colégio. Depois chorou e acabou dizendo que não ia fazer nada, ia simplesmente aguardar que você me destruísse, porque você é jovem, e isso não vai durar mais do que uma festa, logo você partirá para outra emoção mais interessante, que o que você sente por mim não passa de entusiasmo. E eu, Andréa, decididamente resolvi que vou viver isso custe o que custar. Não vou morrer de dor perdendo você por medo, vou morrer no dia em que você me deixar por outro amor. Até lá, eu quero viver pra você, só para você.

Andréa agarrou-a, puxando-a num abraço para cima de si, estirando-se na cama.

— Me beija... me morde... me mata... me possua... quero ser sua... quero morrer em seus braços... quero esquecer que preciso ir embora...

Berenice desceu os lábios sôfregos para a boca sedenta que se colou à sua.

De repente, uma mudança. Andréa empurrou-a, pulou para o chão, afastou-se para o banheiro, fechou a porta.

Acostumada àquelas cenas que ela lhe preparava, ficou em silencio, à espera. Ouviu-a abrir torneiras, o chuveiro verter água, ouviu farfalhar e viu-a jogando as peças de roupa para o quarto, para que percebesse que estava ficando nua. Mais um momento de silêncio. Outra torneira abriu. O barulho de água caindo num recipiente de vidro. O barulho cessou. Outra vez silêncio, e ela apareceu nua, parou na porta, os olhos amortecidos por uma expressão esquisita. Chamou por Berenice. Sua voz ressoou embriagada, sob efeito de um excitação nova.

– Venha... venha para mim... venha... vem...

Berenice levantou-se quase cambaleando de emoção. Enfeitiçada por aquela voz que a chamava. Quando se acercou mais, ela deu-lhe as costas e sumiu porta adentro. Perturbada, seguiu-a. Num gesto lascivo, Andréa entrou na banheira.

A água escorria pelo corpo dela, molhando-lhe os cabelos. As gotas faziam sua pele recender o mormaço perfumado.

Sinuosa, debruçou-se, pegou o sabonete. A espuma escorreu pelos ombros dela, aumentou em seu ventre. E Berenice ali, parada, observando-a, hipnotizada, sem forças para mover-se.

– Vem... vem aqui... as duas juntas... vem...

A voz quente, provocante, atiçou-a, enfim. Numa fúria, atrapalhada se despiu e entrou na banheira; a água do chuveiro, espirrando em cima das duas, morna, provocante.

Andréa escorregou lascivamente dentro da banheira, estirando-se, separando as coxas:

– Me chupa.

Berenice percebeu naquele olhar em fogo de desejo uma loucura estampada. Nos gemidos furiosos, nas contorções, nos gestos ferinos arranhando-a, na voz rouca, histérica, parecia que ela sofria uma diabólica perturbação. Eram tão excitantes seus gestos, tão arrebatadas as suas atitudes, tão feroz o seu desejo que Berenice, excitada, sentiu o sadismo queimando em suas mãos, querendo satisfazê-la plenamente:

– Me morde... me bate... me machuque...

Os dedos de Berenice marcavam o corpo dela, a boca devorava aos chupões, perdia a noção de tudo, mordia-a e, ao ouvi-la gemer, enfurecia-se mais. Bateu, esbofeteou. Aquele rosto era só gozo, chapinhavam na água, a banheira ia enchendo. Num gesto nervoso, procurou e destampou, a água foi sumindo. Andréa estava cheia de vergões. Por um momento, se reteve a olhá-la. Andréa tremia, revirava os olhos, tremia como se estivesse com febre e delirasse.

Recuou atordoada. Rápida, pulou fora da banheira. A água continuava a cair no corpo dela. Fechou as torneiras e, com esforço, tirou-a de lá de dentro. Carregou-a nos braços até o quarto. Andréa, que lutara tanto para gozar, estava mole, frouxa em seus braços. Olhou-a aparvalhada, medrosa. Inclinou-se com cuidado e deitou-a na cama.

– Querida, querida, o que você tem?

Andréa não respondeu. Estava desfalecida.

Puxou a coberta e estendeu-a em cima do corpo dela. Correu até o guarda-roupa, pegou um pijama, voltou e vestiu-a. Depois, olhando-se de passagem no espelho, viu que estava nua, toda molhada. Enxugou-se, pegou, atrás da porta do banheiro, um roupão felpudo e vestiu-o. Abriu o armário, procurando algo que pudesse reanimar Andréa. Pegou a garrafinha de álcool. Embebeu a ponta do próprio lençol e levou-o até as narinas dela. Esfregou-lhe os pulsos e continuou a chamá-la, a dar tapinhas em seu rosto.

Recolheu a roupa dela e, ao estender a saia no espaldar da poltrona, ouviu o ruído de algo que caíra no chão. Abaixou-se para ver o que era. Pegou o vidro de pílulas e pôs no bolso de onde caíra. Tornou a pegá-lo e leu o rótulo. Seus lábios contraíram-se, jogou-se nervosa na poltrona, os olhos marejados de lágrimas, olhando-a ali, desfalecida, dormindo sob efeito daquelas pílulas que provavelmente tirara do laboratório do pai. Era fácil compreender. Bastava ler o rótulo onde doutor Américo escrevera uma observação: "Tóxico barbitúrico. Segunda remessa apreendida".

Andréa dormia. Foi até ela. Auscultou-a. Não poderia fazer nada. Teria de esperar que acordasse. Puxou-lhe a pálpebra, apenas o branco dos olhos virados apareceu. Deixou-a.

Abriu a geladeira, pegou a garrafa de leite, encheu um copo. Voltou para o quarto. Fez com que ela engolisse alguns copos de leite.

Nada podia fazer, senão esperar que ela voltasse a si.

Sentou-se na poltrona e ficou olhando para Andréa.

A noite desceu suavemente. O ronco de um avião cortando o espaço repercutiu por bastante tempo, até sumir-se num zunido rouco e abafado na distância.

As calçadas molhadas, as árvores farfalhando, batidas por vento frágil.

Um silêncio de ausência, de vazio, estendendo-se pelas ruas. Chovera outra vez durante a tarde.

Andréa semidescerrou as pálpebras e sentiu a escuridão do quarto. Sentou-se amedrontada e gritou:

— Berenice!

Em seguida, a porta abriu e ela apertou o comutador na parede. A claridade se fez. Andréa olhou para ela, lânguida, sossegada, e relaxou na cama, esperando que ela se aproximasse. Desconfiou da expressão enigmática de seu rosto, sentiu medo, quis perguntar por que razão a fitava daquela maneira, porém não tinha forças para falar. Uma sensação horrível estendia-se pelo seu corpo inteiro, como se formigas caminhassem sob a epiderme, provocando um torpor dolorido.

Berenice acercou-se, sentou-se ao lado dela, olhando-a nos olhos.

— Por quê? — Berenice engasgou. Andréa viu lágrimas nos olhos dela, percebeu que aquela mulher de personalidade forte, experiente, havia chorado. E muito. Ficou imóvel, olhando-a, sem conseguir pensar em nada, sem concluir coisa alguma. Esperou e percebeu os lábios dela moverem-se e nenhuma palavra sair. Depois, viu-a enfiar a mão no bolso do roupão. Berenice ficou cabisbaixa como se vacilasse, não conseguia falar. Olhou para Andréa consternada, como se sofresse muito. Estendeu a mão e perguntou:

— Por quê?... Por quê?

Andréa viu o vidro na palma da mão dela. Empalideceu. Jogou-se de bruços na cama, voltando-lhe as costas. Ainda a ouviu exclamar:

— Então é verdade?... Você... você... e eu ainda quis crer que minhas suspeitas e a coincidência deste vidro no seu bolso fossem ideias más que eu estava criando a seu respeito, que não era verdade. Justo você? Oh, não! Querida...

Debruçou-se em cima de Andréa, sufocando soluços. Andréa esquivou-se. Pulou fora da cama e gritou neurastênica, como se estivesse ainda sob efeito do tóxico:

— E é assim que você reage? Por que não me bate, por que não me ofende, por que não me ajuda? Era isso, sabe, era isso o que eu queria lhe contar. Compreende, agora? Não tem nojo de mim? Não se arrepende do que fez? Do que faz? Eu, às vezes, nem lembro onde estive, o que fiz, o que pensei, só não consigo esquecer você, não tiro nunca você da minha cabeça, você é que é o veneno, o que realmente me destrói.

Berenice correu até ela. Agarrou-a nos braços. Beijou-a no rosto, nos cabelos, sacudiu-a, apertou-a de novo e pediu:

— Conta, amor, desde quando e como foi que...

— Que eu me tornei uma toxicômana? Pode falar, não precisa engolir a palavra, já me fartei de ouvi-la, sou uma viciada em drogas. Por que você quer saber? Por quê? O que vai fazer? O que pode fazer? Eu não consigo livrar-me disso... Agora mesmo sinto a garganta seca, meu corpo dói, pede. Preciso, me dá o vidro, só mais uma pílula, não, não! Jogue fora, me amarre na cama, não me deixe ir embora daqui, me prende, me proíba, não me deixe, que eu não aguento mais essa situação.

E, num desespero total, Andréa desfez-se num choro histérico, desvencilhou-se dela, cobriu o rosto com as mãos. Berenice tornou a aproximar-se, beijou-lhe os dedos um por um e puxou-a pelos pulsos:

— Olhe para mim, querida, conte-me como foi que você começou a tomar isso. Preciso saber há quanto tempo, precisamos fazer algo. Não basta eu pedir para você não tomar mais essas pílulas, é preciso que você se ajude, lute, vença essa necessidade. Quero ajudar você, custe o que custar. Acho que não chegou a um ponto assim tão grave... É fácil você decidir e não tomar mais... Eu ajudo você... faço o que quiser... Conte, primeiro, como e quando tudo isso começou.

— Todas as noites eu me debatia querendo livrar-me do seu olhar... querendo, sabe, querendo, sabe o que, não é? Compreende? Eu não aguentava, parecia que tinha fogo dentro, meu sangue agitava, não conseguia dormir, sofria, sentia coisas, era uma tortura.

Uma noite não suportei mais, fui procurar um calmante. Não quis alertar meus pais para o meu estado desesperador. Sim, Berenice, era desesperador, noites horríveis, revirando na cama, pensando, vendo o dia nascer. Você no meu pensamento, na minha carne. No laboratório, encontrei pílulas que pareciam com as que mamãe tomava e peguei um vidro. Tomei, uma, duas, três. Fiquei tonta, sabe, aconteceram coisas estranhas comigo, era como se eu viajasse no espaço. Vomitei. Passei mal. Pensei que nunca mais iria tomar nenhuma pílula e, francamente, nem sei por que continuei tomando. Eu pensava que elas me ajudavam a enfrentar a mim mesma, a ver você, era como se eu calcasse uma estaca dentro de mim e me erguesse sem medo, sentia-me estranhamente protegida pela sensação que me possuía. É assim, Berenice, parece que dependo dessa sensação para me manter em pé, viva, sentindo, passando por cima de tudo. Às vezes, raciocino que eu mesma estabeleci que as pílulas me dão força e que, na realidade, não dão força nenhuma, é pura ilusão. Mas o fato é que, sob efeito delas, o tempo voa, tudo voa, tudo passa, tudo acontece e não acontece, tudo é real e imaginário, você existe e não existe, eu sinto, eu vibro, perco o medo das coisas, das pessoas, do que sou e depois fico apavorada pelo que estou fazendo e no que estou me transformando. Eu tenho medo. Eu tenho medo... medo... medo... Mas quero mais... mais, preciso, as pílulas, não posso ficar sem elas. Oh!, é horrível!

Algo passou pela mente de Berenice. Não achou justo fazer a pergunta, mas não se conteve:

— Quando eu a levei para a minha casa de campo, você estava dopada. Isto é, tinha tomado as pílulas?

— Não. Juro que não. Eu... eu estava sob efeito do seu olhar, só sob efeito da emoção de você ter falado comigo, de estar com você.

Berenice acreditou, havia sinceridade na expressão dela, a verdade ressoava em suas palavras, no modo como as disse, na expressão vibrante do seu olhar. Beijou-a de leve nos lábios e tentou acalmá-la.

— Isso vai acabar. Agora você mesma vai se dizer que não precisa mais dessas pílulas porque eu vou tomar conta de você, iremos a um médico que é amigo meu.

— Não... Não — interrompeu Andréa, prendendo-se nela com força e medo.

— Mas por que não? Será bom, será mais certo, dará resultado, ninguém ficará sabendo. Você deve estar debilitada, preciso saber em que condições está seu organismo. Ele nos ensinará melhor como acabar com isso.

— Não quero e não vou. Prometo que não tomo mais, prometo que luto, que venço esse vício, mas você tem que me ajudar, só você pode me ajudar. Não quero que me traia, quero que viva só para mim, que não me faça sofrer...

— Claro, meu amor, claro, mas...

— Não. Não vou.

Viu o terror estampado no rosto dela e compreendeu que seria inútil insistir. Então, resolveu:

— Eu irei. Falarei com ele, e me ensinará o que devo fazer. Pronto, agora vista-se. É muito tarde. São nove horas da noite. Já imaginou como não estarão seus pais? Temos que inventar alguma coisa.

Andréa ficou gelada. Era a primeira vez que ficava fora de casa tanto tempo. Ficou assustada.

— Não vou para casa. Nunca mais. Vou ficar aqui. Morando com você. Tenho medo, Berenice. Eles vão me fazer perguntas, vai ser uma tortura enfrentá-los, eles me tratam como se eu ainda fosse um bebezinho. Não me deixarão sair mais. Mamãe até anda trancando as portas. Papai deve ter ido buscar-me, e eu não fui à aula. Não vou para casa. Tenho medo. Não me mande embora. Que é que eu vou fazer da minha vida?

Andréa atirou-se em prantos em cima da cama, enterrando a cabeça no travesseiro. Berenice viu que seria inútil tentar acalmá-la. De nada adiantaria explicar-lhe que não havia outra alternativa, ela precisava ir para casa o quanto antes.

— Já sei. Telefone para Cecília. Peça a ela que vá com você até sua casa, que você passa para apanhá-la. Ela mora perto daqui, no caminho você inventa qualquer coisa. Vendo-a chegar com uma amiga, naturalmente sua mãe ficará mais sossegada e não a crivará com muitas perguntas. Isso mesmo, tive uma ideia, vocês podem dizer que estiveram na biblioteca, estudando e que não perceberam o avançar das horas. Depois desminta, dizendo que foram ao cinema, que ficaram pela cidade olhando vitrinas. Moças da sua idade costumam fazer essas coisas, sua mãe por certo se lembrará de algumas que deve ter feito e acabará forçosamente deixando passar.

Andréa telefonou para a casa de Cecília. Ela não estava.
— E agora?
— Ligue para sua casa. Explique.

Andréa discutiu. Não queria. Não ia dar certo. Mas, de todo modo, teria de enfrentar a situação. Resolveu telefonar apenas para tranquilizá-los. Seria melhor, quando chegasse em casa seus pais estariam mais calmos. A empregada atendeu, mas logo o telefone foi arrancado de suas mãos por dona Júlia, que estava extremamente nervosa.

— Mamãe, estive na biblioteca, depois fui com umas colegas...
— Venha já para casa.

A voz nervosa de Dona Júlia tremeu do outro lado a ordem, cortando a voz de Andréa. Andréa ficou pálida. Dona Júlia gritou, chamando-a, Andréa respondeu:

— Fale, mamãe, estou ouvindo.
— Venha já para casa. Eu sei que você não tem ido à casa de Cecília. Ela está aqui, você nunca foi estudar na casa dela. Onde você está? O que está fazendo? Com quem?

Andréa lentamente desligou o telefone, deixando-a a gritar do outro lado, e não se ouviu mais nada a não ser o barulho da chuva que começava a cair lá fora outra vez.

As duas ficaram em silêncio. Andréa caminhou até a sala. Sentou-se no sofá. Cruzou as mãos e, sacudindo os ombros desleixadamente, murmurou:

— Acabou. É o fim. Hoje foi o dia das grandes descobertas.

Berenice sentou-se ao lado dela.

— Não me conformo como tenho sido irresponsável.
— Você não tem culpa de nada.
— O amor nos cega. Nos quebra, nos arrasa, nos torna imprudentes. Eu caí. Estou caindo cada vez mais. Acho que enlouqueci, mudei muito. Como pude mudar tanto? Arrasei todos os meus princípios morais, tornei-me instrumento de um desejo poderoso que me arrasta para você. Estou doente. Muito doente de amor. Não sei o que fazer. Não sou dona de mim, sou um boneco. As emoções me manobram. Estou perdida.

Berenice estava relaxada, vencida pelos problemas que começava a enfrentar. Andréa acercou-se, passou a mão pelo rosto dela, abraçou-a, beijou-a com carinho:

— Não fique assim. Por favor, não fique assim.

De repente readquiriu toda a sua segurança e personalidade. Levantou-se, pegou suas roupas, começou a vestir-se, dizendo:

— Deixa comigo. Não é uma parada difícil. Meus pais não são bichos e eu não sou nenhuma idiota, que vai ficar com coleirinha no pescoço até ficar velha. Está na hora de gritar um pouco mais alto do que eles, acho que chegou mesmo a hora de provar que sou dona de mim. Deixa comigo, Berenice, verá como amanhã eu estarei aqui outra vez, e Cecília me paga... Não, coitada, conheço bem minha mãe, deve ter feito perguntas sem que ela percebesse que estava me entregando com as respostas que deu. Mamãe é muito viva.

Os olhos de Andréa brilharam. Tornou a fazer um telefonema.

— Pra quem você está ligando?

— Para a única pessoa com quem posso contar.

Sorriu quando, do outro lado, responderam e reconheceu a voz:

— Vovó, que bom encontrá-la. Ouça, eu explico.

Mas dona Estela interrompeu-a, enxovalhando-a de perguntas. Andréa gritou para que ela lhe desse oportunidade de falar.

— Preciso da senhora para ir para casa, as feras querem me estraçalhar, e sozinha eu não vou. Eu sei que, quando mamãe está desesperada, é um Deus nos acuda. Ouça, vovó, me deixa ao menos explicar.

A indignada senhora parou finalmente de falar, e Andréa continuou:

— Eu juro que depois eu fico boazinha e não faço mais dessas. Agora preciso da sua ajuda. Sim, acertou, vovó, eu saí com meu namorado, fui nadar. Não, não aconteceu nada, não. O trânsito estava ruim. Não, não é o Lauro... Ah!, a senhora já falou com ele? Sim, ele também esteve na festa, depois eu falo para a senhora quem é. Está bem, eu falo agora.

Andréa olhou bem para Berenice. Tinha de inventar alguma coisa, um nome, alguém. Lembrou e respondeu, à insistência da avó, que, aflita do outro lado, repetia alôs, pensando que a neta desligara:

— Fui com o Moacir, vovó.

Marcou que passaria pela casa dela a fim de que a acompanhasse, e desligou.

Berenice aproximou-se dela e perguntou, desconfiada:

— O que você quis dizer com tudo isso?

— Foi a própria vovó que, com sua imaginação fértil, me forneceu o ardil. Perguntou se eu tinha ido a Santos. Sabe, ela sempre acha que os outros fazem aquilo que provavelmente alguma filha de amiga dela fez, ou que ela própria tenha feito no passado, tira suas conclusões, diz que é intuição e, assim, eu confirmei que fui dar um passeio com meu namorado e esquecemos do tempo.

— E por que Moacir?

— Foi o único que me ocorreu, pelo fato de Lauro ter sido visto por vovó na avenida e porque estive conversando com ele hoje cedo. Lembrei por isso... É apenas um nome, não precisa ser a pessoa dele, não é? Foi uma ligação de fatos.

Andréa enrubesceu, felizmente Berenice abaixara-se para pegar o cinto dela, que caíra, e não viu em seu rosto a expressão receosa de quem fez alguma coisa errada.

Andréa abotoou o cinto, pegou os livros e despediu-se:

— Você não vai me levar até a porta?

Berenice acercou-se dela e abraçou-a tristemente:

— Logo não haverá mais confusões e sonharemos que um dia você não precisará mais ir embora.

— É só você querer.

Andréa sorriu e afastou-se apressada. Voltou e, timidamente, explicou:

— Eu... eu... preciso tomar um táxi.

Berenice compreendeu a razão por que ela corou. Entrou para a sala e voltou com uma nota na mão. Pôs no bolsinho da blusa e beijou-a no rosto.

— Vá. Se for possível, telefone para mim. Amanhã, no colégio, dou um jeito de falar com você.

Antes de o elevador chegar, teve tempo de beijá-la. Afastou-se depois e, puxando a porta, disse, antes de entrar:

— Até amanhã, querida, perdoe-me se a assustei. Eu não tomarei mais aquelas pílulas... eu juro.

Berenice instintivamente levou a mão ao bolso do roupão e pegou o vidro, apertando-o com os dedos nervosos como se não acreditasse no que ela prometia, e a última coisa que viu foi o olhar triste de Andréa, que inclinou a cabeça e sumiu por trás da porta, que se fechou.

CAPÍTULO 32

Todos reunidos discutiam, não querendo aceitar os argumentos de dona Esteia, que defendia a neta feito uma general. Óbvio que entremeava tudo com conselhos e advertências para que ela nunca mais fizesse a mesma coisa outra vez. Afinal, ali todos eram inteligentes e compreenderiam muito bem se ela quisesse sair, mas era preciso avisar, dizer aonde ia e com quem. "Esse era o perigo", pensou Andréa, cansada de ouvir tanto *blá-blá-blá*.

Finalmente, doutor Américo acercou-se da esposa e puxou-a para o lado. Pegou Andréa pelo braço e sacudiu-a de leve:

— Então, é o Moacir, hem? Quero conhecer a ilustre figura que segurou você fora de casa todo esse tempo, alarmando sua família. É um sujeito irresponsável e, se eu vir você conversando com ele, prometo que...

Não encontrou ação para completar sua ameaça, bufou, coçou a cabeça, amarfanhou o jornal que tirou das mãos de Buby, que estava perto, e acabou dizendo:

— Suba para seu quarto, não tenho nem vontade de vê-la.

Andréa estava trêmula. Olhou disfarçadamente para Cecília e fez sinal para que ela a seguisse. Antes, porém, resmungou, querendo impor-se, mas sua voz saiu muito fraca e só Buby e Cecília a ouviram, porque estavam mais perto dela:

— Para o quarto! De castigo! Como uma criancinha.

Dona Estela percebeu o gesto da neta e puxou doutor Américo para a outra sala, para acabar com aquela conversa, que estava se estendendo muito.

Buby aproximou-se de Andréa e disse, com ar revoltado:

— Não tenha medo, se papai batesse em você, eu interviria.

— Você o que, Buby?

— Eu interviria – repetiu –; e tem mais, vou falar muito sério com ele. Não é esse o castigo que se dá para uma moça que já não é mais criancinha. Depois de um susto desses, só mesmo a gente se mudando pra casa da vovó, que lá se tem mais liberdade. O que você acha?

Andréa riu e Cecília passou a mão pela cabeça do garoto.

— Não é má ideia, Buby, você é mesmo inteligente.

— Sacou? A gente apronta as trouxas e se manda, puxa o carro, a vovó não vai dizer não. Topa? Você topa, Andréa?

— Buby, você está ficando perigoso.

— Sabe, Dré, eu estava dizendo pro papai, quando ele estava telefonando pra casa da Rosana pra ver se você estava lá, que vai ser pior quando você tiver o carro, por isso eu terei que sair sempre junto pra tomar conta.

Andréa nem ouviu o resto. Ficou irritada.

— Ele telefonou para a casa da Rosana? Teve coragem? Como descobriu o telefone dela?

— Estava num caderno seu. Ele fuçou tudo. Mas não fique assim, não tinha ninguém na casa dela, não atenderam ao telefone. E, como eu disse, não tenha medo, mana, conte comigo, tá?

Andréa riu para o moleque, passou a mão pela cabeça dele e disse, carinhosa:

— Você é um amor, Buby, mas eu preciso falar com Cecília em particular. Você deixa? Vá brincar.

— Eu vou investigar as tramas pra você, logo depois eu conto quais as transas lá embaixo com os velhos, tá?

As duas entraram no quarto. Cecília sentou-se na beira da cama enquanto Andréa trancava a porta.

— Sua mãe falou com minha mãe, eu estava no colégio. Minha mãe disse que não conhecia você. Vim até aqui depois dos treinos, quando minha mãe me contou do telefonema. Tentei consertar e defender você, mas não foi possível limpar sua barra, não colou que a gente tinha ido outros dias na biblioteca, é a desculpa de todo mundo. Não adianta mesmo inventar nada, eles estão por dentro de todos os nossos golpes. O melhor é deixar a gente solta e viver. Meus pais são um pouco enérgicos, mas não tanto quanto os seus.

— Ah!, isso vai acabar. Talvez eu tenha sido culpada, nunca fiz pressão para ter mais liberdade e, agora que isso está acontecendo, eles acham que eu vou sumir na noite, que vou desaparecer de repente.

— Certo, mas agora conte qual foi sua façanha, onde esteve e com quem? Lauro estava no colégio, treinando, "tava" todo mundo lá.

— Eu tenho um namorado que não é do colégio. É um rapaz que mora em Pinheiros. A gente, de repente, resolveu ir pra Santos, pensávamos não demorar, mas o trânsito, por causa da chuva, estava horrível, sabe como é...

— Sim, eu sei como é — respondeu Cecília, com ar de malícia.

— Mas por que pôs o Moacir no rolo? Ele também estava treinando.

— É xará.

— Ah! Eu fiquei encucada. Só podia ser xará, né. Também, parece que não estou raciocinando. Você é muito presa, mesmo, só fugindo e aproveitando o que pode. Acho que você fez muito bem, precisa acostumar seus pais sem horários.

Andréa acenou que sim. Olhou pela janela e sentiu-se aliviada. Afinal, o pior já passara. Cecília era sua amiga, compreendera tudo, sua mentira colara e, provavelmente, ela, agora, haveria de ajudá-la. Tal pensamento fez com que lhe segurasse as mãos, pedindo ansiosa:

— Você me ajuda, Cecília? Vai me ajudar daqui por diante?

— Pode contar comigo. Agora, sim, compreendo por que você foi sempre tão estranha e nunca se envolveu com ninguém do colégio. Como é ele? Deve ser bárbaro, para uma mulher bonita como você estar assim apaixonada, a ponto de não dar bola pra mais ninguém. Estuda?

— Medicina.

— Ah! Agora entendo por que escreve aquelas coisas e está tão bem informada sobre a situação dos estagiários. Ele é um?

— É.

Andréa quase caiu em contradição com tantas perguntas que Cecília passou a lhe fazer, e deu graças a Deus quando ouviu baterem na porta, e a voz da avó chamá-la.

Correu para abrir e abraçou-a, agradecendo comovida.

— Você é um anjo, vovó. Se não fosse você, nem sei como ia enfrentar os dois. Acho que nem voltava pra casa. Foi um imprevisto, o trânsito, a chuva, a gente não pensou que fosse demorar tanto. Eu estava preocupada, também, morrendo de medo.

— Já sei, Andréa. Você já explicou milhões de vezes. Vamos ver se agora pega juízo e não faz mais essas loucuras. Sua mãe quase morre do coração. Justo hoje, minha neta, que seu pai estava tão contente com o sucesso da vacina?

— Coincidiu, vovó.

Buby apareceu na porta, dizendo com ar de santo protetor:

— Não brigue mais com ela, coitadinha.

Dona Estela voltou-se e abraçou-o, toda risonha:

— Vamos deixar as duas conversarem sobre assuntos que não nos interessam.

Cecília também logo foi embora, e Andréa ficou só, com suas lembranças e emoções.

Pobre doutor Américo! Prometendo prendê-la, querendo cuidar dela. Ignorando o que ela já fizera em pouco tempo, sem saber a que ponto haviam chegado suas loucuras. Passou a mão pelo ventre. E se houvesse algum problema? Um problema mais sério, muito mais difícil de ser resolvido? Moacir fizera dentro dela. Gozara dentro? Não tinha certeza. Não podia ficar com mais essa preocupação, agora, a atormentá-la, mas não conseguiria livrar-se do pensamento, que a enchia de medo. E se Berenice descobrisse? Como ela própria poderia ficar sabendo se algo grave mesmo já estivesse acontecendo dentro dela? Pegou os livros da estante. Tratados sobre sexo. Quanto tempo para perceber a gravidez e ter certeza? Quanto! Um tremor agitou-a, lembrando o que fizera. Como pudera chegar àquele extremo com um homem por quem nunca tivera a mais simples amizade? Nenhuma intimidade. E, de repente, inesperadamente ficara debaixo dele e ele se estrebuchara em cima dela. Dissera coisas! Sim, algo em meio a toda aquela loucura a tranquilizara. Estava tonta, sob efeito. Então, ele premeditara.

O tempo todo sabia o que ia acontecer. O que ia fazer com ela. Talvez tivesse acrescentado algo mais no guaraná. Um entorpecente. Moacir era um cara sabido. Percebera de início sua intenção. E por que se deixara levar? Por quê? O maldito tóxico. Era como se ela tivesse desejado o tempo todo passar por aquela experiência. E as pernas de Moacir, com aquelas calças *blue-jeans* agarradas. Alguma coisa dominou-a e levou-a facilmente para ele. Não tinha resposta. Só estava mais calma porque lembrava as coisas que ele lhe dissera, aos poucos as palavras vinham numa voz ofegante, entrecortada de prazer, suja, sem nenhum respeito, falando palavrões em sua orelha. Fora isso o que acontecera enquanto ele a possuía e começava a penetrá-la? Ele dissera:

— Calma, não tenha medo, eu estou usando camisinha.

Podre! Ela. Ele. O mundo! Quem inventara os preventivos e quem os usava! E não seria pior, se ele não tivesse premeditado? Se tudo tivesse acontecido imprevistamente? Fora imprevisto, mas, aproveitando a oportunidade, ele premeditara e se prevenira. Moacir era um sujo prudente, graças a Deus!

CAPÍTULO 33

Doutor Américo continuava evitando falar com a filha. Parecia que resolvera puni-la mantendo-se indiferente e alheio, como se nada tivessem para conversar. Andréa, que em outras ocasiões adiantava-se a pedir desculpas, dessa vez prosseguia calada, fechada, na mesma atitude dele.

No colégio, logo encontrou Cecília à sua espera. Mais radiante, por ter sido sua cúmplice. Andréa beijou-a nas faces, retribuindo o cumprimento, e afastou-se com ela para o meio do pátio...

– Cecília, marquei encontro com ele para hoje à tarde. Você quer telefonar para mim e dizer que está doente, que precisa que eu lhe leve os pontos? Explique para minha mãe que eu... ora, invente qualquer coisa, eu preciso sair, preciso que você me ajude. Não há outro jeito, compreende?

– Logo hoje, Andréa, assim, em cima? Eles vão desconfiar. Essa não gruda. Você precisa deixar passar uns dias.

Andréa exasperou-se diante da hipótese de não ver Berenice nessa tarde.

– Não posso deixar de ir, não posso.

– Puxa vida! Está mesmo ferrada, hem? Que paixão!

Nisso, Moacir, que rondava perto, embora Andréa não tivesse notado, aproximou-se e parou bem na frente delas. Andréa sentiu um frio cortar-lhe o corpo. Ele sorriu malicioso:

– Vamos cabular outra vez?

Andréa não respondeu. Cecília olhou para os dois e perguntou baixinho, suspeitando:

— Não é ele, não?

— Claro que não. Encontrei-o por acaso, ele viu que cabulei e está fazendo gozação.

Moacir ainda aproximou-se delas, que se afastavam, e chamou por Andréa:

— Andréa, pode me conceder uns minutinhos, por favor? Preciso falar com você.

— Ih! Essa agora, o que ele quer?

Andréa sacudiu os ombros e justificou-se com a amiga, pedindo licença:

— Espere um pouco, Cecília, vou ver o que ele quer. Afinal, foi gentil comigo outro dia, tem me passado cola, soprado, sou obrigada a agradecer. Com licença.

Moacir a esperava seguro de si, um sorriso vitorioso nos lábios. Andréa resolveu que o melhor seria ser cínica e derrubá-lo da pose:

— O que foi?

Já o modo como ela falou fez o riso encolher nos lábios dele.

— Que há, neném, não me conhece mais? Não vai me dar outra oportunidade?

Andréa engoliu em seco. Forçou o riso. Pensava rápido. Nem podia crer que conseguisse ser assim ladina e artista. Viu a expressão de Moacir mudar e ele olhou para os lados, demonstrando medo de que a ouvissem:

— Que é, brocha? Você não dá pé, não, precisa treinar muito. Vai escolher outra, que comigo não dá pé, você é muito... muito borocochô. É um bolha!

Antes que ele tivesse tempo de se refazer da surpresa, ela já se afastara, dizendo:

— Pode ficar sossegado, que eu não vou contar pra ninguém que você não é de nada.

Sem dúvida, Moacir não contava com essa e, atônito, ficou calado, vendo-a afastar-se com Cecília. Sua vaidade ferida, sua vitória escarnecida, zombada. Ela era uma puta! Uma ordinária! Ficou com medo, de repente. Seria a palavra dela contra a dele. A gozação dela contra os comentários dele. O jeito como ela falara não deixava dúvida do que seria capaz. Mordiscou os lábios. Era melhor ficar calado. Os rapazes estavam todos de olho nela, lógico que iriam acreditar. Só assim lucrariam, e ele ficaria com uma fama nada vantajosa.

Andréa pensava, trêmula, maldizendo-se por ter-se deixado dominar por emoções doentias, se teria dado certo o modo com agira com Moacir.

Atravessavam o corredor. Uma voz deliciosa chegou aos seus ouvidos, chamando-a. Cecília avisou-a:

— Dona Berenice está chamando você.

Não se habituaria nunca. Estremecia e ficava nervosa toda vez que a via. Viu-a aproximar-se e parar a alguns passos. Andréa adiantou-se:

— Eu morro cada vez que você aparece, Berenice. Tenho medo.

Berenice não se atrevia sequer a olhar para os lados, mas, com toda naturalidade, como se falasse de outras coisas, perguntou baixinho, enquanto abria o livro que segurava nas mãos:

— Tudo bem?

— Sim, mas agora será mais difícil sair. A situação está horrível, papai sequer fala comigo.

— Ficaremos uns dias sem nos ver.

Andréa ergueu o olhar chamejante para ela. A professora compreendeu que não seria possível, olhou para os lados e propôs:

— Telefone hoje à tarde. Finja que está falando com a Cecília ou qualquer outra pessoa. Conversaremos melhor. Agora vá, que ela está esperando. Disfarce. Tome cuidado.

Andréa passou a mão pelo rosto. Berenice notou o quanto ela estava trêmula e ficou preocupada. Andréa percebeu sua desconfiança e esboçou um sorriso triste:

— Eu não tomei nada, eu jurei, lembra?

— Pobre amor, você está tão trêmula.

— É a emoção de vê-la.

— Controle-se.

— A seu respeito ou?...

— Em tudo.

CAPÍTULO 34

Andréa pensou em fugir de medo quando, logo após o almoço, viu o pai remexendo no armário do laboratório. Ficou à espera de que algo mais acontecesse. Logo doutor Américo saiu e ela se acalmou. Talvez tivesse misturado bem os vidros e ele não desse pela falta dos outros.

Ele mantinha-se cético a seu respeito e se conservava na mesma atitude: ignorando-a. Ou estaria todo concentrado em seus trabalhos? Prestou atenção nele. Analisou sua fisionomia. E se tentasse? Ele parecia absorto, como em órbita, em outro mundo, alheio a tudo, não era só dela que estava desligado. Sequer ouviu quando Buby passou correndo, imitando uma motocicleta com todos os seus estrondos desagradáveis. Dirigiu-se a ele. Chamou-o mais uma vez, pois não obteve resposta, um tanto quanto temerosa. E suas desconfianças se comprovaram quando ele respondeu, parecendo despertar de um sonho:

— Hem?! Oh! Sim, filhinha, o que foi? O que você quer?

Ela ficou olhando para ele em silêncio. Três dias haviam-se passado, ela se atormentando porque doutor Américo não falava com ela, sequer a olhava e, na verdade, ele estava era alheio a tudo, concentrado na única coisa que lhe importava realmente: seu digníssimo trabalho. Nem mesmo fez questão de saber o que ela queria. Não insistiu e afastou-se, como se ela não lhe tivesse dirigido a palavra. Sentiu dedos pressionarem seu ombro e voltou o rosto. A mãe inclinou-se para ela e disse:

— Não se aborreça com ele, filhinha, está muito preocupado com suas pesquisas.

— Puxa, mamãe, ele está mesmo no mundo da lua!

Dona Júlia saiu correndo, e Andréa entendeu o porquê vendo-a perseguir Buby, que pegara suas cestas de lã e suas talagarças. Certo que ele as destruiria, se dona Júlia não tivesse descoberto a tempo. Ouviu os berros de Buby, os resmungos de dona Júlia e o telefone. O coração saltou. Correu para atender. Era Berenice. Três dias que só se viam no colégio, falavam-se de vez em quando, na sala de aula, ou por acaso, no corredor, e ao telefone. E três dias, para ela, eram demais.

Buby puxou-a pelo braço, e Andréa voltou-se sobressaltada, pega num flagrante ao enviar beijos para Berenice pelo telefone. O menino olhou-a com expressão maliciosa. Andréa perguntou assustada, temendo que ele fizesse algum comentário:

— O que você quer? Não vê que estou falando com minha amiga?

— Eu quero saber se você já pôs minha carta no correio para o Pelé.

Lembrou-se, então. Estava em falta com ele e prometeu que iria ao correio logo que pudesse sair. Buby, então, respondeu, deixando-a completamente aniquilada:

— Então é melhor você me devolver a carta, que eu mando papai pôr no correio, porque ele disse ainda hoje mesmo que você nunca mais vai sair de casa pra se encontrar com aquele malandro. Ele não esqueceu o susto, ainda.

— Está bem, Buby, logo mais eu vou buscar no quarto.

— Onde está, que eu vou pegar.

Andréa achou oportunidade para se livrar do garoto. Mandou-o procurar nas suas gavetas e viu-o afastar-se satisfeito. As coisas mudavam; agora era ela que o mandava remexer em seu quarto, quando, antigamente, tantas brigas fizera por causa disso. Voltou à conversa com Berenice, que pacientemente ficara à espera, divertindo-se com a troca de palavras entre os dois irmãos.

— Você escutou o que Buby disse?

— Que você não vai sair nunca mais de casa?

— É. Vê em que pé estão as coisas aqui? Nem para ir estudar com Cecília me deixam sair. Combinei com ela, mas não adiantou. Espere, ouvi alguém descendo a escada.

Andréa pôs o fone de lado e foi espiar se alguém estava se aproximando. A porta do quarto de dona Júlia estava fechada, Buby remexia em suas gavetas; ouvia-o perfeitamente, jogando as coisas no chão. A empregada continuava na cozinha, lavando a louça.

— Não era ninguém, foi impressão, mas, Berenice, preciso ver você, ficar com você, amanhã vou cedo para a sua casa, é o único jeito. Teremos que faltar.

Berenice ficou em silêncio. Andréa desconfiou:

— Não pode?

Ela custou a responder:

— Não.

— Por quê?

— Provas em todas as aulas. Manhã lotada. Nem sei como consigo superar tudo, pensando tanto em você. Isso está acabando comigo, mas precisamos ter paciência.

— Você vai cansar. Vai me trocar por outra que tenha mais liberdade, que possa ir encontrar você quando quiser. Eu não posso, pareço uma prisioneira.

— Tenha calma. Não podemos nos arriscar.

— Parece que você não está ligando, eu sinto que você está diferente.

— É impressão sua.

As duas ficaram em silêncio. Andréa soluçou. Limpou uma lágrima que correu pela face. Estava com a voz embargada, presa na garganta e demorou para responder quando Berenice perguntou, com receio de ofendê-la:

— Você tem... tem tomado as pílulas?

— Não.

— Está se sentindo bem? Não sente falta? Está conseguindo vencer?

— Não sei o que faço mais. Tenho medo de perder você. Estou desesperada. Acho que vou fugir. Vou sair. Agora.

— Não, minha filha, você não vai a lugar nenhum.

Andréa ficou gelada. Dona Júlia tirou o telefone da mão dela e tentou falar com quem a filha estava se comunicando.

Tudo o que ouviu foi o *click* do telefone desligado por Berenice.

— Como a senhora pôde fazer uma coisa dessas?

— Simplesmente achei estranho o que a senhora estava dizendo e queria saber com quem falava — respondeu dona Júlia, no mesmo tom indignado com que Andréa falara.

— Será que não tenho o direito de desabafar com uma amiga? É isso mesmo, mamãe, pareço uma prisioneira e já tenho 18 anos. O que vocês pensam, afinal? O que pretendem? Por que não me mandam para um convento?

— Boa ideia. Vou falar com seu pai — exclamou com ironia.

Andréa estava tensa. Do ódio e do susto, passou para um desespero maior e começou a chorar e a soluçar alto, descontrolando-se completamente. Dona Júlia pareceu arrepender-se e foi buscar água com açúcar, ao mesmo tempo que dizia num tom de voz suave:

— Vamos conversar depois, filhinha. Conversando a gente se entende e chega a um acordo.

Andréa deu-lhe as costas, subiu para o quarto e trancou a porta. Não queria conversar com ninguém. O acordo nunca atingiria seus objetivos.

***

Mais tarde, dona Júlia bateu na porta e chamou-a para jantar. Ela desceu. Estava transfigurada, parecia que não suportava alguma dor muito forte. Estava trêmula.

Dona Júlia acercou-se e pôs a mão em sua testa. Sem dizer palavra, afastou-se, ao constatar que ela não tinha febre. Andréa sentiu antipatia por aquele gesto. Ela jamais compreenderia qual era sua febre, que a estava consumindo, torrando-a por dentro. Seus pais tinham vista curta, jamais penetrariam seu interior. Doutor Américo como que sacudia os ombros em descaso, preocupado demais com seus trabalhos de pesquisas. Também, como poderiam fazer verdadeiro julgamento dela? Quando iriam imaginar que ela estava corrompida pelo vício?

Andréa não conseguia esconder sua perturbação. A garganta queimava, ela toda parecia uma fogueira, não suportava mais a necessidade daquelas pílulas. Há três dias vinha lutando contra aqueles momentos de tortura. O suor corria-lhe pela testa. Foi até a cozinha e tomou um copo de leite. Fora leite o que Berenice a fizera tomar. Seria bom. Talvez cortasse o efeito do tóxico, mas a vontade, a necessidade absurda não passava, parecia que não passaria nunca, nem que mamasse todas as vacas do mundo. Seria inútil. Os pensamentos vinham estranhos, quebrados, formando frases loucas, como se o alucinógeno tivesse tomado conta do seu sangue. De repente, sentiu-se cansada, exausta, quase sem forças, mal conseguia levantar o garfo e levá-lo à boca. Até os dentes pareciam pesados, amortecidos. Parecia esticar-se feito borracha, as mãos começavam a tremer, ficavam tortas, os dedos cresciam, como tentáculos, tudo perdia a forma ante seus olhos, as pálpebras pesavam e ela teve a impressão de que a pele do rosto se havia soltado, desenhando uma expressão flácida, de máscara solta, de idiota, de uma debiloide que ia ficando cada vez mas apática.

De súbito, a voz do pai chegou-lhe aos ouvidos forte, quase a endoidecendo com seu rumor:

– Não precisa ficar assim. Desta vez, está perdoada, mas, se quiser estudar, como sua mãe disse, traga suas amigas aqui. E, se for à casa delas, deixe o endereço e tenha hora para voltar.

Andréa não respondeu. Não tinha ânimo nem para falar. E mal pôde crer que tivesse deixado a mesa e que, pouco depois, estivesse deitada, sentido-se desfalecer num sono pesado.

Pelas tantas acordou. Os mesmos sintomas. Desta vez, o tremor era tanto que, se alguém a visse, não poderia disfarçar, notariam. Não como antes de se deitar, que escondera as mãos várias vezes sob a mesa de jantar. O que pensariam seus pais? Que estava nervosa, que talvez estivesse fingindo, fazendo chantagem emocional para que a deixassem sair.

Jurara para Berenice. Dissera que não tomaria mais as pílulas. Naquele momento estava bem, não tremia assim, não se sentia angustiada e desesperada. Agora, era inevitável. Tinha de fazer alguma coisa. Os tremores aumentavam, e a garganta cada vez ficava mais seca.

Abriu a porta do quarto. O pijama grudado no corpo, molhado de suor. Espiou. Tudo em silêncio. Deveria ser bem tarde.

Desceu para a sala. Do corredor, viu a televisão ligada. Dona Julia adormecera no sofá. Passava um filme do Kirk Douglas. Havia mais de um mês que só assistiam a filmes de *cowboy*. Era Buby que gostava, e dona Júlia fingia gostar também. O laboratório estava às escuras, mas a porta estava apenas encostada. Empurrou e entrou.

Chegar até o armário foi fácil, mas estava trancado. Os vidros lá dentro, as mãos dela se contorcendo. Andréa sofria. Era uma angústia incrível, incompreensível e insuportável. Ela mesma não conseguia entender por que estava assim desesperada.

Tivera o cuidado de fechar a porta por trás de si. Ouviu dona Júlia movimentar-se na sala, apagar a televisão, subir as escadas. Calculou bem, não tinha outra alternativa, senão enlouqueceria. Buby teria de pagar por aquilo, seria a vítima para salvá-la daquele momento cruciante. Com um grampeador que pegou em cima da escrivaninha, bateu no vidro. Frágil, logo quebrou. Sem muito ruído. Esperou atenta. Nada. Suava mais. Pegou um vidro, esvaziou outros e encheu as mãos de pílulas. Arrumou os vidros na prateleira, saiu cautelosamente, foi até o lugar onde estava uma das bolas de tênis de Buby brincar e colocou-a dentro da estante de modo bem visível, para que não houvesse mais investigações, sendo comprovado, pelo objeto do acidente, como o vidro fora quebrado. Era um golpe sujo, mas ela precisava se tornar vil, abjeta, mais suja do que já fora para não sofrer o que estava sofrendo pela necessidade do alucinógeno. Providenciaria substituir as pílulas que tirara dos vidros por outros comprimidos, aspirinas ou coisa assim, que oportunamente adquiriria numa farmácia, para que não notassem os vidros quase vazios.

Antes de subir para o quarto, ligou várias vezes para Berenice. Não atenderam. Aonde teria ido? Aonde? Andréa exasperava-se. Fora sua última tentativa para resistir e não tomar as pílulas, mas Berenice não estava, para ajudá-la. Só em ouvir a voz dela talvez conseguisse vencer aquela necessidade.

Algum tempo depois, Andréa olhava-se diante do espelho. Estava com as mãos firmes, os olhos vidrados, com ideias mil girando-lhe na cabeça. Queria sair. Precisava sair.

Tudo lhe vinha à mente. Moacir, Berenice, Bárbara, Munique, todos. O coitadinho do Buby, que iria apanhar por causa dela.

Sem saber por que, riu. Riu de prazer e, ao mesmo tempo, sentiu-se imensamente triste pelo que fizera.

E Rosana? Nunca espiara, para comprovar se era verdade que toda noite ela ficava rondando sua casa. Abriu a janela. Mentirosa! O carro dela não estava. Hipócrita! Cansara. Ninguém que estivesse realmente apaixonado se cansaria assim. Desistira. Também, nunca lhe dera ilusões. E por que, agora, se preocupava? E por quê? O que haveria de querer dela? E onde estaria Berenice, que não movia uma palha para vê-la? Poderia ter ido à sua casa, fingindo fazer uma visita para sua mãe, mas ela não achara conveniente, haviam até discutido. Berenice não queria que desconfiassem. Tinha medo. Precaução. Não era respeito, não, e sentiu um pouco de decepção pensando nisso.

Foi impulsivamente que desceu e telefonou para a casa de Rosana. Ela não estava. Um homem atendera, desligou depressa.

Subiu para o quarto e foi fechar a janela, que deixara aberta. Viu um carro apontar, os faróis piscaram. Ficou espiando. Era um Corcel amarelo. Não, ela não desistira. Rosana estava rondando sua casa. Parou quando reconheceu Andréa na janela. Acenou. Andréa fez sinal para que esperasse. Fechou a janela com cuidado. Pegou um vestido. Não escolheu. Vestiu-o. Calçou os sapatos. Enfeitou-se. Passou batom, bem vermelho. Tirou-o. Tornou a passar. Abriu a porta do quarto, desceu as escadas. Nem foi até a porta. Abriu a janela da sala e saltou. Fechou-a pelo lado de fora e atravessou o jardim.

Rosana abriu a porta do carro e ela entrou.

— Parece mentira. Você veio, finalmente.

— Aonde vamos?

— Você está esquisita. Bebeu?

— Não interessa. Estou perguntando aonde vamos.

— Aonde você quiser.

— Então vamos naquela boate de homossexuais.

— Você quer, mesmo?

— Puxe o carro daqui antes que alguém estrague a noite.

Rosana, meio atoleimada, pisou de leve no acelerador, e o Corcel seguiu, dobrando logo na primeira rua à esquerda.

CAPÍTULO 35

Uma jovem na porta da boate cobrou 20 cruzeiros e entregou-lhe duas entradas, explicando:

— Vocês têm direito a um drinque cada uma, com esses bilhetes. Hoje, o pedaço está fervendo, muito prazer em recebê-las.

E empurrou a porta para que elas passassem. O som era ensurdecedor, pouca iluminação, abafado, o sistema de ar-refrigerado e exaustores talvez não estivesse funcionando. Não era nada arejado, e Andréa logo percebeu o calor lá dentro.

A luz negra ressaltava o colorido das flores e borboletas pintadas pelas paredes com tinta fluorescente.

Ao fundo, um balcão; ao lado, o banheiro das "moças" e dos homens. No centro, a pista de dança, e bancos junto às paredes laterais. A boate estava bem cheia, e os jovens dançavam animadíssimos.

Andréa ficou olhando para a moça de cabelos eriçados à *black power*, cor de cenoura; uma bela mulata com meias listradas, macacão arregaçado até os joelhos e sapatos altíssimos, de tiras, prateados, cílios postiços bem longos, uma figura realmente excêntrica.

Riam, falavam, abraçavam-se. Viu mulheres se beijando na boca e de repente teve um impulso de medo. Só não correu porque Rosana a segurou pelo braço e explicou que era uma brincadeira da dona da boate, que gostava de gritar de repente:

— Políííícia!

Realmente houve uma algazarra, e a animação aumentou.

Um garçom aproximou-se e conduziu-as, arranjando lugar para elas sentarem. Andréa olhava tudo fascinada, e a música mexia com seu sangue. Rosana olhava para ela com o entusiasmo do amor que tem o seu momento depois de longa espera.

— Você é linda, Andréa.

O garçom perguntou o que elas queriam beber.

— Eu quero uísque. E você, Andréa?

— O mesmo para mim.

— Ouviu, quando eu disse que é linda?

— Ouvi.

O garçom trouxe as bebidas. Andréa levou o copo à boca. Tocava *Lady Lay*. Os jovens dançavam em todo canto. Os olhos de Andréa estavam fascinados e cada vez mais estranhos, fixos, brilhantes, a respiração ofegante. Rosana pousou a mão na coxa dela. Andréa olhou para o teto. A enorme borboleta colorida parecia mover as asas. Ficou como que hipnotizada a olhando, o coração batendo forte, a língua repuxando na garganta, o desespero de sentir o som penetrá-la como agulhas em brasa. Vinham faíscas do ar e queimavam-lhe a pele. De repente, sentiu-se leve, flutuando, alcançou a borboleta, estava sentada em seu dorso e observava os homossexuais dançando lá embaixo. E Rosana sacudindo-a, sacudindo-a, finalmente sentiu-se de novo ao lado dela, no banco, Rosana olhando-a nervosa:

— O que você tem? Acho que não deve beber mais, uísque lhe faz mal. É melhor irmos embora, você não parece estar bem.

Andréa levantou-se, Rosana a seguiu, passou na frente dela e a pegou pela mão.

— Aonde está me levando?

— Vamos embora daqui, tomar um pouco de ar. Estou preocupada com você.

Saíram da boate. Andréa passou a mão pelos olhos e não respondeu quando a jovem lhes dera os ingressos perguntou, decepcionada:

—Já vão embora? Por quê? Não gostaram?

— Nada disso, não. A figura não está bem, hoje, voltaremos outra noite. Pode ter certeza de que nós vamos frequentar mais vezes, nos aguarde a cores.

— Falô, bicho. Olha que você está com uma boneca, hem, Rosana? Desculpe o elogio, mas a gente tem que falar quando vê uma coisa linda assim.

Rosana riu e Andréa esperou que ela abrisse a porta do carro para entrar.

Um pensamento cortava-a: Berenice. Saudade. Vontade de vê-la, de ouvir a voz dela.

Rosana ia dar partida ao carro quando uma jovem a reconheceu e se aproximou para cumprimentá-la:

— Já vai embora? Como está a boate?

— Tá legal, nós é que não podemos ficar mais, sabe como é.

— Eu fui jantar no Ferro's, agora vou pra lá. Apareça. Vê se pinta no pedaço logo mais, tá, neném?

Rosana acenou e Andréa olhou para trás, acompanhando com uma expressão esquisita a jovem que subia a rua.

— O que foi?

— Parece um rapazinho.

— Você está assustada e estranha. Muito estranha. O que se passa com você, Andréa?

— Nada. Não me sinto muito bem, isso passa. Eu acho que foi o uísque.

— Quer comer alguma coisa? Poderíamos ir ao Piolin, comer espaguete à Putanesca. O ambiente lá é bom, não tem desses tipos.

— Espaguete o quê?

— À Putanesca. É o nome do prato, é muito gostoso, molho saboroso, com alcaparras e aliche.

Andréa sacudiu a cabeça negativamente:

— Não. Você tem ficha de telefone?

— Não, por quê?

— Para no primeiro "orelhão", preciso telefonar.

— Mas a estas horas? Andréa, são quase duas!

Andréa insistiu, Rosana explicou que não tinha ficha, e onde iria encontrar, àquelas horas? Andréa ia dizer que no jornaleiro da Amaral Gurgel tinha, quando viu o restaurante e apontou:

— Pare. Aí tem telefone. Por favor, por favor.

Rosana estacionou e, sem outra alternativa, acompanhou-a.

Andréa entrou no Ferro's Bar e pediu para o homem que estava no caixa licença para usar o telefone. Olhou para Rosana e, com indelicadeza, pediu:

— Me espere no carro, não quero que ouça a conversa.

Rosana ficou vermelha quando uma "fanchona" que estava perto riu e mediu Andréa dos pés à cabeça. Rosana fez pé firme:

— Pode ficar sossegada, vou ficar aqui, mas não vou ficar de antenas ligadas. Fale à vontade.

Andréa discou os números. Ao terceiro toque, atenderam. Ficou emudecida, e a voz repetia, do outro lado:

— Alô... alô?

Desligou. E eram duas horas da manhã! Viu no relógio. E não fora Berenice quem atendera! Uma voz de mulher. Conhecida. A voz de dona Cristina. Contorceu as mãos, esfregando-as uma na outra.

Rosana aproximou-se e pegou-a pelo braço.

— O que foi? Não atendem?

Os olhos de Andréa estavam vermelhos, estriados por veiazinhas que pareciam arrebentar, e a boca movia-se de modo esquisito.

— Foi aquele uísque. Você não devia beber, acho que não pode. Vamos rodar por aí, talvez melhore, senão a gente passa numa farmácia e você toma qualquer coisa.

Andréa seguiu-a e entrou no carro feito uma autômata.

Berenice mentira. Nunca deixara Cristina. Estava com ela. Talvez tivessem feito amor à noite toda. Encostou a cabeça no banco. Rosana olhava para ela preocupada. As lágrimas começaram a deslizar pela face. Rosana entrou pelo minhocão, perguntou por que ela estava chorando e, como não obtivesse resposta para nenhuma de suas perguntas, disse:

— Olha, Andréa, você está muito na fossa, eu vou lhe fazer companhia até que queira ir para casa. Gosto tanto de você que, mesmo sabendo que você está apaixonada por outra pessoa que não merece seu amor, eu entendo e fico feliz por poder ajudar, se for possível. Posso fazer alguma coisa?

Andréa voltou o rosto e pareceu olhá-la com atenção. Seus olhos estavam vidrados, as mãos crispadas. Sem se conter, exclamou:

— Ela me paga.

Rosana foi franca e certeira:

— Berenice? — Andréa endireitou-se no banco e olhou-a curiosa.

— Tolice sua esquentar a cabeça, não vale a pena, vai acabar falando bobagem, como a Bárbara e outras que já saíram do colégio. Berenice apronta, mas não larga dona Cristina. Sabe como é, ela adora brotinhos, mas não perde o juízo. Usa e abusa e, quando a coisa ferve, ela se manda.

— Por que fala assim?

Andréa sentia o coração estufar. Rosana não podia estar falando a verdade. Não era isso o que falavam antes, ninguém a prevenira. Ninguém. Como, se nunca dera motivos ou chances? Se ninguém sabia nada a seu respeito, de quem gostava e o que era realmente? Mas Berenice demonstrara tanto amor, tanta loucura. As coisas que lhe dissera, tudo o que haviam feito... Não, não podia crer no que Rosana estava falando.

— É, sim, Andréa, acredite em mim. Talvez ela esteja apaixonada por você, mas o caso dela, mesmo, é Cristina; ela nunca vai deixar Cristina, as duas se entendem. Cristina perdoa, aceita sempre Berenice, depois das que ela apronta. Elas têm quase a mesma idade, tudo o que ela fez com você não foi mais do que aventura.

— Você está mentindo. Está mentindo porque está com ciúme.

— Estou, sim, sofrendo, mas por que você ficou com aquela cara quando ligou pra lá? Cristina que atendeu, não foi? Isso já aconteceu com Bárbara. No dia seguinte, Berenice dá uma desculpa e, no final, acaba se afastando e se embeiçando por outra, até que Cristina resolve pôr um basta. Então Berenice tem uma conversa séria com você, explica a respeito da diferença de idade, que não quer prejudicar você e, no final, você acabará descobrindo que ela levou outra bobona para sua casa de campo ou para o apartamento. Foi isso que ela fez com...

— Bárbara e outras, já sei. Leve-me para casa, depressa, não quero ouvir mais nada.

Rosana tentou convencê-la a passear mais pouco, mas Andréa estava desesperada e ameaçou descer do carro andando e ir a pé, se ela não fizesse o que estava pedindo.

Quando chegaram em frente à casa de Andréa, Rosana desculpou-se:

— Eu apenas quis adverti-la, Andréa, não quero que você seja feita de idiota. E, se vale a pena arriscar, arrisque. Quem sabe se desta vez ela caiu do burro? Não pode ser que desta vez ela realmente esteja apaixonada pra sempre por você?

Andréa, que abrira a porta do carro para descer, tornou a fechá-la. Seus olhos fixos e vidrados pareciam querer saltar do rosto. Ela estava completamente transtornada e não chorou quando confessou:

— Quem atendeu o telefone foi Cristina.
— Não é fácil desmanchar um caso de muitos anos.
— Quantos anos?
— Cinco.
— Mas, se ela estava lá, foi porque Berenice quis.
— Telefone outra vez, podes crer que há uma explicação.
— Você é estranha, Rosana. Não entendo.
— Eu já disse que sou capaz de qualquer coisa para você gostar de mim, e não quero vê-la sofrer. Fiz a fofoca, certo, mas apenas quis alertá-la. Um pouco de ciúme, sim, mas também tenho que ser honesta, porque não posso acreditar que, do mesmo modo como eu, ela não esteja apaixonada por você.

Rosana estendeu a mão e roçou a ponta dos dedos nos seios dela. Andréa recuou. Rosana tornou a repetir o gesto, aproximando-se decidida.

— Você é um tesão.
— Não fale assim.
— Não acreditei no que Moacir me contou.

Andréa mordiscou os lábios. Rosana encarou-a e perguntou:
— Não quer saber o que ele falou?
— Não. Só me interessam as coisas relacionadas a Berenice. Cristina está lá. Oh! Meu Deus! Por quê?
— Você só pensa nisso. E nós estamos aqui.

Rosana aproximou-se mais e apertou os bicos dos seios dela com os dedos, movendo-os cariciosamente. Andréa semicerrou os olhos. Lágrimas desciam pelas suas faces, e uma sensação de arrepios começava a excitá-la. Que tortura! Berenice era falsa! Abriu a bolsa. Pegou um tubo e levou-o à boca, engolindo todo o conteúdo.

— O que é isso, Andréa?

— Calmante.

— Agora entendo! O efeito do uísque. Você está dopada. Isso é bolinha. Você é uma viciada! Misturou com uísque. Isso é perigoso, dinamite. Você é viciada!

— Não sou.

Um fio de voz. Rosana se debruçando em cima dela, a boca resvalando pelo pescoço, a língua enfiando-se em seu ouvido e uma zoada de mil abelhas crescendo dentro do cérebro, dilatando-o. Um arrepio mais forte cortou-a, descendo pelo ventre. Apertou a mão de Rosana e levou-a até as coxas. Rosana assanhou-se. Passou um carro vagarosamente. Rosana afastou-se. Ficou com medo. E se elas entrassem na casa ou se fossem até um canto, no jardim? Andréa seguiu-a feito uma autômata. Rosana achou melhor pularem a janela e entrar. Rosana tateou vagarosamente, até o sofá. Tudo em silêncio. As duas deitaram-se no sofá. Rosana deslizou pelo corpo de Andréa. Beijou-a toda, esfregando-se nela. Um tremor agitou Andréa. Estrebuchou como se tivesse um ataque epilético, rangeu os dentes e gemeu:

— Eu quero morrer!

Rosana assustou-se e se afastou ligeiramente. Acostumada na penumbra, conseguiu ver o rosto dela. Da boca de Andréa escapava uma espuma esbranquiçada. Rosana sentiu o relaxamento do corpo dela, em seguida. Soergueu-se, levantou de vez, subiu as calcinhas pelas pernas dela, ajeitou-a no sofá, ficou olhando para ela assustada, com medo.

Os olhos de Andréa estavam fixos, parados, estranhos. Chamou-a baixinho. Deu-lhe tapinhas no rosto. Debruçou a cabeça no peito dela. O coração batia, sim. Afastou-se. Devagar, andando de costas, sem deixar de olhar para o corpo inerte no sofá. Pulou a janela. Fechou-a. O que fazer? O que poderia fazer?

Seguiu o impulso da primeira ideia que lhe ocorreu.

Do orelhão da Amaral Gurgel, esquina com a Jaguaribe, comprou fichas no jornaleiro. Telefonou para a casa de Andréa. Depois de mais de vinte toques, quase descrente e desesperada porque não atendiam, ouviu a voz do pai de Andréa dizer alô. Sequer disfarçou a voz, estava atormentada demais para preocupar-se consigo mesma, mas, afinal, eles sequer a conheciam. Podia correr o risco, e informou:

— Sua filha está passando mal no sofá da sala. Ela é uma viciada em drogas.

Bateu o telefone. Não se considerou falsa nem alcaguete. Assim, os pais de Andréa tomariam providências, fariam algo por ela, fariam tudo para livrá-la das "bolinhas". Embora perturbada, Rosana sentiu-se satisfeita.

Doutor Américo constatou o fato e, pelas condições em que encontrou Andréa, teve de chamar uma ambulância, pois ela estava em estado de coma.

***

Andréa abriu os olhos. Estava fraca. O primeiro rosto que viu foi o de dona Júlia. Pensou que fosse perguntar-lhe por que fizera aquilo, mas não ouviu nenhuma palavra. Dona Júlia apenas olhava para ela como se fosse doloroso admitir que não reconhecia a própria filha. Fechou os olhos para não ver a mãe com seu olhar curioso e sofrido em cima de si. Era um suplício.

Estava lúcida e logo raciocinara que a haviam encontrado desfalecida sabe-se lá como. E Rosana? O que teria feito? Teria sido pega com ela no sofá da sala? Ficaria sabendo depois tudo o que se passara após, após o quê? O que fizera? Tentativa de suicídio? Tomara todo o tubo. O estômago embrulhara, depois fora perdendo os sentidos e, até o último instante de noção de vida, sofrerá por causa de Berenice. Lembrava-se de tudo, até o momento em que Rosana deitara com ela e começara a beijá-la. E como era horrível lembrar e continuar sofrendo. Lembrar-se de Berenice.

A voz de Cristina, atendendo ao telefone, fora torturante, ainda doía dentro dela; era uma sensação que não passaria nunca. Uma sensação de traição, de logro, de fim de tudo.

Sentiu outra presença no quarto. Descerrou as pálpebras e virou a cabeça para o lado.

Berenice ou um sonho? Fechou os olhos, a emoção a desfalecia. Alguém abriu a porta e entrou no quarto. Uma enfermeira, pois ouviu a mãe dizer:

— Ela abriu os olhos. Olhou para mim, mas não me disse nada, parecia nem me ver. Será que vai ficar boa?

— Claro, dona Júlia, não se preocupe mais.

Andréa sentiu que tocavam seu braço. Auscultavam-na. E ouviu a voz da mãe dirigindo-se a Berenice:

— Não está na hora de você ir, Berenice? Nem sei como agradecer por ter ficado todos esses dias aqui comigo, fazendo-me companhia, revezando. Se não fosse você! Buby teve que ficar com a avó, senão ela viria e nós não lhe teríamos dado esse trabalho. Quando você telefonou e se ofereceu, eu estava desesperada, não soube negar. Precisava de uma amiga, estou desnorteada, abusamos de você...

— Esqueça, Júlia, eu venho nas horas que posso, mas, se pudesse, não sairia daqui o tempo todo.

Andréa sentiu que ela assim falara para que a ouvisse. Berenice estava falando com ela, e sua voz era repousante. Abriu os olhos e encarou-a como se a estivesse vendo por trás de nuvens.

Todos esses dias! Fora isso o que sua mãe dissera. Quantos? Viu Berenice aproximar-se. Fechou os olhos de emoção, percebendo que ela ia pegar sua mão.

— Ela desfaleceu de novo? — perguntou dona Júlia, aflita.

— Não, está apenas adormecida. Não se assuste, dona Júlia, isso é natural, ela está muito fraca.

A enfermeira tranquilizou-a com mais algumas palavras e saiu do quarto.

Andréa entrelaçou os dedos nos dedos de Berenice e sentiu-a apertar sua mão com força.

Mundo pobre! Hipócrita! Teve vontade de gritar, mas estava sem forças, lábios grudados, dentes trincados.

Afrouxou os dedos e sentiu um gelo de faca rasgá-la toda quando ouviu a voz trêmula e doce de sua mãe dizer palavras que a torturaram e, sem comiseração nenhuma, pesou e teve noção de que sua mãe era linda, muito linda, tão linda quanto ela própria, ou talvez muito mais. Eram palavras terríveis, como punhais afiados que a estraçalhavam:

— Berenice, você não fez com minha filha o que fez comigo, não?

SOBRE O ORGANIZADOR

Rick J. Santos é doutor em literatura comparada pela State University of New York-Binghamton, onde se especializou em teorias feministas e defendeu a tese "A different woman: identity, class & sexuality in Cassandra Rios's work", sobre a obra da autora e a sua contribuição para a formação da literatura *gay* e lésbica no Brasil. Atualmente, é professor nos departamentos de Língua Inglesa e Estudos da Mulher na Nassau College-State University of New York. É autor de vários ensaios, poemas e traduções publicados nos EUA e no Brasil. Organizou, com Wilton Garcia, o livro A *escrita de adé – perspectivas teóricas dos estudos gays e lésbic@s no Brasil* (Xamã – Nassau C. College NCC/SUNY, 2002); e, com Bernice Kliman, *Latin american Shakespeares* (Fairleigh Dickinson University Press, 2004, no prelo).

SOBRE A AUTORA

Cassandra Rios nasceu em São Paulo, em 1932. Estreou aos 16 anos com o romance *A volúpia do pecado* (1948). Publicou mais de quarenta obras e foi uma das autoras brasileiras mais populares de todos os tempos – chegou a vender, por ano, quase 300 mil exemplares de seus livros. Em sua obra, Rios abordava questões de sexualidade, gênero, classe social e religião, em relação ao processo de formação de identidades. Foi severamente perseguida pela censura da ditadura militar, por "atentar contra a moral e os bons costumes". Com a abertura, teve parte de sua obra adaptada para o cinema. Entre seus títulos mais conhecidos, estão: *Eu sou uma lésbica*; *Copacabana posto 6*; *Muros altos*; *O bruxo espanhol*; *Tessa, a gata*; *Uma mulher diferente*; *A paranóica*; *As traças*; *A borboleta BRANC*; e *Macária*. Morreu no dia 8 de março de 2002, no Hospital Santa Helena, em São Paulo.